Bethany Webster

Bethany Webster est écrivai[illegible]oach et conférencière
internationale. En 2013, elle [illegible] la blessure
maternelle qui suscite rap[illegible]ns le
monde entier. Son travai[illegible]r les
traumatismes intergénéra[illegible]iste et
la psychologie à son hist[illegible]arcours
de guérison. Elle vit da[illegible]setts.

Être une mère pour soi-même

ÉVOLUTION

Des livres pour vous faciliter la vie !

Jean TESTANIÈRE, Aurélie FREDY
Et si la vie n'était qu'un début ?

Nicole PRIEUR
Ces trahisons qui nous libèrent

Marie-Laurence CATTOIRE
Affirmez-vous !
Le guide pour ne plus subir et s'épanouir enfin

Dr Bruce D. PERRY, Oprah WINFREY
Se libérer de nos traumatismes

Fabrice MIDAL
Le Guide du bonheur imparfait

Robert CIALDINI
Influence et persuasion

Henrik FEXEUS
L'Art de lire dans les pensées

Anthony BOURBON, Bessora
Forcez votre destin

Barry MICHELS et Phil STUTZ
La Méthode Tools

Anne-Sophie GIRARD
Un esprit bof dans un corps pas ouf

Anne Clotilde ZIÉGLER
Pourquoi suis-je resté·e ?

Fabrice Midal présente
Bethany Webster

Être une mère pour soi-même

Devenir une femme libre et puissante

Traduit de l'anglais
par Sophie Lainé

Robert Laffont

Titre original :
DISCOVERING THE INNER MOTHER.
A GUIDE TO HEALING THE MOTHER WOUND
AND CLAIMING YOUR PERSONAL POWER

ISBN : 978-2-266-33747-2
Dépôt légal : février 2024

Ce livre est dédié à toutes les femmes qui ressentent la soif d'incarner leur vérité, de briser les cycles traumatiques de leurs familles et d'exprimer plus pleinement leur pouvoir et leur potentiel. En guérissant nos traumatismes personnels et collectifs, nous ouvrons la voie à une plus grande manifestation du pouvoir féminin à travers le monde. Puissiez-vous sentir le soutien et les encouragements que vous envoient toutes les femmes courageuses à travers le temps et l'espace.

Un jour tu as finalement su
Ce que tu avais à faire et tu t'es engagée
Malgré ces voix autour de toi
Qui continuaient à hurler
Leurs mauvais conseils –
Bien que toute la maisonnée eût commencé à trembler
Et que tu aies senti le tiraillement à tes chevilles.
« Réparez ma vie ! »
Chaque voix sanglotait
Mais tu ne t'es pas arrêtée.
Tu savais ce que tu avais à faire.
Bien que le vent forçât
De ses doigts raides la base des fondations
Bien que leur tristesse fût terrible.
Il était déjà assez tard, en cette nuit sauvage,
Et la route était jonchée de branches et de pierres tombées.
Mais petit à petit, comme tu laissais ces voix derrière toi,
Les étoiles se mettaient à briller
au travers des nappes de nuages,
Soudain tu entendis une nouvelle voix, que lentement
Tu reconnus comme la tienne,
Qui se tenait à tes côtés
Alors que tu avançais de plus en plus profondément
Dans le monde,
Déterminée à faire la seule chose que tu pouvais faire
Déterminée à sauver la seule vie que tu pouvais sauver.

« Le Voyage », MARY OLIVER

Note de l'autrice

La mémoire et la perception, subjectives par nature, proviennent toujours essentiellement de l'expérience propre à l'observatrice.

Les exemples personnels cités dans ce livre sont issus de mes perceptions des personnes et des événements qui se sont déroulés dans mon enfance, et de la façon dont ils ont eu un impact sur ma vie d'adulte.

J'ai fait de mon mieux pour être juste et rigoureuse en décrivant mes souvenirs de personnes et d'événements tout au long de ce livre, et je tiens à préciser que mes points de vue ne sont pas des déclarations de fait, mais mes opinions et perceptions personnelles.

Préface

« Je ne comprends pas pourquoi ma mère est tout le temps en concurrence avec moi et me gâche la vie… Une mère n'est-elle pas censée soutenir ses enfants[1]… ? »

CHLOÉ, 28 ans.

« D'où vient cette insécurité intérieure qui m'angoisse presque quotidiennement, tout en m'empêchant de réaliser ce qui me tient à cœur… ? »

PAULINE, 39 ans.

« Ma fille commence à être reconnue dans le monde du spectacle, et moi, sa mère, je me vois incapable de me réjouir pour elle… Il faut dire que j'ai toujours rêvé de monter sur les planches, mais, à l'époque, mes parents m'en avaient fortement dissuadée. J'aime ma

1. Témoignages recueillis lors des groupes de paroles et de soutien de femmes, de tous âges et issues de tous milieux sociaux, que j'ai animés pendant plusieurs années en Suisse. Par respect d'anonymat, les prénoms ont été changés.

fille, et cette situation me met extrêmement mal à l'aise, je ne sais pas quoi faire. »

MARIE-CHRISTINE, 65 ans.

En 2022, penser le patriarcat comme un souvenir poussiéreux n'est pas encore d'actualité, comme beaucoup pourtant le croient. C'est d'ailleurs probablement la raison pour laquelle les mouvements féministes se multiplient un peu partout.

Si aujourd'hui nous pensons les femmes libres, le sont-elles vraiment ? Qu'est ce qui continue d'alimenter la colère, le rejet des différences, les injustices et la guerre des sexes ? De quoi devons-nous nous libérer et comment y parvenir ?

Dans une société patriarcale, on sacralise la fonction au détriment de l'être, et surtout des femmes, encore trop souvent considérées comme le « sexe faible » dans l'inconscient collectif. Quant aux mères, qui oserait remettre leurs comportements en question sans culpabiliser ? Critiquer la main qui nous a nourrie serait forcément ingrat, déplacé, indécent, honteux… Mais combien d'enfants, une fois devenus adultes, continuent de souffrir en silence de mères, de pères, de conjoints ou de patrons abusifs, possessifs, manipulateurs, pervers, jaloux ? Contrairement à la logique des choses, la société, les parents, les couples, les familles, les tuteurs, les paroisses, les entreprises et autres institutions, ne sont pas toujours des refuges de sécurité, soutenants et bienveillants à l'égard de l'évolution des unes et des autres. Dans une culture patriarcale, l'autorité ne se remet pas en question ; les injustices, les abus, les incohérences et les injonctions se ravalent, et si possible, sans faire de vagues. Le mal-être est tu, et en ce qui concerne les émotions, on les cache honteusement sous le tapis. Nous sommes priées de mettre l'être authentique et unique que nous sommes de côté, afin que notre personnage corresponde le mieux possible aux normes établies.

Ce mal des siècles, dont nous souffrons tous à différents degrés, en premier lieu en tant qu'enfant, et que l'autrice Bethany Webster qualifie de « blessure maternelle » n'est pas à proprement parler la « faute des mères », ni celle des parents d'ailleurs, bien qu'ils en soient les vecteurs principaux, tant qu'ils n'en sont pas eux-mêmes conscients. Cette blessure est la conséquence d'un état d'esprit, tissé de dogmes et de croyances limitées et limitantes, de comportements souvent injustes, qui nuisent à notre souveraineté et aux besoins naturels et fondamentaux de notre être. C'est au cœur de toutes nos relations, surtout entre parents et enfants – notamment à travers les relations mère-fille –, que cette blessure produit le plus de dégâts. « Les relations mère-fille, c'est toujours plus compliqué. » Elles ne sont pas compliquées par nature, mais elles le sont dans une culture patriarcale. Tant qu'elle n'est pas guérie ou en voie de l'être, la blessure maternelle décime des générations entières de femmes et d'hommes qui ne sont peut-être pas tous parents, mais qui ont tous été des enfants, qui ont grandi dans ce système délétère.

J'ai principalement traduit, tout au long de ce livre, l'expression anglaise « *Mother Wound* » par « blessure maternelle », mais j'ai souvent hésité avec la « blessure Mère », tant cette blessure centrale, à l'origine de toutes les autres, touche à peu près tous les domaines de l'existence de celle ou celui qui la subit et qui l'entretient, à défaut de savoir l'identifier. Hommes et femmes, enfants et parents, nous sommes tous à différents degrés à la fois victimes et acteurs inconscients de ce fléau, dont nous avons aujourd'hui plus que jamais tout intérêt à nous libérer.

C'est sur ce vrai chemin de guérison, sur lequel l'autrice avance elle-même depuis de nombreuses années, que Bethany Webster nous invite personnellement à nous engager, dans cette double perspective consistant, d'une part, à cesser de transmettre cette plaie aux futures générations, et, d'autre part, à devenir les cocréateurs d'une nouvelle terre, plus respectueuse de l'humain et du féminin au sens large. L'enjeu est crucial. Contrairement à ce sentiment récurrent d'impuissance que nous inspire la plupart des nouvelles catastrophiques du monde actuel, l'autrice nous confirme ici dans nos capacités et nous révèle clairement comment agir à notre mesure, comment transformer notre existence, en guérissant cette blessure d'abord en nous-même, pour qu'elle le soit aussi un peu plus à l'échelle du monde. S'appuyant courageusement sur son histoire personnelle, Bethany Webster lève les uns après les autres les tabous de notre société les plus coriaces, qui nous emprisonnent sournoisement et subtilement dans une souffrance souvent niée au quotidien.

« Quand je pense à ma mère et aux difficultés et injustices qu'elle a endurées, je ressens une tristesse infinie… J'ai la sensation que cette "fidélité" au malheur des femmes de ma lignée m'empêche d'être heureuse, je ne sais pas comment changer ça. »

PATRICIA, 41 ans.

Cette blessure est la somme d'un ensemble d'abus d'autorité, mais aussi un vide existentiel et spirituel, plus ou moins vorace, à l'intérieur de nous, et souvent largement ignoré dans notre culture.

Nous sommes nombreux, même inconsciemment, à nous croire tenus de faire passer les autres avant nous-mêmes, et parallèlement, à attendre d'eux qu'ils comblent nos propres manques intérieurs. Lorsqu'ils ne peuvent pas ou refusent de le faire, nous les jugeons égoïstes… Or, selon la définition du terme, est égoïste toute personne adulte qui demande aux autres d'assouvir ses besoins à sa place. Si nous ne devons pas compter sur les autres pour nous parentaliser, qui peut être en mesure de nous consoler vraiment, de nous rendre sainement autonome, de nous célébrer en tant qu'être digne car simplement vivant, d'entendre et de combler nos besoins essentiels d'amour, de validation, et de reconnaissance ?

Vivre libre implique de quitter l'autorité abusive, de prendre notre responsabilité propre et de retrouver ainsi notre souveraineté. C'est aussi prendre soin de notre enfant intérieur, et donc apprendre à incarner ce bon parent intérieur, capable de prendre soin de l'enfant blessé qui continue d'exister au fond de chacun, quel que soit son âge. Découvrir cette part divine propre au vivant, où réside notre puissance, cette part évolutive de l'adulte en nous, capable de grandir en amour et en compassion bien au-delà de ce qu'on peut imaginer. Cette mère intérieure n'attend que d'être sollicitée au service de la création d'une vie authentique, pleine d'amour et d'abondance. Comment déployer cette mère intérieure en nous, seule entité capable de nous soutenir sur cette voie d'éveil spirituel, c'est ce que nous propose l'autrice, tout en précisant que, sans demander aux autres de porter le poids de notre existence sur leurs épaules, ce chemin de guérison ne s'accomplit pas sans aides, ni sans un soutien thérapeutique de qualité, ni sans l'appui solidaire de ceux qui ont choisi de s'engager dans cette même direction.

Car, oui, même si la perspective est attrayante, entreprendre un chemin de guérison demande toujours du courage. L'autrice nous met en garde : ce livre ne propose pas de baguette magique ni de solution miracle. « Après avoir lu tous les livres, consulté tous les gourous ou essayé toutes sortes de techniques fantaisistes, ce qui nous reste à faire est la dernière chose que nous avons envie de faire : ressentir ce qui est douloureux. »

S'asseoir au cœur de sa douleur. L'idée n'est certes pas joyeuse, mais c'est pourtant la seule façon de transformer notre plomb en or, car sous cette douleur se cache notre être divin intact et puissant. Comprendre que chaque traumatisme de notre enfance non réglé se rejoue inlassablement sur la scène de théâtre de notre vie d'adulte est en soi une bonne motivation pour être fermement déterminé à en sortir. Engagée personnellement depuis vingt-cinq ans sur cette même route, je peux aussi témoigner de ce fameux point de bascule, où on comprend que continuer à nous attacher coûte que coûte à certaines illusions dans nos relations est inutile et épuisant. C'est à ce moment-là que plus rien ne nous semble aussi rassasiant que ce qui est vrai. Agréable ou désagréable, même si elle fait mal à voir ou à entendre, seule la vérité de « ce qui est » nous apaise et peut nous libérer concrètement. C'est aussi à ce moment précis que nous nous découvrons capables de nous asseoir au cœur de nos douleurs : notre vie peut enfin se transformer en épanouissement.

Or, parmi la multitude d'ouvrages en développement personnel et spirituel que j'ai lus, Bethany Webster est la seule autrice à en témoigner avec autant de sincérité, de simplicité et de pertinence. Personnellement, ce livre a été un refuge tout au long de la traduction. Un refuge pacifiant qui m'a permis de mettre de la lumière sur de nombreuses zones d'ombre intérieure et d'incompréhension, aussi bien sur certains de mes comportements que sur ceux des autres et de la société en général. Beaucoup de livres sont écrits dans l'espoir de faire la différence dans la vie d'un lecteur, de porter un message capable de restaurer et d'améliorer la vie. Ce livre, pour moi, fait clairement partie de ceux-là. Bonne découverte de votre puissance intérieure, et belle route sur cette incroyable voie d'éveil sur laquelle nous conduit notre guérison !

SOPHIE LAINÉ, artiste-autrice
www.sophielaine.com

Introduction

J'avais senti dès mon plus jeune âge que quelque chose n'allait pas dans ma relation avec ma mère, mais j'avais gardé instinctivement le silence tout en endossant le rôle de la « bonne fille ». Vers dix-neuf ans, mes symptômes étaient devenus si intenses que je me suis engagée dans un cheminement intérieur exceptionnel de plusieurs dizaines d'années, accompagnée par une thérapeute spécialisée dans la thérapie curative approfondie, axée sur la relation. Un parcours de guérison profonde que je poursuis encore aujourd'hui. Au début, j'évitais de trop me pencher sur ma relation avec ma mère, tout en étant déterminée à comprendre la cause profonde de mon désespoir, qui pendant des années me semblait être un mystère. Semaine après semaine, année après année, décennie après décennie, j'ai continué à explorer de nouvelles idées, de nouvelles connexions et réalisé des découvertes essentielles et inédites parmi les très nombreux travaux accessibles en matière de développement personnel et de psychologie.

Avide de partager tout ce que je découvrais sur ce sujet de la blessure maternelle, j'ai ouvert un blog en 2013. Personne ne semblait évoquer ce phénomène et je voulais venir en aide à d'autres femmes qui, comme moi, avaient tant de mal à identifier la cause profonde de leurs symptômes. Presque immédiatement après la création de ce blog, mes articles sont devenus viraux et le mot s'est répandu rapidement à travers le monde. Un flux régulier de courriels a commencé à me parvenir de femmes qui me racontaient leurs histoires et me remerciaient d'exprimer clairement les expériences pour lesquelles elles n'avaient pas su trouver les mots, ou qu'elles n'avaient pas eu le courage d'exprimer.

Des synchronicités ont commencé à se déployer tout autour de moi. Quelques mois plus tard, alors que je venais de réserver un vol pour Barcelone, en Espagne, pour des vacances exceptionnelles, je recevais, le lendemain, un e-mail d'une enseignante de Barcelone me demandant l'autorisation de traduire un de mes articles pour un atelier de femmes. J'ai répondu que je serai physiquement présente à ce moment-là et que je serais heureuse de donner une conférence au sujet de l'article en question pendant mon séjour. De fil en aiguille, j'ai fini par animer deux ateliers à guichets fermés au cours d'un même week-end. Grâce au réseau de collaborateurs européens informés par cette enseignante, je suis revenue en Espagne pour entreprendre une tournée pédagogique de Barcelone à Bilbao en passant entre autres par Madrid et Valladolid. Des femmes venaient de toute l'Europe pour assister à ces ateliers. Avant même de m'en rendre compte, je me suis retrouvée à sillonner le Royaume-Uni en train pour animer des ateliers à Londres, Totnes, Frome et Nottingham entre autres. Puis les invitations se sont multipliées et ont commencé à arriver de Budapest, de Berlin, d'Italie, de Vienne, de Croatie, de Belgique, de Pologne, des Pays-Bas et d'Autriche, et de plus loin encore, d'Inde, de Bali, du Japon et de Thaïlande.

Dans chaque ville où j'allais, j'entrais dans des salles pleines à craquer de femmes curieuses, nerveuses et impatientes d'entrer en contact avec d'autres femmes et de guérir ce problème. Les profils de ces femmes allaient des cadres d'entreprise aux thérapeutes en passant par des universitaires, mais aussi des mères au foyer, des étudiantes, des grands-mères, des entrepreneures et des ados. À la fin de chaque atelier, l'atmosphère lourde du début de la discussion laissait place à une immense sensation de légèreté et d'espace, remplissant l'air d'électricité. J'ai été étonnée des liens profonds qui se tissaient rapidement, alors que nous explorions ensemble cette question taboue.

Plus tard cette année-là, je suis rentrée d'une conférence frustrée par le manque de profondeur que j'avais constaté dans nos discussions. Je m'étais rendue compte à quel point, indépendamment du succès rencontré, la blessure maternelle continuait à se dissimuler et à être évitée. C'est à partir de ce sentiment d'urgence que j'ai rédigé un essai intitulé *Pourquoi il est crucial pour les femmes de guérir la blessure maternelle*. Cet article a rapidement contribué à sensibiliser les lectrices à la blessure maternelle à un tout autre niveau, le terme commençant à se répandre dans des articles de presse, des podcasts, des ateliers, des publicités sur les réseaux sociaux.

Je savais que je voulais écrire un livre sur la blessure maternelle, mais le projet restait en veilleuse, tandis que mon entreprise continuait à se développer, que je continuais d'écrire des articles, de voyager et d'enseigner. Finalement, j'ai pu quitter mon emploi d'administratrice d'université et me concentrer sur ce travail à plein temps. Au fil du temps, je remarquais que la guérison de la plaie maternelle chez les femmes se traduisait par la volonté de plus en plus forte de remettre en question et de transformer les affaires courantes, par un puissant désir d'être vraies, authentiques, et de vivre leur vie selon leurs propres conditions. J'ai vu des femmes quitter des mariages, des emplois et des relations qui les desservaient, ou bien commencer à les transformer de l'intérieur, mais dans les deux cas, inspirer et galvaniser les gens autour d'elles, faire évoluer les choses à un niveau supérieur.

Lorsque Donald Trump a été élu, j'ai fortement ressenti l'urgence d'écrire ce livre, afin de pouvoir atteindre encore plus de femmes pour leur parler de cette blessure maternelle, de son lien avec le démantèlement du patriarcat et de l'importance de la guérir. Un matin, je me suis réveillée avec le sentiment clair que ce livre devait sortir le plus tôt possible ; le monde changeait et ce message était plus que jamais nécessaire. J'avais envisagé de rappeler l'un des éditeurs qui m'avait contactée, même sans agent. Mais visiblement l'Univers avait d'autres plans car, dès le lendemain, je recevais l'e-mail non sollicité d'un agent intéressé pour me représenter. Le résultat, vous le tenez entre vos mains. En bref, l'écriture de ce livre sur la blessure maternelle est le fruit de plus de deux décennies de recherches et de travail intérieur minutieux. C'est le livre que j'aurais aimé avoir au moment où j'ai commencé mon propre cheminement intérieur. C'est aussi un livre d'actualité, qui répond aux questions du moment où un éveil global des femmes est essentiel à notre survie collective.

Dans cet ouvrage, je partage avec vous mon propre parcours, la façon dont j'ai découvert la blessure maternelle et les outils que j'utilise pour continuer à la traverser moi-même, tout comme des milliers de femmes. J'évoque également les prises de conscience profondes qui ont émergé de la découverte de ma propre mère intérieure et des connaissances qui en découlent sur le féminisme, les traumatismes intergénérationnels et le potentiel humain.

La blessure maternelle est une forme de traumatisme culturel et familial spécifique à celles et ceux qui vivent dans un système patriarcal.

Les hommes sont autant concernés par la blessure maternelle que les femmes. Les manifestations de cette blessure s'établissent sur quatre niveaux : personnel, culturel, spirituel et planétaire. Ce sujet est tellement endémique dans notre culture qu'il pourrait et devrait remplir plusieurs volumes : ce livre n'est qu'une introduction, qui aborde principalement le plan personnel. Je me suis concentrée ici sur l'aspect de la blessure maternelle là où on la ressent en premier : au sein de notre propre vécu. Je suis convaincue qu'une fois que chacun aura suffisamment guéri sa blessure maternelle à un niveau individuel, nous serons beaucoup mieux préparés à répondre aux exigences de la transformation de la société.

Ce travail n'a pas pour but de condamner nos mères, mais de travailler sur notre responsabilité générationnelle et intergénérationnelle. Il s'agit de retrouver notre pouvoir en tant que femmes et, par conséquent, de créer un nouvel équilibre et une nouvelle harmonie entre les énergies masculines et féminines saines dans notre monde. Au fil des années, des écrivains tels qu'Adrienne Rich et Christiane Northrup avaient déjà mentionné le terme de « blessure maternelle », mais personne n'a jamais précisé ce qu'elle était exactement et en quoi elle reste une expérience universelle qui concerne les femmes du monde entier. À travers ce livre, je souhaite combler cette lacune cruciale dans notre compréhension de la psychologie et de l'émancipation féminines, en définissant de manière complète la plaie maternelle, en expliquant comment elle se manifeste dans la vie des femmes, et en fournissant une vision globale avec des conseils pratiques utiles sur le chemin de la guérison. Bien que je possède une licence et une maîtrise en psychologie, je suis coach, pas psychothérapeute ou spécialiste en traumatologie. Une annexe contenant des termes plus techniques élaborés par ma thérapeute Nicole Ditz a été ajoutée à la fin de ce livre, pour celles qui veulent en savoir plus sur les sujets abordés ici, tels que le fonctionnement du cerveau et les traumatismes complexes du développement.

Découvrir la mère intérieure se heurte à des sujets d'intersectionnalité, de genre, de sexualité, de race, de religion et d'autres vecteurs de notre culture intrinsèquement liés à la blessure maternelle. De même, la relation entre les fils et la blessure de la mère, ainsi que les schémas d'interaction des relations pères-filles, sont des questions extrêmement importantes et proches du contenu de ce livre. La manière dont ces thèmes se croisent avec la plaie maternelle mérite une analyse approfondie de qualité, ce que les contraintes d'un seul volume ne permettent pas. Des sujets que j'ai hâte d'aborder longuement dans mes travaux futurs.

À cette fin, je tiens également à préciser que mes expériences sont teintées de ma personnalité et de mes origines en tant que femme instruite, blanche et issue de la classe moyenne. Nous sommes tous limités par la portée de nos propres vies, et mon vécu reste mon vécu. Je suis consciente que mes propres expériences et mon identité limitent mes perspectives et ma compréhension. J'offre mon histoire en guise d'exemple et de porte d'entrée dans la discussion, dans l'espoir qu'elle vous aide à mettre en lumière votre propre situation.

J'ai écrit ce livre en tant que femme blanche qui a bénéficié de privilèges acquis par la couleur de sa peau, qui a su mettre à profit l'héritage douloureux laissé par ses ancêtres et qui s'est engagée dans son propre travail intérieur et extérieur pour démanteler le racisme et les systèmes d'oppression, ainsi qu'à respecter les normes de responsabilité les plus élevées. Tandis que mes recherches et mes discussions avec des milliers de femmes résonnent avec la blessure maternelle dans de nombreuses races et cultures différentes, j'observe que ce phénomène se croise et se retrouve aggravé par des facteurs de racisme systémique et institutionnalisé, d'oppression et de traumatismes liés aux problèmes raciaux chez un grand nombre de femmes.

Quand je parle de la blessure maternelle dans le contexte des cultures patriarcales, je fais référence aux cultures capitalistes omniprésentes, ancrées dans la colonisation et la destruction de la Terre, qui en sont venues à dominer une grande partie du monde. Ce livre décrit ma propre histoire et mes observations personnelles, et est destiné à servir de porte-parole aux femmes issues de milieux, de races et de cultures très variées, pour qu'elles soient reconnues et que leurs expériences vécues de la blessure maternelle soient partagées.

Bien que ce livre s'adresse aux femmes, je pense qu'il peut apporter beaucoup à toutes catégories de lecteurs. Pour les femmes qui sont mères, je vous invite à lire ce livre en tant que filles, car c'est la perspective à partir de laquelle la blessure maternelle se guérit. Au fur et à mesure que vous aurez un aperçu de la façon dont vous avez été élevée et de l'impact que cela a eu sur vous, la façon dont vous vous positionnez en tant que mère sera susceptible de changer de manière positive, ce qui permettra de créer des liens plus solides et plus sains avec vos enfants.

Ce livre passe du niveau personnel au niveau culturel, en commençant par définir ce qu'est la blessure maternelle, de quelle façon elle se manifeste et de quelles dynamiques de pouvoir elle se nourrit. À partir de là, nous nous plongerons dans le processus de traitement du traumatisme au sein de votre propre famille, le travail intérieur que cela implique et enfin les changements que vous pouvez vous attendre à voir lorsque vous vous dirigerez vers l'autre côté. À la fin de chaque chapitre, vous trouverez une série de questions pour réfléchir, suggérées dans l'optique de vous aider à explorer le sujet dans le contexte de votre propre expérience. Pour celles qui lisent ce livre et qui se sentent prêtes à plonger plus profondément dans le processus de guérison, je vous recommande de consulter mon site Web pour plus de ressources et d'informations.

En fin de compte, guérir la blessure maternelle ne concerne pas nos mères. C'est plus une question de femmes qui s'acceptent et s'accueillent sans honte. Guérir nos blessures consiste à élargir notre capacité à accueillir et à transformer la douleur émotionnelle en conscience. Il s'agit de restaurer un ancien déséquilibre créé par le patriarcat. Nous ne nous sentons plus inconsciemment comme des enfants abandonnées dans le désespoir, projetant notre douleur inconsciente tout autour de nous. Guérir nos blessures maternelles nous permet de devenir le témoin affectueux de l'enfant bien-aimée à l'intérieur de nous et d'incarner la conscience féminine bienveillante qui sommeille en chacune de nous. La guérison intergénérationnelle exige que nous apprenions à incarner ce que nous n'avons jamais reçu, à être la présence aimante que nous souhaitons pour nous-même, la présence inconditionnelle et bienveillante qui est là quoi qu'il arrive. Se rendre compte qu'en nous se trouve un réservoir de soutien inexploité auquel nous pouvons nous relier à tout moment. Nous devenons non seulement celle qui soutient, mais aussi la soutenue, la désirante et la désirée, un vaisseau collectif pour que quelque chose de nouveau et sans précédent naisse dans ce monde.

Quelques exemples de ce que nous gagnons en guérissant la blessure maternelle

— Devenir plus sensible à la vie : voir la vie s'animer. Au lieu de percevoir les choses au travers de jugements étroits et d'un filtre de projections traumatiques, nous percevons plus facilement la beauté naturelle, la profondeur et la préciosité de la vie tout autour de nous.

— Intégrer au lieu de compartimenter : comme nous sommes plus en mesure de voir la vie comme un ensemble, notre conscience de nous-même augmente. Nous sommes plus sensibles à ce qui nous rassemble qu'à ce qui nous divise. Les différences que nous constatons semblent moins menaçantes. Nous sommes plus ouvertes aux critiques.

— Apprendre à voir les problèmes comme des opportunités : notre réactivité est un indicateur, qui nous montre ce que nous avons à guérir de notre passé. Chaque déclencheur est l'occasion de faire de nouveaux choix que nous ne pouvions pas faire en tant qu'enfant.

— Récupérer des modes de savoir incarnés : l'expérience ressentie devient une source de sagesse et d'information. Nous agissons à partir de notre propre connaissance de nous-même et apprenons à lui faire confiance. Nous nous revendiquons comme l'autorité de notre expérience. Nous apprenons à faire confiance à nos propres observations et intuitions.

— Privilégier l'*être* au *faire* : nous respectons notre besoin de repos, de silence, d'espace, de temps sans avoir l'impression que quelque chose de terrible va se passer si nous ne sommes pas productive.
— Cesser de réduire le monde qui nous entoure à l'état d'objet : à mesure que nous devenons émotionnellement disponible pour l'enfant traumatisée en nous, nous devenons émotionnellement disponibles pour les autres, nous ressentons plus d'empathie et nous nous sentons plus connectée à tout être vivant et à la Terre elle-même.
— Valoriser nos aspects vulnérables : lorsque nous entrons en contact avec la portée et l'ampleur de la souffrance émotionnelle que nous avons subie en tant qu'enfant, nous accordons de la valeur aux émotions telles que la colère et le chagrin, et plutôt que de les juger ou d'en avoir honte, nous les accueillons. Nous attendons avec impatience le renouvellement, la régénération qu'ils offrent et la clarté qu'ils portent immanquablement dans leur sillage.
— Guérir la blessure de la mère n'est ni un chemin glamour ni un chemin rapide et facile. Mais c'est la véritable voie vers la guérison et la transformation intergénérationnelle que nous devons entreprendre si l'on veut créer un changement durable pour les générations futures. Grâce à ce travail, nous créons un monde meilleur pour nous-même, nos familles, nos enfants et la Terre.

1

Qu'est-ce que la blessure maternelle ?

« Toutes les grandes vérités commencent
par un blasphème. »

George Bernard Shaw

J'ai grandi dans une famille de classe moyenne de la Nouvelle-Angleterre. Mes parents occupaient des emplois stables et nous vivions dans un quartier agréable. J'avais un toit au-dessus de ma tête, de la nourriture sur la table et des vacances d'été. On m'achetait des vêtements d'école neufs et on m'organisait des fêtes de fin d'études. Mais aussi bien intentionnés que mes parents pouvaient être pour moi, notre foyer était une zone de guerre émotionnelle, où j'étais au centre. Mes parents se sont mariés jeunes et ont, je crois, inconsciemment rejoué les schémas dysfonctionnels auxquels ils avaient été soumis en grandissant au sein de leur propre famille.

J'avais six ans quand ma mère m'a dit que j'étais sa meilleure amie et qu'elle m'aimait plus que quiconque. À peu près au même moment, je m'étais rendu compte que mon père commençait à traîner dehors tard et buvait dans les bars ; je réconfortais ma mère qui pleurait et la rejoignais dans sa colère contre mon père quand il rentrait enfin à la maison. J'étais son alliée, sa guerrière et, dans ce contexte émotionnel, une sorte de mari de substitution. Je sentais que ma sécurité dépendait du soutien émotionnel qu'elle attendait que je lui apporte. Quand mon père sortait tard, nous regardions la télé dans son lit et discutions. Sa dépendance me donnait le sentiment d'être utile et importante, tout en me laissant aussi la sensation d'être emprisonnée par sa douleur. J'espérais qu'un jour mes besoins seraient également pris en compte.

Au fil des années, je jouais de plus en plus à la médiatrice familiale en criant sur mon père au nom de ma mère, en protégeant mon père de la rage de ma mère, en intervenant pour protéger mon frère quand mon père était violent. J'étais l'éponge familiale des sentiments indésirables, le dépotoir émotionnel, celle qui amortissait les crises et résolvait les problèmes. En conséquence, j'ai continuellement enfoui mes besoins, mes observations, mes ressentis et mes intuitions au plus profond de moi, me sacrifiant tout en surfonctionnant au profit du système familial. J'étais calme à l'extérieur, mais hypervigilante à l'intérieur pour anticiper d'éventuelles catastrophes imminentes.

Vers l'âge de sept ans, je rêvais régulièrement que je trouvais un vrai bébé, un bébé qui était à moi et dont je pourrais m'occuper. J'avais envie d'être une vraie fille, pas une poupée, pas un objet, mais une vraie fille recevant des soins émotionnels adaptés et une attention soutenue et aimante de la part d'un adulte sain. De l'école primaire au collège, j'ai développé une profonde dévotion pour la Vierge Marie. Mes parents n'étaient pas religieux, donc ma dévotion me permettait d'avoir mon monde à moi en dehors du leur, une bouée de sauvetage au milieu du chaos. De temps en temps, je séjournais chez mon arrière-grand-mère. C'était elle qui m'avait appris à prier. J'avais dix ans quand elle est décédée, et on m'avait donné tout son attirail religieux – statues, cartes de prière, chapelet et livres. J'avais créé un autel dans ma chambre et je priais pour que Marie m'apparaisse au retour de l'école ou dans ma cour, comme elle l'avait fait pour les enfants de Fatima. Je promettais de faire de bonnes actions secrètement, comme aider d'autres élèves à l'école ou être généreuse avec mon frère, et je voulais les lui offrir. J'essayais de passer des jours entiers sans commettre un seul péché.

À onze ans, je me souviens du silence d'une fin d'après-midi où j'étais seule à la maison. J'avais sorti un grand couteau dentelé d'un tiroir de la cuisine et soulevé ma chemise. J'avais mis la pointe du couteau au centre de ma poitrine et fermé les yeux. J'avais pensé que cela arrangerait tout, que tout le monde serait plus heureux sans moi. Après ma disparition, j'avais imaginé sentir leur peine à eux et ma douleur à moi qui seraient enfin terminées. Finalement, j'eus bien trop peur d'aller plus loin. En regardant en arrière, vu le mépris avec lequel je me sentais traitée, je me rends compte à quel point je croyais clairement que le problème venait de mon existence. Tout au long de l'université, je suis restée la « gentille fille », tout en me sentant traquée par les besoins de ma mère, que je ressentais comme une ombre menaçante toujours derrière mon dos. Aussi loin que je me souvienne, elle se confiait à moi sur diverses situations qui la stressaient, qu'il s'agisse de sa relation dysfonctionnelle avec mon père ou d'un problème à son travail. En vieillissant, j'avais l'impression qu'elle me demandait d'être pour elle une sorte de caisse de résonance, et avec le temps, mon amertume et ma colère n'ont cessé de grandir au sujet de ce que je percevais comme un déséquilibre dans la relation, qui exigeait que mes besoins soient invisibles. Elle semblait s'attendre à ce que je la soulage de ses inquiétudes. Souvent, j'avais le sentiment que le fait d'évoquer mes propres problèmes la rendait distante ou carrément hostile à mon égard. Mon rôle d'esclave émotionnelle semblait calmer sa rage. Je sentais que trop m'écarter de ce rôle-là me faisait courir le risque d'être punie.

Quand je réussissais dans mes études ou dans mes créations artistiques, la fierté qu'elle me témoignait s'accompagnait toujours d'un « Ne me quitte pas. Ne me dépasse pas. Ne me menace pas ». Je ressentais fortement chez elle une sorte d'abîme vorace qu'elle ne révélait qu'à moi, et que je ne pouvais calmer qu'« en restant bien gentiment à l'intérieur du cadre ». J'avais la sensation qu'elle me prenait pour son animal de compagnie, sa fan personnelle et sa meilleure amie. Quand j'exprimais des opinions différentes des siennes, que je fixais des limites, témoignais d'un moment de confiance ou exprimais mon indépendance vis-à-vis d'elle, elle le vivait comme une trahison. Elle répondait soit par une prise de position sévère, un soupir exaspéré ou un rejet immédiat de ce que je venais de dire. Parfois, sa réponse n'était qu'un regard furieux et incrédule, comme si ma capacité à exprimer une réalité différente de la sienne lui procurait une douleur physique brutale. Je faisais des rêves récurrents dans lesquels j'étais prisonnière, avec ma mère en gardienne de prison, qui m'obligeait à m'asseoir affamée à côté d'elle, tout en la regardant manger.

À l'université, j'étais à la dérive. Je commençais à vivre la vie de ma mère, me retrouvant dans une relation similaire à celle qu'elle entretenait avec mon père, et suivant le même chemin de carrière, me préparant à devenir institutrice. Je me sentais de plus en plus perdue, déprimée et vide – et j'étais de moins en moins capable de le cacher. Ma propre douleur a commencé à émerger, et je n'avais aucun repère pour savoir prendre soin de moi correctement. À dix-neuf ans, lorsque je suis tombée enceinte de façon inattendue, j'ai dû tout arrêter et réévaluer qui j'étais et qui je voulais être. Je me souviens du jour où, dans un magasin d'aliments bio, je lisais les dépliants et les cartes de visite accrochés au tableau de bord, cherchant tranquillement des informations sur un thérapeute local. Mon regard s'est posé sur une carte où figurait le symbole de la déesse. J'ai appelé le numéro. Je suis allée à ma première séance de thérapie une semaine après mon avortement. Je me suis engagée dans ce qui allait devenir plus de vingt-deux ans de thérapie en traumatologie développementale approfondie intensive, complète et basée sur la relation. J'ai suivi cette thérapie régulièrement toutes ces années, jusqu'à aujourd'hui, où ce travail sur moi continue d'être une bouée de sauvetage dans mon parcours de vie. Par rapport à la thérapie conventionnelle de courte durée axée sur des résultats rapides et une approche descendante qui permet généralement un soulagement à court terme des symptômes, ma thérapeute Nicole proposait une thérapie intensive fondée sur les traumatismes orientés vers un processus relationnel profondément réparateur, qui m'a permis de changer mon paysage intérieur blessé, de guérir mon enfant intérieure, tout en développant ma capacité à me materner moi-même.

Le cœur de mon travail avec Nicole consistait à former un lien d'attachement primaire réparateur, sûr et guérissant, fondé sur une variété de théories et de pratiques issues de nombreuses écoles de psychothérapie différentes. Il s'agissait d'une thérapie collaborative, incluant un grand respect pour mon individualité, une profonde harmonisation empathique et une profonde considération pour ma personne, même dans les moments de contre-transferts hostiles, qui découlaient de la projection inconsciente de ma blessure maternelle sur Nicole. En bref, parce que j'ai toujours reçu exactement le contraire de ce que j'avais vécu dans ma famille pendant toutes ces années, j'ai pu retravailler ma blessure maternelle à un degré profond, me permettant aussi de développer ma capacité à soutenir d'autres femmes dans leur chemin de guérison.

Après l'avortement, j'ai pris un semestre et décidé de remplacer ma spécialisation en éducation par la psychologie. J'ai postulé à l'école supérieure et suis revenue chez mes parents, continuant à me débrouiller financièrement grâce à un job de serveuse. Pendant tout ce temps, je m'adressais délibérément à mes parents de manière aimable et mesurée. Au moment où j'ai obtenu ma maîtrise en psychologie et été acceptée dans un programme de doctorat, je suis tombée amoureuse de David, un collègue et une connaissance de longue date, dont la belle-sœur cherchait des locataires pour son appartement à Manhattan. Au lieu de poursuivre le doctorat, j'ai choisi d'emménager avec David à New York, décrochant finalement un poste d'écrivain-éditeur dans une école de médecine de la Ivy League. Je n'oublierai jamais cet instant où nous roulions dans le U-Haul. Alors que David conduisait sur la I-95 South vers Hell's Kitchen en ce matin gris de septembre, j'ouvrais une carte de vœux de ma mère qui disait : « Je t'aime comme personne d'autre ne t'aimera. » J'ai brusquement rangé la carte dans mon sac à main, pris une profonde inspiration et me suis sentie si heureuse à l'idée d'avoir enfin ma propre maison. À ce stade, j'ai instauré une distance calculée entre ma mère et moi, histoire de maintenir notre relation à un minimum d'harmonie superficielle. Même après des années de thérapie, ce n'est seulement qu'une fois que j'ai mis du temps et de la distance physique entre nous deux que j'ai vraiment commencé à ressentir l'ampleur de l'impact de son comportement.

À cette époque, je découvrais en moi une rage profonde et un chagrin immense sur la façon dont ma mère m'avait traitée et dont mon père n'avait pas réussi à me protéger. En explorant consciemment mes niveaux de douleur les plus profonds dans une relation thérapeutique psychologiquement subtile, profondément harmonisante et réparatrice, j'ai lentement, presque imperceptiblement par moments, commencé à changer ma perception de moi-même, me sentant de plus en plus solidement ancrée intérieurement. Petit à petit, séance après séance, année après année, j'ai éprouvé la joie et le soulagement de me sentir de plus en plus libre. Ce fut un processus lent, laborieux, mais tellement libérateur.

Les difficultés et les défis entre les mères et les filles sont courants et largement répandus, mais pas ouvertement évoqués. Reconnaître et discuter de ces dynamiques douloureuses qui existent dans nos relations à nos mères est un sujet généralement tabou. Ce silence sur la vérité de la relation mère-fille, qui maintient la blessure maternelle dans l'ombre, infectée et invisible, est aussi ce qui l'entretient. Ces dernières années, nous, les femmes, sommes de plus en plus disposées à rompre le silence afin de partager notre vérité, guérir et briser le cycle pour les générations futures, une étape cruciale pour la guérison et l'autonomisation des femmes dans leur ensemble. Plongeons maintenant dans la définition exacte de ce qu'est la blessure maternelle et comment elle se manifeste dans nos vies. La blessure maternelle, en tant que condition sociale enracinée dans le patriarcat, existe sur quatre niveaux : personnel, culturel, spirituel et planétaire.

La blessure maternelle au niveau personnel s'exprime par un ensemble de croyances et de schémas limitatifs intériorisés, issus des premières dynamiques présentes dans la relation à notre mère. Ayant un impact sur la façon dont nous nous percevons nous-même, dont nous percevons les autres et dont nous considérons notre potentiel, ces mêmes dynamiques créent de nombreux problèmes dans plusieurs domaines de notre vie d'adulte.

La blessure maternelle au niveau culturel se manifeste par la dévalorisation systémique des femmes dans la plupart des aspects des cultures patriarcales. Cette blessure a pris racine dans la colonisation qui en est venue à dominer une grande partie du monde, entraînant le déséquilibre dysfonctionnel que subit notre monde actuel.

La blessure maternelle au niveau spirituel se traduit par le sentiment d'être déconnectée d'une puissance supérieure et de la vie elle-même.

La blessure maternelle au niveau planétaire se révèle à travers les préjudices causés à la Terre (déforestation, extinction massive d'espèces, crise climatique, etc.) qui menacent la vie sur cette planète.

Tout commence au niveau personnel. En guérissant la blessure maternelle au niveau personnel, nous amplifions notre connexion à nous-même, aux autres et à la Terre.

La blessure maternelle se guérit chez la fille

Toutes les femmes ne sont pas mères, mais toutes les femmes, à l'origine, sont des filles. Guérir la blessure maternelle ne consiste pas à opposer les mères et les filles entre elles ; il s'agit plutôt pour les femmes de reprendre collectivement leur pouvoir. La meilleure chose qu'une mère puisse faire pour sa fille est de s'engager à guérir sa propre blessure maternelle. Grâce à ce processus de guérison, la mère amplifiera sa capacité d'autoempathie, ce qui lui permettra d'être aussi plus empathique et disponible émotionnellement pour sa fille. Leur relation pourra alors passer de « soit l'une, soit l'autre » – *seule une de nous deux peut être pleinement aimée et pleinement puissante* – à une relation offrant un espace réservé autant à la mère qu'à la fille, chacune étant aimée et puissante à parts égales. Pour la mère comme pour la fille, il existe un espace pour la relation ainsi qu'un espace pour exister en tant que personne à part entière. Ce processus rompt la « fusion », que les cultures patriarcales favorisent dans la relation mère-fille, et ouvre de nouvelles possibilités d'expression personnelle permettant de créer un lien authentique dans la relation.

Il n'est pas nécessaire d'être en relation avec notre mère pour guérir notre blessure maternelle. Parce que la blessure de la mère est en nous-même, nous pouvons la guérir, même si nos mères sont absentes, décédées ou refusent de s'engager avec nous dans une relation saine. Pour certaines femmes, guérir de cette blessure maternelle les rapprochera de leur mère, et pour d'autres, cela créera plus de distance. On ne peut pas savoir *a priori* dans quelle direction cela nous conduira. Mais dans les deux cas, la fille guérira et gagnera en autonomie. Cela nous oblige à faire confiance, et à savoir que, quel que soit le résultat, nous développerons une connexion plus saine et plus solide avec nous-même, qualité essentielle à notre capacité de grandir vers plus d'abondance dans nos vies.

Le prix à payer lorsqu'on nie cette blessure maternelle

La blessure maternelle éloigne les femmes d'elles-mêmes, les prive de leur émancipation et les sépare les unes des autres. Notre traumatisme collectif, ayant pu s'amplifier sans entrave à travers les générations, a fini par altérer la relation mère-fille, en la transformant en une lutte de pouvoir impossible à gagner. Le prix à payer en continuant de nier cette blessure maternelle est tout simplement trop élevé. Cette attitude garantit juste que la douleur censurée de la blessure maternelle continuera à se transmettre aux générations suivantes. Quant à nos vies personnelles, le prix à payer consistera à continuer de vivre ce que l'on vit déjà :

— Cultiver un sentiment vague et persistant que « quelque chose cloche chez moi ».

— Ne jamais déployer notre potentiel par peur de l'échec ou de la désapprobation.

— Avoir des limites fragiles et un sentiment d'identité flou.

— Ne pas se sentir dignes ou capables de créer ce que nous désirons vraiment.

— Ne pas se sentir suffisamment en sécurité pour prendre de la place et exprimer notre vérité.

— Arranger nos vies de façon à « ne pas faire de vagues ».

— S'autosaboter sitôt que nous progressons.

— Attendre inconsciemment la permission ou l'approbation de notre mère avant de revendiquer nos propres choix.

Concernant le prix à payer au niveau de la société et du monde, on constaterait que des générations entières de femmes continueraient à se soumettre pour ne pas offenser, à se sentir contraintes de s'accuser elles-mêmes et à renoncer à la possibilité de réaliser leur potentiel. Ainsi le génie, le pouvoir, l'amour et les dons d'innombrables femmes seraient perdus pour le monde. C'est une tragédie que nous ne pouvons pas nous permettre de perpétuer. Quant au coût pour la Terre, Eckhart Tolle le résume très bien : « La pollution de la planète n'est que le reflet extérieur d'une pollution psychique intérieure : des millions d'individus inconscients ne prennent pas la responsabilité de leur espace intérieur. »

Ce que nous gagnons en guérissant la blessure maternelle

Jusqu'à ce que nous arrivions à la racine des causes de notre souffrance intérieure, correspondant aux modèles fondamentaux instaurés dans les premiers jours de notre vie, et que nous pleurions ces situations qui nous ont amenées à les intérioriser, le développement personnel ou le travail spirituel que nous accomplissons n'atteindra jamais de niveau profond. Bon nombre des problèmes de surface qui continuent de se produire dans notre vie quotidienne, y compris les combats dans nos relations, notre carrière et notre santé, nous renvoient tous à un tronc commun : la douleur liée à nos mères et les croyances sur nous-mêmes, issues de cette relation. Je crois que guérir la blessure maternelle est la chose la plus importante sur laquelle une femme puisse se concentrer, en raison du potentiel incroyable qui se trouve de l'autre côté et de l'ampleur de la transformation qui est possible en la guérissant. Aucune autre relation n'a le pouvoir de nous limiter ou de nous libérer comme peut le faire notre relation avec notre mère.

Quelques exemples des bénéfices que nous apporte la guérison de la blessure maternelle :

— Être plus fluide et gérer nos émotions plus habilement ; les voir comme une source de sagesse et d'informations.
— Retrouver notre capacité à poser des limites saines qui soutiennent la réalisation de notre être.
— Développer une solide « mère intérieure » qui nous offre un amour, un soutien et un confort inconditionnels.
— Nous reconnaître comme compétente ; sentir que tout est possible, et être ouverte aux miracles et à toutes les bonnes choses que la vie peut nous apporter.
— Être en contact permanent avec notre bonté intérieure et notre capacité à la semer dans chacun de nos actes.
— Avoir une profonde compassion pour nous-même et pour les autres.
— Ne pas nous prendre trop au sérieux.
— Ne pas avoir besoin de validation externe pour nous sentir bien.
— Faire confiance à la vie pour nous apporter ce dont nous avons besoin à chaque instant.
— Nous sentir en sécurité dans notre propre peau et nous autoriser la liberté d'être nous-même.

— Nous voir nous-mêmes et voir nos mères avec clairvoyance ; ne plus prendre personnellement la limitation de notre mère.
— Ressentir de la gratitude pour ce que nos mères peuvent nous apporter… et faire preuve de compassion et d'acceptation pour ce qu'elles ne pouvaient pas nous donner.

Colère, honte et culpabilité

La blessure maternelle existe en réponse au manque d'espace sécurisé permettant d'accueillir et de nommer la rage des femmes, en lien avec tous les sacrifices que la société a exigés d'elles. Dans un essai publié dans *Teen Vogue* intitulé « La plupart des femmes que vous connaissez sont en colère. Et c'est très bien », Laurie Penny écrit : « La colère féminine est taboue, et pour cause – si jamais nous en parlions directement, en nombre trop important pour être écarté, une ou deux choses pourraient être amenées à changer. Combien de fois des hommes au pouvoir – y compris Donald Trump – ont-ils tenté de repousser et de rabaisser les femmes qui les critiquaient en laissant entendre que nos opinions ne représentaient rien de plus qu'un gâchis d'hormones sales et sanglantes, rien de rationnel en tout cas, rien de réel ? Ces plaisanteries ne sont jamais que des plaisanteries. C'est une stratégie de contrôle. Le patriarcat a tellement peur de la colère des femmes que nous aussi finissons finalement par apprendre à la craindre. »

De nombreuses filles adultes craignent encore inconsciemment d'être rejetées si elles choisissent de ne pas faire les mêmes sacrifices que les générations précédentes, et cette peur se reporte souvent inconsciemment sur leurs propres enfants. Parce que la jeune fille n'a pas encore eu à laisser de côté sa personnalité au profit de la maternité, elle représente une cible idéale pour la rage de sa mère. Il arrive en effet que la jeune fille rappelle inconsciemment à sa mère le potentiel qu'elle-même n'a pas pu déployer dans sa propre vie. Et si la fille se sent suffisamment apte à rejeter l'autoritarisme patriarcal que sa mère a dû elle-même avaler, cela peut facilement déclencher cette rage souterraine chez la mère.

Guérir la blessure maternelle ne consiste pas à accuser nos mères

Rester dans le reproche maternel, c'est éviter de prendre nos responsabilités. Or, la guérison de la blessure maternelle passe justement par cette responsabilité personnelle.

Fonctionner dans ce mode accusateur se traduit par :
- — Rester dans une forme de complaisance et un sentiment de victimisation.
- — Cacher notre propre pouvoir et rejeter nos responsabilités.
- — Projeter une colère non traitée sur les autres.
- — Éviter de ressentir le chagrin enfoui de notre enfance.

Guérir la blessure maternelle implique :
- — D'examiner la relation mère-fille avec l'intention de gagner en clarté et en perspicacité, afin de créer un changement positif dans nos vies.

— De transformer les croyances limitantes dont nous avons hérité, avec l'intention d'adopter de nouvelles croyances, qui soutiennent pleinement notre propre réalisation.
— De prendre la responsabilité de nos propres parcours de vie, en devenant conscientes des modèles inconscients, et faire de nouveaux choix qui reflètent nos vrais désirs.

Actuellement, on parle beaucoup de féminisme et de l'importance de devenir des femmes éveillées et conscientes. Mais en réalité, nous ne pouvons pas en être vraiment capables tant que nous n'avons pas encore rencontré ces parties de nous qui se sont senties rejetées et exclues du féminin. Notre première rencontre la plus formatrice avec le pouvoir féminin s'est jouée avec notre mère. Jusqu'à ce que nous ayons le courage de briser le tabou et d'affronter la douleur de ce que nous avons vécu vis-à-vis de nos mères, les images du pouvoir féminin restent une sorte de conte de fées, un fantasme de sauvetage par une mère qui n'arrive jamais. Attendre d'être sauvées nous maintient, dans une certaine mesure, dans l'immaturité. Nous devons séparer la mère humaine de la mère archétypale pour devenir les véritables porteuses d'un pouvoir féminin conscient. Nous devons déconstruire les mensonges patriarcaux, les distorsions et les structures défectueuses incrustées en nous, avant de pouvoir vraiment construire de nouvelles fondations intérieures capables de contenir cette énergie. Jusqu'à ce que nous le fassions, nous restons coincées dans des sortes de limbes où notre émancipation est de courte durée, et la seule explication qui semble avoir du sens consiste à nous le reprocher.

Le patriarcat à l'origine de la blessure maternelle

Le patriarcat est à l'origine de la blessure maternelle. Dans les cultures dominées par le pouvoir masculin, les femmes sont conditionnées à se percevoir comme « inférieures », non méritantes ou indignes. Ce sentiment d'infériorité intériorisé a été transmis à travers d'innombrables générations de femmes.

Quelques exemples de principes corrosifs hérités du patriarcat à l'origine de la blessure maternelle :

— Prioriser les hommes par rapport aux femmes.
— Dominer, maintenir le pouvoir en place.
— Normaliser la négation des sentiments.
— Considérer le fait d'exprimer ses sentiments comme une preuve de faiblesse ou quelque chose de mauvais.
— Se sentir honteuse d'avoir des besoins.
— Avoir honte de se reposer ou de ralentir.
— Avoir besoin de produire, de faire pour sentir qu'on a de la valeur.
— Violer les limites.
— Avoir constamment le sentiment de manquer d'argent, de temps, d'amour, d'énergie.
— Se sentir isolée et déconnectée.
— Objectification ; ne pas voir les gens comme des personnes, mais comme des objets.
— Cultiver des exigences d'obéissance et de conformité.

— Considérer la violence comme de la puissance.
— Admirer un manque d'empathie.
— Romantiser/érotiser les dynamiques de domination et de soumission.
— Regarder de haut tout ce qui est perçu comme féminin.
— Considérer les hommes comme l'être humain par défaut.
— Tenir la croyance raciste « Blanc, c'est bien ».
— Avoir la conviction que l'hétérosexualité est la norme et un idéal.

La maternité et la blessure maternelle

Historiquement, les cultures patriarcales ont non seulement présenté la maternité comme une fonction exclusivement destinée aux femmes, mais elles l'ont également rendue opprimante, obligeant les mères à correspondre à des normes insensées, telles que :
— Abandonner leurs ambitions personnelles pour prendre soin de leur famille et élever des enfants.
— S'épuiser pour subvenir aux besoins de leurs familles et élever des enfants.
— Être les principales gardiennes de la maison.
— Servir constamment les besoins des autres et les autres, sans s'occuper d'elles-mêmes et de leurs propres besoins.
— Tout réussir haut la main, cent pour cent du temps ; avoir des enfants bien élevés, être au top de leur beauté, être sexy, réussir une carrière et un mariage solide.

Les messages tacites de notre société transmis aux mères sont les suivants :

— « Si la maternité est difficile, c'est votre faute. »
— « Honte à vous, si vous n'êtes pas surhumaine. »
— « Il y a des "mères naturelles" pour qui la maternité est facile. Si vous n'en faites pas partie, c'est qu'il y a forcément quelque chose qui ne va pas chez vous. »

En raison de ces croyances limitantes et de ces injonctions inhumaines, les femmes renoncent à leurs rêves, refoulent leurs désirs et effacent leurs besoins au profit de l'idée culturelle de ce que devrait être la féminité. Cette pression étouffe la plupart des femmes, et engendrent chez elles de la rage, de la dépression, de l'anxiété et une douleur émotionnelle globale, qui – lorsqu'elle n'est pas révélée, comme c'est souvent le cas dans les cultures patriarcales – est ensuite inconsciemment transmise aux filles, à travers des formes subtiles, ou même agressives, telles que l'abandon (les mères ne peuvent pas être émotionnellement présentes lorsqu'elles sont stressées), la manipulation (honte, culpabilité et obligation) ou le rejet. Les enfants interprètent ces moments d'abandon maternel, de rejet ou de manipulation comme : « Il y a quelque chose qui cloche chez moi », « Je suis responsable de la douleur de ma mère » ou « Je peux rendre ma mère heureuse si je suis une bonne fille ». Cela a du sens quand on considère le développement cognitif limité d'un enfant, qui se considère comme la cause de toutes choses. Laissées sans réponses, ces croyances fausses et inconscientes au cœur même de la blessure maternelle peuvent affecter négativement tous les domaines de notre vie.

Nous, en tant que mères, qui avons en effet tant sacrifié pour avoir des enfants dans notre culture, pouvons vivre le fait que notre fille dépasse les rêves que nous pensions possibles pour nous-mêmes comme un véritable rejet. Nous pouvons aussi éprouver un sentiment de devoir, de droit ou de besoin d'être validées par nos enfants, ce qui peut se révéler être une subtile mais puissante manipulation. Cette dynamique peut amener la prochaine génération de filles à rester soumises afin que leurs mères continuent à se sentir importantes et à s'affirmer dans leur identité de « mère », pour laquelle de nombreuses femmes se sont tant sacrifiées, mais pour laquelle elles ont reçu si peu de soutien et de reconnaissance en retour.

Les mères peuvent inconsciemment ressentir une rage profonde envers leurs enfants et la projeter de manière subtile sur eux. Cependant, cette rage ne s'adresse pas vraiment aux enfants. La rage s'adresse à la culture patriarcale, qui oblige les femmes à se sacrifier et à s'épuiser complètement pour accomplir leur fonction de mère. Pour un enfant, qui a besoin de sa mère, croire qu'il doit aussi se sacrifier dans le but de soulager d'une manière ou d'une autre la douleur de sa mère est souvent une décision inconsciente, prise très tôt dans sa vie, et qu'il découvre généralement comme la cause de problèmes sous-jacents bien plus tard, lorsqu'il est lui-même adulte.

Tout cela se retrouve en partie passé sous silence à cause des nombreux tabous culturels et stéréotypes entretenus à propos de la maternité, tels que :

— « Les mères sont toujours nourrissantes et aimantes. »
— « Les mères ne devraient jamais éprouver de colère ou de ressentiment envers leurs filles. »
— « Les mères et les filles sont censées être les meilleures amies du monde. »

Bien que les stéréotypes générationnels aient évolué au fil des décennies, le message sous-jacent de l'implacable critique reste le même : dans les années 1950, les mères étaient trop centrées sur les apparences ; dans les années 1970, elles étaient trop laxistes ; dans les années 1980, trop ambitieuses ; dans les années 1990, tout était question de course au mérite ; tandis que les années 2000 ont vu se multiplier les « mamans tigres », ces mères trop autoritaires et ultra-exigeantes pour le développement de leurs enfants. Le cliché qui nous laisse croire que « toutes les mères devraient aimer tout le temps » prive les femmes de leur pleine humanité. Parce que les femmes n'ont pas la permission d'être des êtres humains à part entière, la société se sent en droit de ne pas accorder le plein respect, le soutien et les ressources nécessaires aux mères.

La vérité est que les mères sont des êtres humains et que toutes les mères ne peuvent pas aimer tout le temps. Et il est vrai aussi qu'il y a des mères qui n'aiment tout simplement pas la plupart du temps, que ce soit à cause d'un problème de toxicomanie, à cause d'une maladie mentale ou d'un autre combat. Tant que nous ne sommes pas disposées à affronter ces réalités inconfortables, la blessure maternelle restera dans l'ombre et continuera d'être transmise de génération en génération.

Bien sûr, la plupart des mères veulent ce qu'il y a de mieux pour leurs filles. Cependant, si une mère n'a pas fait face à sa propre douleur ou n'a pas accepté les sacrifices qu'elle a dû faire, son soutien pour sa fille peut être teinté de messages contradictoires, qui répandent subtilement des sentiments tels que la honte, la culpabilité ou l'obligation. Ces messages s'infiltrent dans les situations les plus bénignes, généralement sous forme de critiques ou de louanges faites à la mère. Ce n'est généralement pas le contenu de la déclaration, mais plutôt l'énergie avec laquelle l'information est transmise qui peut inoculer un ressentiment caché.

Cette atmosphère culturelle liée à l'oppression des femmes place les filles face à un dilemme. Si une fille intériorise les croyances inconscientes de sa mère (sous une forme subtile de « Je ne suis pas assez bien »), elle obtient l'approbation de sa mère d'un côté, mais de l'autre, elle se trahit elle-même et trahit aussi son potentiel. Si, toutefois, elle n'intègre pas les croyances inconscientes de sa mère et ses limitations, mais assoit son autorité et garde confiance en elle, elle se rend compte que sa mère peut inconsciemment le vivre comme un rejet.

L'intériorisation de ces croyances inconscientes limitantes représente, pour la fille qui ne veut pas perdre l'amour ni l'approbation de sa mère, une forme de loyauté et de survie émotionnelle.

Réaliser son plein potentiel apparaît donc comme dangereux pour la fille, car cela implique le risque d'être rejetée par sa mère. La fille sent inconsciemment que déployer son pouvoir peut déclencher la tristesse ou la rage de sa mère, qui a dû abandonner des parties d'elle-même dans sa propre vie. La compassion de la fille pour sa mère, son désir de lui plaire et sa peur du conflit l'amènent à se convaincre qu'il est plus sûr de faire profil bas et de rester petite. En résumé, les filles qui grandissent dans des cultures patriarcales doivent choisir entre être autonomes ou être aimées.

La blessure maternelle concerne toutes les femmes

La blessure maternelle s'étend sur un large spectre allant des relations mère-fille saines et solidaires aux relations mère-fille abusives et traumatisantes. Il existe de nombreux facteurs qui influencent notre positionnement sur ce spectre ; tout dépend de la mesure dans laquelle notre mère a guéri sa propre blessure maternelle et s'il y a eu violence domestique, dépendance ou difficultés financières dans la famille.

Une fille qui a un lien sain et aimant avec sa propre mère est peut-être moins atteinte par cette blessure maternelle sur le plan personnel, ce qui ne l'empêchera tout de même pas de devoir lutter contre la blessure maternelle culturelle. Parce que les cultures patriarcales dévalorisent les femmes et tout ce qui est féminin, cette blessure maternelle sur le plan culturel affecte la façon dont elle voit son propre corps, son potentiel et ses relations. Cependant, avoir une relation solide, saine et aimante avec notre mère – une relation dans laquelle nous sommes valorisée et célébrée pour la femme que nous sommes, individualisée tout en étant toujours profondément liée à notre mère – nous protège de certains impacts virulents des croyances culturelles patriarcales sur les femmes.

Comme l'a dit l'auteur et psychologue Mario Martinez, les mères fonctionnent comme des « éducatrices culturelles essentielles », définissant les limites de ce qui est possible grâce à leurs propres croyances et comportements, que nous, leurs enfants, intériorisons inconsciemment très tôt comme les nôtres, au fur et à mesure que nous grandissons. Les messages limitatifs hérités de nos mères ont été profondément assimilés à nos besoins humains d'amour, de sécurité et d'appartenance les plus profonds. Lâcher prise sur ces croyances qui nous limitent peut donner l'impression d'abandonner la « mère » elle-même. Notre tâche est de dissocier ces croyances héritées de notre besoin d'amour, de sécurité et d'appartenance afin que nous puissions en disposer efficacement. Parce qu'elles viennent de la seule personne avec laquelle nous, filles, nous devons nous lier pour survivre, les croyances déresponsabilisantes transmises par les mères sont plus destructrices que tous les messages culturels combinés.

La gravité de notre blessure maternelle dépend de la gravité de celle de nos mères en lien avec leurs propres mères. Dans le meilleur des cas, les mères projettent involontairement des sentiments d'infériorité et de vulnérabilité, tentant de protéger de façon innocente leurs filles de la honte ou d'un potentiel rejet – *Ne sois pas trop grosse, visible ou puissante, car si tu l'es, tu finiras par être rejetée ou seule*. Dans les situations les pires, les mères porteuses de profondes blessures maternelles prendront leurs filles pour des boucs émissaires, projetant sur elles leur douleur désavouée, enchaînant les abus et les négligences en toute impunité.

Inconscient, non reconnu et tabou

Notre inconscient a pour rôle de nous protéger de toute douleur non guérie. Dans l'introduction de son livre *Au-delà de nous. Les raisons de l'inconscient qui déterminent nos actions*, John Bargh écrit : « Une fois que nous avons acquis le bon cadre pour comprendre l'interaction entre les opérations conscientes et inconscientes de notre esprit, de nouvelles portes s'ouvrent, de nouvelles occasions se présentent. Nous pouvons apprendre à guérir les blessures, à briser les habitudes, à surmonter les préjugés, à reconstruire des relations et à réveiller des capacités dormantes. » Il poursuit en écrivant qu'« après des années de recherches, au fil des expériences, on a pu démontrer que l'inconscient n'était pas un mur impénétrable, mais une porte qui peut être ouverte ». Mon passage préféré du livre souligne la plus grande prise de conscience issue de ces découvertes : « Pensez simplement à la maîtrise que vous pouvez gagner en reconnaissant et en tenant compte de ces influences (inconscientes), au lieu de prétendre qu'elles n'existent pas, leur permettant ainsi de vous contrôler. »

L'un des principaux messages culturels que nous avons reçus consiste à penser que les sentiments sont des signes de faiblesse qui doivent être anéantis. Certaines émotions sont en fait qualifiées de « négatives » et sont jugées comme étant faibles, peu attrayantes, incommodes et « mauvaises ». À un moment ou à un autre, nous avons toutes éprouvé des sentiments négatifs envers notre mère, lorsqu'elle ne répondait pas ou ne pouvait pas répondre à nos besoins. Malgré le fait que de nombreuses études en psychologie du développement humain renforcent l'idée que ce genre de sentiments est normal, naturel et attendu, les enfants ont honte d'éprouver des sentiments négatifs envers leur mère, ce qui transforme ces émotions refoulées en dynamiques douloureuses, affectant l'image qu'ils ont d'eux-mêmes ainsi que leur capacité à s'épanouir dans le monde.

Dans *Ma mère, mon miroir*, livre parmi les classiques de Nancy Friday sur la relation mère-fille, Friday observe comment notre tendance à polariser nos mères en les idéalisant (« On doit vénérer les mères ») ou en les dénigrant (« C'est forcément la faute de la mère ») est, au niveau individuel, « l'un de nos mécanismes de défense les plus primitifs ». En tant que filles, nous ne voulons pas être de mèche avec la culture patriarcale qui fait du tort à nos mères, nous nous détournons donc de l'occasion d'examiner la relation à des fins de compréhension et de guérison. Nous avons appris à penser que cette ignorance volontaire était bénéfique et protectrice pour elles et pour nous-mêmes. Comme l'écrit Friday, « nous attendrons le retour [de la bonne mère] pendant des années, toujours convaincues que cette femme devant nous, qui nous fait nous sentir coupables, inadéquates et en colère, n'est pas la vraie mère ».

À travers l'injonction culturelle qui nous demande de voir toutes les mères comme forcément aimantes tout le temps, nous parvenons inconsciemment à éviter de réfléchir sur la douleur que nous pouvons ressentir par rapport à la nôtre, par peur que ce soit perçu encore comme des reproches à son égard.

Tant que nous évitons de reconnaître le plein impact de la douleur de notre mère sur nos vies, nous restons encore, dans une certaine mesure, des enfants.

Pour parvenir à une pleine émancipation, nous devons regarder en face notre relation avec notre mère et avoir le courage de dissocier nos propres croyances, valeurs et pensées individuelles des siennes. Cela implique de ressentir le chagrin d'être témoin de la douleur supportée par nos mères et d'accueillir notre propre douleur éprouvée en conséquence. C'est un défi, mais aussi la naissance d'une vraie liberté. Lorsque nous acceptons cette douleur, elle peut se transformer en connaissance de soi, en intégrité, et augmenter la confiance en soi.

Guérir la blessure de la mère résout aussi la dynamique de pouvoir déformée chez les femmes, qui n'ont plus besoin de devoir rester soumises pour soulager leur propre douleur. La douleur de vivre dans le patriarcat cesse d'être un sujet de conversation tabou. Nous n'avons plus à faire semblant ni à nous cacher sous de faux masques qui enfouissent notre douleur derrière une façade, en faisant croire que nous supportons tout ça sans effort. La douleur est alors considérée comme légitime, acceptée, traitée et intégrée, pour être finalement transformée en sagesse et en puissance.

Au fur et à mesure que les femmes avancent dans le processus douloureux de la guérison de la blessure maternelle, nous créons des espaces plus sûrs pour qu'elles expriment la vérité de leur douleur et reçoivent le soutien dont elles ont tant besoin. Les mères et les filles peuvent communiquer entre elles sans craindre que la vérité de leurs sentiments ne brise leur relation. La douleur n'a plus besoin de rester dans l'ombre de la clandestinité, où elle se manifeste à travers la manipulation, la compétition et la haine de soi. Notre douleur peut être pleinement éprouvée, afin qu'elle puisse se transformer en amour, un amour qui se manifeste par un intense soutien les unes pour les autres et une profonde acceptation de soi, nous libérant pour être audacieusement authentiques, créatives et vraiment épanouies.

En guérissant la blessure maternelle, nous commençons à saisir le degré stupéfiant de l'impact que le bien-être d'une mère a sur la vie de son enfant, en particulier dans la petite enfance, lorsque l'enfant et la mère sont encore une seule et même unité. Nos mères forment la base même de ce que nous devenons : nos croyances sont d'abord leurs croyances, nos habitudes commencent par être leurs habitudes. Une partie de cela est tellement inconsciente et fondamentale qu'elle est à peine perceptible.

Nous nous attaquons à la blessure maternelle parce que c'est un élément essentiel de la réalisation de soi et pour pouvoir dire oui aux femmes puissantes que nous sommes appelées à devenir. Guérir la blessure maternelle consiste enfin à reconnaître et à honorer les jalons que nos mères ont posés dans nos vies, afin que nous puissions alors nous concentrer pleinement sur la réalisation de la vie unique qui est la nôtre, celle que nous désirons tant, celle que nous nous savons capables de créer.

Au fur et à mesure que nous nous engageons dans ce processus de guérison, nous supprimons lentement l'épais brouillard de projections qui nous bloque afin de plus clairement nous voir, nous apprécier et nous aimer. Nous ne portons plus le fardeau de la douleur de notre mère ni ne nous rendons soumises par cette douleur. Nous pouvons renaître en toute confiance dans nos propres vies avec l'énergie et la vitalité nécessaires pour créer ce que nous désirons, sans honte ni culpabilité, mais avec passion, puissance, amour et joie.

La blessure maternelle sert de voile, elle crée un sentiment de déconnexion et de séparation avec nous-mêmes, qui nous fait nous sentir séparées les unes des autres et de la vie. Dans les premiers jours de notre existence, notre expérience avec notre mère s'apparente à la vie elle-même. Pour un bébé, la mère est la nourriture, la mère est le souffle, la mère est le monde, la mère est le Soi. Notre propre expérience de nous-mêmes et du monde a été filtrée à travers le corps et la psyché de cette personne qu'était notre mère. Guérir la blessure maternelle est un processus visant à clarifier cette dynamique prédominante qui a eu un impact sur notre développement précoce et qui continue de retentir sur nos choix aujourd'hui, en tant qu'adultes. Cela implique également de traiter les émotions qui accompagnent ces dynamiques pour guérir et se découvrir, jusqu'à ce que nous atteignions progressivement un lieu de compréhension, de sagesse, d'acceptation et de gratitude.

Pour chaque être humain, la toute première blessure du cœur se situe au niveau maternel du féminin. Et à travers le processus de guérison de cette blessure, nos cœurs passent d'un état compromis de défense et de peur à un tout nouveau niveau d'amour et de pouvoir, qui nous relie au cœur divin de la vie. Nous sommes désormais connectées au cœur collectif archétypal qui vit dans tous les êtres, et sommes porteuses et passeuses de la vraie compassion et de l'amour, dont le monde a besoin en ce moment. De cette façon, guérir la blessure maternelle est en fait l'occasion d'être initiées à notre véritable pouvoir féminin. C'est pourquoi il est si crucial pour les femmes de guérir la blessure maternelle : notre guérison personnelle et notre reconnexion au cœur de la vie, par le biais du féminin, affectent l'ensemble et soutiennent notre évolution collective.

Questions pour réfléchir

— Parmi les principes du patriarcat tels que décrits à la page 49, de quelle manière voyez-vous le patriarcat influencer votre propre vie en ce moment ? Comment gérez-vous cela ?

— À travers la dévalorisation des femmes par le patriarcat, notre culture entretient une relation biaisée avec les mères, soit en les considérant comme toujours aimantes, soit en leur reprochant à peu près tout. Comment votre propre mère a-t-elle fait face à cela ? Comment cette distorsion culturelle a-t-elle influencé votre relation avec votre mère ? Dans quelle mesure avez-vous senti que vous deviez supporter ou absorber la douleur de votre mère en jouant le rôle de la bonne fille ?

2

Comment la blessure maternelle se manifeste

Lorsque j'étais petite fille, j'ai grandi dans le rôle de la « gentille fille », la surdouée et la médiatrice des conflits familiaux. J'étais la confidente et la meilleure amie de ma mère, quelqu'un à qui elle parlait de ses problèmes avec mon père, de ses problèmes au travail, de ses conflits avec ses amis et des potins sur d'autres membres de la famille. Jouer ce rôle m'a permis de me sentir importante, tout autant que vide et creuse à l'intérieur d'une manière que je n'identifierai que bien plus tard.

Je me souviens une fois avoir été assise avec ma mère et mes tantes quand l'une d'elles m'a dit : « Oh, je ne savais même pas que tu étais là, tu es une si gentille fille. » En apparence, j'étais invisible et serviable ; au fond de moi, j'étais craintive et hypervigilante, toujours à l'affût du moindre problème. J'avais enregistré que j'étais une bonne fille quand je cessais d'exister aux yeux des adultes autour de moi.

Au cours de mon adolescence, alors que mon horizon commençait à s'étendre au-delà de la cellule familiale, j'ai rencontré une communauté d'amis dynamique et reçu le soutien que je n'avais pas dans ma vie familiale, ce qui m'a donné l'occasion de me rebeller en toute sécurité. Avec mes amis, je me suis sentie valorisée pour ma présence, et pas pour mon invisibilité. Pourtant, je fonctionnais toujours dans le rôle de la « gentille fille », et je m'assurais d'être toujours extra-accommodante et disponible pour quiconque avait besoin de soutien.

À l'âge de dix-neuf ans, je suis tombée enceinte accidentellement. C'est à ce moment-là que j'ai compris que je ne pouvais donner naissance à personne avant de me donner naissance à moi-même. Je me suis fait avorter et j'ai commencé ma thérapie. J'étais déterminée à comprendre qui j'étais et ce que je voulais de la vie.

À cette époque, j'avais quitté l'université, j'étais serveuse et je vivais dans mon propre appartement. Lors de ces premières séances de thérapie, je n'évoquais ma famille qu'en termes élogieux et je parlais de la façon dont j'admirais ma mère. Mais je pleurais sans arrêt. Je n'arrivais pas à comprendre pourquoi j'étais dans un tel désordre intérieur. Tout ce que je savais, c'est que je me sentais complètement vide. Je me suis lancée dans l'étude de la spiritualité et des religions orientales, une technique de fuite, qu'on appelle, comme je l'apprendrai plus tard, le « contournement spirituel » – essayant inconsciemment d'utiliser des concepts spirituels pour éviter de faire face au traumatisme de mon enfance.

En thérapie, je travaillais à éclaircir mon parcours de carrière, mes problèmes avec la nourriture, mon image corporelle, et l'échec au niveau de mes relations.

Mais je n'ai pas abordé tout de suite ma relation avec ma mère. J'ai évité de m'y confronter car cela me semblait trop effrayant, trop menaçant. Je ne voulais pas être une fille ingrate. Je ne voulais pas faire de vagues dans ma famille tellement je me sentais, depuis toujours, responsable de notre équilibre fragile.

Après tout, je pensais avoir sauvé ma mère de la dépression, protégé mon père des émotions de ma mère et protégé mon frère de la violence de mon père. Je croyais qu'ils avaient besoin de moi. Ce dont je n'avais pas pris conscience, c'est que j'avais été exposée dès ma naissance à toute cette toxicité que je ressentais, qu'elle était déjà en moi, attendant juste que j'en devienne consciente. Tout cela allait finir par me rattraper.

C'est en examinant tout sauf ma relation avec ma mère que j'ai compris que presque tout finalement s'y rattachait. Que ce soient mes problèmes de relations, d'image corporelle et de carrière, tout me ramenait toujours aux mêmes croyances et modèles issus de cette relation fondamentale avec ma mère, avec ce sentiment atroce en arrière-plan, cette impression que quelque chose d'horrible n'allait pas chez moi.

J'étais si efficace que je ne me considérais pas comme une survivante de traumatisme. Puis lentement, au fil du temps, je découvrais que je souffrais d'un traumatisme complexe du développement. Il me faudra des années pour identifier l'ampleur et la profondeur de ce traumatisme, comprendre comment il avait fracturé l'image que j'avais de moi, me laissant avec des symptômes extrêmement douloureux et envahissants à tous les niveaux de mon être. Ces symptômes incluaient les troubles anxieux, la terreur par moments, la culpabilité, le manque de confiance en moi, la honte, les efforts perfectionnistes et le manque d'estime de moi. Ils incluaient également une négation de moi-même en présence des autres par peur qu'ils me rejettent, au cas où je paraisse trop puissante, un vague sentiment de menace et de danger dans mon environnement, la sensation dissociative d'être dans le brouillard, et des cauchemars d'intrusion et de persécution. Tout cela était calfeutré sous la façade de la « bonne fille » et allait progressivement se révéler tout au long de mon processus de guérison.

Puis, un jour, je me suis sentie assez forte pour regarder en face ma relation avec ma mère, surtout parce que je voyais que l'éviter était précisément ce qui me retenait prisonnière. Au fond de moi, je savais que reporter cette exploration revenait à reporter la vie que je désirais vraiment.

« La relation mère-enfant peut être considérée comme la première relation violée par le patriarcat. »

ADRIENNE RICH

Déni, martyre et passe-droits

Dans notre culture, la capacité d'empathie des femmes a été exploitée, et détournée en culpabilité, en sens d'obligation, en prise en charge émotionnelle, en codépendance et en autorécrimination. Il arrive que ces distorsions nous paralysent lorsque nous ressentons le désir d'exprimer notre véritable puissance dans nos vies.

Revendiquer notre pouvoir peut sembler très effrayant pour nous, lorsque nos mères en sont incapables. S'aimer soi-même nous apparaît alors comme un concept totalement étranger. C'est une compétence que nous sommes appelées à développer malgré le peu de modèles sur lesquels nous appuyer. Vivre sous la contrainte de devoir sauver, réparer et guérir leur mère est une dynamique commune qu'on retrouve chez de nombreuses filles adultes. Cela se complique par le fait que de nombreuses mères vieillissantes déversent fréquemment leurs problèmes émotionnels sur leurs filles, se sentant en droit de bénéficier de leur soutien de façon intensive.

La douleur d'une mère peut se manifester dans divers domaines :

— Un mariage malheureux.
— Des dépendances.
— Une maladie mentale.
— Des drames qui peuvent se jouer dans ses propres relations.
— Une maladie physique, des problèmes de santé ou des incapacités.
— La solitude et la peur du vieillissement.
— Des problèmes financiers.

Il existe des moyens légitimes de soutenir nos mères sans nous épuiser émotionnellement. Mais parfois, nos mères nous demandent de les soutenir d'une façon non adaptée, une façon qui viole nos limites et nous enferme dans un cycle de culpabilité, d'épuisement et de doute de nous-mêmes. Par amour et compassion, nous pouvons toujours nous conformer ponctuellement à des demandes ou des comportements inappropriés, mais pas de façon durable ou lorsque notre bien-être élémentaire en pâtit.

Afin d'exprimer et d'incarner notre pouvoir, nous devons couper tous les fils d'intrication dysfonctionnelle présents dans la relation avec notre mère. L'enchevêtrement dysfonctionnel entre les mères et les filles peut se manifester de plusieurs façons :

— Lorsque la mère utilise sa fille comme consolatrice et dépotoir de ses émotions non traitées.
— Lorsque la fille a besoin de l'approbation de sa mère sur tous les aspects de sa vie avant de pouvoir se sentir bien dans sa peau et dans ses choix.
— Lorsque la mère trouve du réconfort à considérer sa fille comme un « animal de compagnie », lui demandant d'être toujours d'accord avec elle et de se conformer à ses avis et ses croyances, et qui rejette sa fille sitôt qu'elle exprime son indépendance.
— Lorsque la mère utilise sa fille comme un outil narcissique pour attirer l'attention et des louanges sur elle-même.
— Lorsque la fille se sent dépassée par les besoins de sa mère ; dépensant une quantité excessive d'énergie à s'inquiéter des problèmes de sa mère et à chercher la façon de les résoudre.
— Lorsque la mère sent qu'elle doit parler à sa fille toutes les heures ou plusieurs fois par jour pour maintenir sa propre stabilité émotionnelle.
— Lorsque la mère se sent autorisée à accéder et/ou à contrôler les principaux aspects de la vie

de sa fille : des objets physiques aux détails et informations sur sa vie intime.

— Lorsque la mère critique sa fille, par crainte de passer pour une mauvaise mère, prenant l'expression normale des émotions négatives de sa fille comme une menace personnelle et une preuve de son échec en tant que mère.

Les mères qui agissent de la sorte le font généralement de manière totalement inconsciente et involontaire, dans le but de soulager leur propre douleur et d'éviter de rencontrer les défis personnels qu'elles n'ont pas résolus. Les mères qui agissent ainsi participent activement à exploiter l'empathie de leur fille, tout comme le fait le patriarcat.

Afin de trouver un équilibre et de guérir de ces abus, les filles doivent refuser de se penser coupables de leur désir et de leur capacité à être puissantes et indépendantes. Même si cela signifie prendre le risque de se faire rejeter par nos mères lorsque nous fixons des limites claires et saines dans la relation.

Il est important que les mères reconnaissent et assument les façons dont elles peuvent inconsciemment écraser leurs filles par leurs propres problèmes non résolus. Il est important que les mères reconnaissent le mode patriarcal qui agit en elles-mêmes. Dans le cas où les mères ne sont pas disposées à le faire, les filles doivent rester fermes et revendiquer leur propre droit sur elles-mêmes et sur leur propre vie.

Nous pouvons être de bonnes filles tout en établissant des limites saines avec nos mères. Mais nous ne pouvons pas nous fier uniquement à l'avis que nos mères ont de nous pour nous sentir en sécurité dans nos choix d'actions. Nous devons nous sentir autonomes et en sécurité avec les limites que nous nous fixons dans la relation.

Les filles ne sont pas responsables de l'instabilité émotionnelle de leur mère. Quand nous sommes capables de faire face au fait que nous sommes impuissantes, en tant que filles, à guérir nos mères, nous entamons le deuil qui est nécessaire pour avancer, et enfin entrer dans notre puissance pour vivre une vie authentique, joyeuse et abondante… sans culpabilité.

Le fait que certaines mères manipulent activement leurs filles à partir de leurs propres sentiments inconscients de privation et de peur de l'abandon est une tragédie. Et c'est une tragédie que certaines filles manquent l'occasion d'entrer dans leur puissance et leur autonomie à cause de la culpabilité paralysante qu'elles ressentent face à leur mère. Lorsque l'enfant intérieure d'une mère est démunie, il arrive que cette mère demande à sa fille de combler le manque et de lui donner la nourriture émotionnelle qu'elle n'a jamais reçue de sa propre mère.

C'est l'une des façons dont la blessure maternelle se transmet. Sauf que l'abnégation et la codépendance de la fille ne servent en réalité pas la mère. Au contraire, c'est ce qui perpétue leur blocage et leur déni à toutes les deux. Entravant directement la capacité de la fille à affirmer avec confiance sa propre individualité, ce comportement est totalement nuisible pour elle.

Dans notre culture, on idéalise le sacrifice de soi, fondé sur les résidus d'anciennes croyances générationnelles qui tiennent ce genre de propos :

« Le martyre est admirable. »

« Les femmes sont naturellement heureuses de servir et de prendre soin des autres. »

« Les femmes ne sont pas censées faire entendre leur voix, être sûres d'elles et déterminées. »

« Les femmes qui refusent les compliments et sont enclines à l'autodérision sont louables et dignes d'éloges. »

L'obsession de guérir maman

Profondément en nous opère la croyance inconsciente et enfantine qui nous dit que, si nous, filles, pouvons guérir ou sauver nos mères, elles finiront par se transformer en ces bonnes mères que nous avons toujours espérées – fortes, douées d'un amour inconditionnel, heureuses, nourricières, etc. –, ce qui nous permettrait, en tant que filles, d'obtenir enfin le maternage dont nous avons besoin. Mais ce n'est pas possible. C'est impossible parce que nous ne sommes plus des enfants, et nous ne pourrons jamais revenir en arrière ni obtenir ce dont nous avions besoin. Le deuil de cette réalité-là est la clé de notre liberté.

Il existe une relation directe entre notre désir enfantin de sauver nos mères de leur douleur et notre peur de revendiquer puissamment nos propres vies.

Chaque relation mère-fille est différente. Chaque fille adulte dans cette situation doit réfléchir et clarifier ce qu'elle est disposée à faire et à accepter ou pas dans sa relation avec sa mère, et à le lui communiquer respectueusement. C'est un choix individuel, et comprendre où se situent nos limites peut prendre du temps. En fin de compte, la fille a besoin d'être avant tout loyale et fidèle à elle-même. Ironiquement, c'est ce que chaque mère saine voudrait pour sa fille : qu'elle soit bonne avec elle-même et fasse ce qu'il y a de mieux pour elle-même.

Mais lorsqu'une mère porte en elle un traumatisme non résolu et que ses besoins au niveau de son développement précoce n'ont pas été comblés, son désir de satisfaire ses propres besoins peut l'emporter sur sa capacité à voir et à aimer sa fille adulte en tant que femme souveraine, distincte et indépendante, qui a le droit de dire non sans culpabilité.

Honte, culpabilité et isolement

« Je n'arrive pas à avancer dans ma carrière. Je ne sais pas pourquoi je continue de saboter mon succès. »

« Je me sens coupable chaque fois que je fais des choses pour moi-même. Je suis prise dans une boucle de culpabilité et de ressentiment. »

« Je prends conscience que j'ai épousé ma mère ! »

« Ma vie professionnelle est en plein essor, mais mes relations sont en ruine. »

« Je suis tellement bousculée par mes enfants. J'ai l'impression que je ne peux rien faire de bien. »

Parce que la blessure maternelle a un impact sur notre perception de nous-mêmes, ses manifestations se répandent dans tous les domaines de notre vie d'adulte, plus ou moins intensément. De nos mariages à notre rôle parental en passant par notre carrière et notre relation avec notre corps, la blessure maternelle est là, sous la surface, qui limite notre perception de nous-mêmes, réduit nos possibilités et nous bloque, contraintes à faire du sur-place. Nous constatons que les mêmes problèmes reviennent encore et encore sous des formes différentes. Comme une clôture invisible, la blessure mère nous maintient inconsciemment enfermées dans certains schémas, à travers des automatismes et des comportements. Nous pouvons attribuer à tort nos difficultés aux autres, à l'extérieur, sans nous rendre compte qu'il n'y a qu'une seule cause fondamentale, cachée profondément en dessous. La douleur de ce blocage est souvent ce qui active la motivation et l'énergie nécessaires pour trouver la cause profonde et y remédier.

Les manifestations de la blessure maternelle sont les suivantes :

— Se sentir inférieure.
— Se comparer aux autres.
— Se sentir en compétition et jalouse des autres femmes.
— Doubles injonctions (« Soyez maligne mais pas trop maligne », « Soyez sexy mais pas trop sexy »).
— Surmenage, épuisement professionnel, épuisement général.
— Sentir qu'il y a quelque chose qui cloche en nous.
— Un sentiment de ne pas être « réelle », et de devoir afficher un visage heureux.
— Un sentiment d'être coincée, paralysée, incapable de faire des changements.
— Solitude, dépression, déconnexion.
— Besoin de dominer les autres.

— Rigidité et perfectionnisme.
— Peur des engagements à long terme.
— Se démener pour les autres, les prendre en charge émotionnellement.
— Codépendance et recherche de « fusion » avec les autres.
— Dureté, manque de compassion pour nous-même.
— Peur d'être seule.
— Se sentir incapable de fixer des limites.
— En faire trop pour les autres.
— Dépendances, dépression, troubles de l'alimentation, etc.

De nombreuses filles assimilent le fait de taire leur douleur à une forme de loyauté envers leur mère.

Oui, votre mère a peut-être fait de son mieux. Oui, elle a peut-être enduré d'incroyables souffrances et luttes dans sa vie. Mais vos sentiments comptent aussi. Ils sont aussi importants. Il s'agit de transformer un « soit/ou » en un « à la fois/et ». Notre compassion pour nos mères ne doit jamais éclipser la compassion pour nous-mêmes.

Il est très courant que les femmes résistent à s'engager dans le processus de guérison de la blessure maternelle, surtout si leur relation avec leur mère est truffée de tensions douloureuses. Cependant, plus nous ressentons de résistance à faire le travail, plus il est important pour nous de faire ce travail. Les manifestations douloureuses de la blessure maternelle peuvent réellement nous aider à entrer en contact avec notre traumatisme et à le transformer.

C'est précisément lorsque les femmes se donnent la permission de ressentir toute leur colère et leur indignation, au nom des petites filles qu'elles étaient autrefois, que leur pouvoir, leur authenticité, leur clarté et leur confiance commencent à émerger pleinement. De cette empathie peut naître une profonde tendresse pour soi-même, qui se manifeste par le refus farouche de ne plus laisser personne faire du mal à cette petite fille à l'intérieur.

« J'ai tellement peur d'être comme ma mère. »

La peur de devenir comme nos mères vient de la crainte saine de ne pas vivre notre propre vie à nous. C'est la peur légitime de se laisser entraîner dans les contresens des mythes familiaux et culturels qui nous pousse à mener des vies plus petites et plus étroites que ce que nos âmes exigent. C'est la peur de perdre nos vies, alors que nous épuisons notre énergie dans des modèles d'obligation, de prise en charge émotionnelle et de conformité. C'est un symptôme du potentiel féminin en train de pourrir que nous ressentons, dans une certaine mesure, dans les vies non vécues de nos mères, l'amertume et le mécontentement qui se lisent sous leurs sourires forcés et l'agression dissimulée, surgissant dans les moments les plus anodins. Nous voyons les signaux d'alerte dans la vie de nos mères. Et nous ne voulons pas répéter leurs erreurs et continuer de transmettre leurs blessures. Il est important que nous rendions ces raisons conscientes, en rendant compte de la façon dont nous ressentons les choses et de comment nous en sommes arrivées là.

La création du faux soi en tant que petites filles

Afin de survivre à un environnement émotionnel hostile dans leur famille, de nombreuses petites filles apprennent à supprimer leur individualité pour apaiser leurs mères. Lindsay C. Gibson, dans son livre *Enfants adultes de parents émotionnellement immatures*, explique que « l'individualité d'un enfant est considérée comme une menace pour les parents émotionnellement insécurisés et immatures, parce qu'elle suscite des craintes de rejet ou d'abandon possible », et « par conséquent, leurs enfants, dans le but d'éviter à leurs parents d'être anxieux, répriment souvent toute pensée, sentiment ou désir authentique qui perturberait le sentiment de sécurité de leur parent ». Voici quelques exemples parmi les croyances douloureuses que ces enfants apprennent : « Pensez toujours d'abord à ce que les autres veulent que vous fassiez. Ne demandez pas de soutien. Ne vous défendez pas. C'est honteux de vouloir quelque chose pour soi. » Un enfant peut commencer à percevoir inconsciemment sa propre existence (avec des besoins et des sentiments différents) comme une forme de déloyauté envers sa mère. Cela crée un conflit chez l'enfant, un tiraillement permanent issu de l'hésitation entre être loyal envers sa mère ou vivre son existence propre, de façon séparée.

Il n'y a pas la place pour exister en tant que « vraie » fille : l'attention est entièrement portée sur la situation parentale.

L'équilibre des familles dysfonctionnelles est souvent si fragile que la tension naturelle, liée au fait que les membres s'accordent de vivre leur propre individualité, est intolérable. Dans de telles familles, au lieu de l'intimité émotionnelle et de la connexion authentique, c'est l'enchevêtrement et la codépendance qui rassemblent les membres de la famille. La tension familiale peut être causée par divers problèmes, tels que la toxicomanie, les problèmes d'argent, la violence domestique ou les problèmes de santé mentale, pour n'en nommer que quelques-uns. Des frontières floues au sein de la famille et des problèmes conjugaux offrent un terrain idéal pour que les enfants se retrouvent à occuper le rôle de parents auprès de leurs parents. Les enfants perçoivent la tension causée par leurs propres besoins comme le problème, intériorisant ainsi la croyance qu'ils sont intrinsèquement mauvais, faux et imparfaits, et doivent s'améliorer. C'est là qu'ils créent un « faux soi » pour plaire à leurs parents. Comprendre que la tension douloureuse à laquelle ils réagissent n'est en fait pas du tout liée à eux, mais vient de leur environnement, c'est-à-dire de leurs parents et de la façon dont ces derniers gèrent leur vie, est au-delà de la capacité des enfants.

La tragédie des bonnes filles et des filles parentalisées

Il va sans dire que les petites filles sont totalement dépendantes de leur mère pour ce qui est de leurs besoins de soutien physique, mental et émotionnel. Logiquement, la voie entre une petite fille et sa mère est censée être à sens unique, offrant un soutien qui circule constamment de la mère à la fille. Cependant, parmi les nombreuses facettes de la blessure maternelle, on retrouve cette dynamique commune dans laquelle la mère compte de manière inadaptée sur sa fille pour obtenir d'elle un soutien mental et émotionnel. Ce renversement de rôles est extrêmement nuisible pour la fille, et entraîne à long terme des effets dévastateurs pour son estime personnelle et sa confiance en elle.

La jeune fille se retrouve contrainte de réprimer ses propres besoins de développement pour répondre aux besoins émotionnels de sa mère. Au lieu d'être reflétée par sa mère, c'est à la fille qu'on demande de refléter sa mère. Au lieu de s'appuyer sur sa mère en tant que repère émotionnel sûr, lui permettant l'exploration, la fille se retrouve à devoir représenter elle-même cette base émotionnelle sécurisante pour sa mère.

Vulnérable et dépendante de sa mère pour survivre, la fille n'a que peu de choix à sa disposition ; soit elle se conforme aux attentes et comble les besoins de sa mère, soit elle se rebelle contre sa mère.

Confier des rôles d'adulte à sa fille, et l'utiliser comme épouse de substitution, meilleure amie ou thérapeute représentent des comportements abusifs de la part d'une mère. Le fait qu'une mère utilise sa fille comme aide émotionnelle témoigne de son incapacité à répondre aux besoins de développement de sa fille.

Les filles parentalisées réagissent à cette dynamique de plusieurs façons :

« Si je suis vraiment, vraiment, une bonne fille (docile, calme, sans besoins), alors maman va enfin me voir et prendre soin de moi. »

« Si je reste forte et protège maman, elle me verra. »

« Si je donne à maman ce qu'elle veut, elle arrêtera de me maltraiter. »

En tant qu'adultes, il arrive que nous projetions cette dynamique sur les autres. Par exemple, dans nos relations : « Si je continue à essayer d'être suffisamment bénéfique pour lui, il s'engagera avec moi. » Dans nos carrières : « Si je continue de travailler le week-end, j'aurai toutes mes chances de recevoir cette promotion. »

Ces mères ont comme organisé un concours avec leurs filles pour savoir qui allait être aimé/materné.

Un concours qui véhicule le message qu'il n'y a pas assez d'amour pour tout le monde. Les filles grandissent en croyant que l'amour, l'approbation et la validation sont des denrées rares, et qu'il faut s'user jusqu'à l'os pour être digne de recevoir cette précieuse nourriture. Puis, à l'âge adulte, elles attirent des situations qui perpétuent ce schéma encore et encore. (Bon nombre de ces dynamiques et effets sont également valables pour les garçons.)

Les filles parentalisées sont privées de leur enfance. La fille n'est pas validée en tant que personne ; au contraire, elle est approuvée uniquement lorsqu'elle est en fonction, par exemple lorsqu'elle soulage la douleur de sa mère.

Les mères s'attendent à ce que leurs filles adultes écoutent leurs difficultés, leur apportent réconfort et soutien pour calmer leurs peurs et leurs inquiétudes d'adulte. La fille serait censée libérer sa mère de ses problèmes ou réparer les dégâts commis par celle-ci, qu'ils soient d'ordre physique ou émotionnel. La fille est régulièrement considérée comme celle qui résout les problèmes ou la médiatrice.

Dans ces cas-là, la mère renvoie à sa fille l'image d'une mère faible, débordée et incapable de gérer sa vie. Elle lui transmet aussi le message que les besoins de développement de sa fille sont tout simplement « excessifs » pour la mère qu'elle est, si bien que l'enfant peut aller jusqu'à se reprocher même d'exister. La jeune fille reçoit le message qu'elle n'a pas le droit d'avoir des besoins, pas le droit d'être écoutée ou validée dans sa propre personne.

Le rôle de la « bonne fille » s'accompagne de nombreux avantages attrayants. Par exemple, la petite fille, habituée à ne recevoir d'éloges ou de validation que lorsqu'elle endosse le rôle de guerrière, de sauveuse ou de consolatrice de sa mère, devient du coup très à l'aise dans ces fonctions, ce qui lui donne un sentiment de contrôle dans un environnement autrement imprévisible. Il arrive que les filles-enfants qui sont dans des rôles inversés s'accrochent à ces rôles et à ces récompenses, même à l'âge adulte.

Pour certaines filles, exprimer ses propres besoins peut être synonyme de rejet ou d'abus de la part de leur mère.

Au fur et à mesure que la fille grandit, elle peut craindre que sa mère ne soit trop « facilement brisable » et peut ainsi en arriver à cacher sa propre vérité pour la préserver. La mère peut alimenter cette situation en jouant le rôle de la victime et en faisant endosser à sa fille le rôle de bourreau dès que celle-ci se risque à exprimer sa propre individualité. La fille entretient alors la croyance inconsciente d'être excessive dans ses comportements et de n'être capable que de blesser les autres.

Si les mères peuvent projeter la « bonne mère » sur leurs filles, elles peuvent aussi projeter sur elles la mère négative. C'est ce qui se produit par exemple lorsque, à l'âge adulte, la fille est prête à se séparer émotionnellement de sa mère. La mère vit inconsciemment la séparation de sa fille comme une relecture du rejet de sa propre mère. La mère peut alors réagir en exprimant une rage infantile, une bouderie passive ou une critique hostile.

Les mères qui exploitent leurs filles de cette façon sont souvent les mêmes qui leur disent : « Arrête de me faire des reproches ! » ou « Ne sois pas si ingrate ! » dès lors que la fille exprime un mécontentement ou veut discuter de leur relation. Les filles privées de leur enfance à cause des besoins invasifs de leur mère sont souvent attaquées par leur mère dès qu'elles ont l'audace de suggérer une remise en question de la dynamique de leur relation.

Il arrive que ces mères refusent de voir le rôle qu'elles tiennent dans la souffrance de leurs filles, parce que c'est trop douloureux pour elles. Et il est fort probable qu'elles nient aussi l'impact qu'a eu sur elles leur relation avec leur propre mère. « Ne reprochez rien à votre mère » est utilisé comme un moyen de faire taire ces filles en leur instillant un sentiment de honte, les empêchant de dire la vérité sur ce qu'elles ont enduré.

Si nous voulons revendiquer notre pouvoir en tant que femmes, nous devons être prêtes à voir de quelle manière nos mères étaient vraiment responsables de notre douleur lorsque nous étions enfants – et comment, en tant que femmes adultes, nous sommes aujourd'hui, à notre tour, pleinement responsables de la guérison de ces blessures en nous-mêmes.

Avoir du pouvoir peut aussi amener à faire du mal. Que les mères soient complètement ignorantes du préjudice qu'elles ont commis envers leurs filles ou qu'elles fuient cette réalité, le fait est que les mères, dans leur position d'adultes dans la relation, en étaient responsables. Il est important que les filles reconnaissent leur douleur comme légitime. Si elles ne le font pas, aucune véritable guérison ne peut se produire. Faire face à l'ampleur de la souffrance qu'on a vécue en tant qu'enfant est douloureux et inconfortable, mais nécessaire au processus de libération. Les filles continueront à se saboter et à limiter leur capacité à prospérer et à s'épanouir dans le monde tant qu'elles n'auront pas reconnu ces modèles d'origine.

Le patriarcat a tellement maintenu les femmes dans des privations à tous les niveaux qu'elles se sont tournées, affamées, vers leurs propres filles pour obtenir validation, approbation et reconnaissance. Or, aucune fille ne pourra jamais combler ce genre de faim. Pourtant, génération après génération, des filles innocentes se sont offertes, volontairement sacrifiées sur l'autel de la souffrance et de la famine de leur mère, avec l'espoir qu'un jour elles « seront reconnues enfin assez bonnes » à ses yeux. Croire qu'en « nourrissant notre mère », elle sera finalement capable de nous nourrir en tant que fille est un espoir enfantin. Ce repas ne vient jamais. Il n'y a qu'en nous engageant dans le processus de guérison de la blessure maternelle, en nous réappropriant notre vie et notre valeur que nous obtiendrons la nourriture à laquelle notre âme aspire.

Nous devons arrêter de nous sacrifier pour nos mères, car, en fin de compte, notre sacrifice ne les nourrit pas. Ce qui nourrira notre mère, c'est la transformation qui la conduira de l'autre côté de sa propre blessure et de son chagrin, dont elle est la seule à pouvoir s'occuper.

Lorsque nous refusons de reconnaître la manière dont nos mères ont pu être responsables de nos souffrances en tant qu'enfants, nous gardons durant notre vie d'adulte ce sentiment que quelque chose ne va pas chez nous, que nous sommes en quelque sorte mauvaises ou déficientes.

Il est plus facile de ressentir de la honte que de faire face à la douleur d'appréhender la vérité sur la façon dont nous avons pu être abandonnées ou exploitées par nos mères. Ainsi, la honte agit comme un tampon qui nous protège de la douleur de la vérité.

La petite fille en nous préférerait ressentir la honte et la haine d'elle-même, car cela la maintient dans l'illusion qu'elle a une « bonne mère ».

Nous nous accrochons à la honte pour rester accrochées à notre mère. De cette façon, nous faire honte revient à nous sentir maternées. Voilà pourquoi la honte est l'une des plus importantes manifestations de la blessure maternelle.

Nous devons avoir le courage de libérer la douleur que nos mères nous ont demandé de porter pour elles. Or, nous libérons la douleur lorsque nous pouvons remettre la responsabilité au bon endroit, donc dans cette situation, à l'adulte, la mère, mais certainement pas à l'enfant. En tant qu'enfants, nous n'étions pas responsables des choix et du comportement des adultes qui nous entouraient. Une fois que nous avons vraiment compris cela, nous pouvons alors en assumer l'entière responsabilité en y travaillant et en reconnaissant l'impact que cette situation a eu dans nos vies, afin de faire de nouveaux choix en tant qu'adultes, des choix en accord avec notre être profond.

De nombreuses femmes essaient de sauter cette étape et de passer directement au pardon et à l'empathie, ce qui peut les maintenir prisonnières. On ne peut pas vraiment passer à autre chose si on ne reconnaît pas ce qu'on quitte. Le pardon est le résultat d'un processus de transformation, dans lequel la douleur est reconnue, traitée, acceptée et transformée en connaissance de soi. Le pardon a plus à voir avec notre propre intégrité qu'il ne s'adresse à quelqu'un d'autre. Chaque fois que nous nous retrouvons forcées à pardonner, que ce soit par nous-mêmes ou par une autre personne, nous ne devons pas céder à la pression, mais plutôt prendre le temps dont nous avons besoin pour guérir.

En tant que petites filles, beaucoup d'entre nous ressentaient de la terreur en constatant que « personne n'était aux commandes » dans nos familles. Pour diverses raisons, nous avons peut-être entendu le message que les adultes étaient « hors service » dans une certaine mesure, et que nous étions seules. Nos systèmes nerveux ont réagi soit en luttant, soit en fuyant, soit en « faisant la morte », tentant de survivre et de nous adapter tant bien que mal au stress et au changement.

Les femmes qui ont grandi dans le modèle de la « bonne fille » ont le sentiment d'avoir été utilisées, l'impression d'avoir joué un personnage et ressentent au fond un grand vide. La bonne fille croit que le jour où papa et maman seront rassasiés, ils lui donneront ce dont elle a besoin.

Le problème est que ce jour ne vient jamais. Ces enfants grandissent et deviennent des adultes qui éprouvent des niveaux élevés de stress et d'hypervigilance face à des situations quotidiennes telles que décevoir quelqu'un, recevoir des compliments, fixer des limites et prendre soin d'elles-mêmes.

On nous apprend que la survie implique d'œuvrer en faveur du mâle patriarcal. Beaucoup de « bonnes filles » ou de « filles parentalisées » étaient témoins de comportements masculins toxiques subis par leurs mères, comportements toxiques soit qu'elles incarnent aujourd'hui en elles-mêmes, soit qu'elles continuent de tolérer chez les hommes de leur famille, voire les deux. Nous avons peut-être appris à intérioriser des croyances destructrices telles que « je pourrais perdre leur approbation si je ne me donne pas » ou « pour être sympathique, je dois me dévaloriser ». Nous avons peut-être vu nos mères mendier des miettes d'approbation auprès d'hommes ignorants. Nous avons peut-être vu d'autres femmes plus âgées tolérer l'ineptie et la maltraitance en silence. Nous en avons peut-être bavé pendant que nos mères nous envahissaient ou désertaient leur poste de mère en raison de leurs propres manques.

En nous récupérant du rôle de la « bonne fille », il est important de voir notre complicité inconsciente dans le fait d'avoir été utilisées, et de revendiquer farouchement notre souveraineté.

L'« enfant utilisée » en nous aspire à être aimée pour elle-même, pas seulement quand elle porte le masque de la « bonne fille » et démontre des valeurs patriarcales (productive, parfaite, conforme aux attentes, aux petits soins pour les autres, dans le sacrifice et le déni de soi, etc.). L'enfant utilisée aspire à être aimée même quand elle déçoit, quand elle est grognon, quand elle est gênante, quand elle est désordonnée, quand elle est confuse, quand elle ne produit rien, quand elle est incohérente, quand elle arrive les mains vides, quand elle change d'avis, etc. La vraie question est la suivante : dans quelle mesure sommes-nous prêtes à nous aimer dans ces moments-là ? Plus nous nous aimerons pour celles que nous sommes vraiment à chaque instant, plus nous nous sentirons dignes de l'amour des autres.

Questions pour réfléchir

— Comment votre mère vous a-t-elle transmis ses croyances, soit à travers ses paroles, soit secrètement à travers ses choix, ses décisions et ses actions ?
— Quelles étaient les croyances de votre mère sur les grands domaines de la vie tels que l'argent, les hommes, la sexualité, le potentiel de carrière, son propre corps, le mariage, les amitiés féminines, sa propre mère, les normes familiales, etc. ?
— Comment les croyances de votre mère se manifestent-elles dans votre propre vie ? De quelles façons vous êtes-vous inconsciemment approprié ses croyances, en y adhérant comme étant les vôtres ?
— De quelles manières simples pouvez-vous agir davantage en accord avec votre propre croyance authentique ? Craignez-vous que vos propres choix et croyances authentiques aient un impact sur votre relation avec votre mère ?

Questions auxquelles les mamans doivent réfléchir pour s'honorer et ouvrir la voie à leurs filles

— De quoi avais-je besoin de ma propre mère que je n'ai pas eu ? De quelles manières puis-je projeter inconsciemment ces besoins sur ma fille ou sur d'autres personnes ?
— Est-ce que je reçois le maternage et l'éducation dont j'ai besoin dans ma vie quotidienne ? Sinon, comment puis-je répondre à ces besoins (amis, expériences, outils, soutien professionnel) ?
— Est-ce que je néglige les besoins émotionnels de ma fille ? Est-ce que ses besoins émotionnels me mettent mal à l'aise ? Si oui, lesquels ? Que m'apportent-ils ?
— Est-ce que je demande à ma fille de me materner d'une manière ou d'une autre ? Si tel est le cas, comment puis-je obtenir le soutien dont j'ai besoin d'une autre source afin de ne pas mettre ce fardeau sur ma fille ?
— Est-ce que je ressens de la rage ou du ressentiment d'être maman ? Si tel est le cas, vers quelles méthodes sûres et saines puis-je me tourner pour m'aider à les surmonter ?
— Est-ce que je me sens jalouse ou menacée par ma fille ? Si oui, pourquoi et comment cela se manifeste-t-il dans mes interactions quotidiennes avec ma fille ? Comment puis-je trouver un moyen sûr et sain de guérir cela ?
— Quelles limitations ai-je dû prendre sur moi-même en tant que jeune fille de l'âge de ma fille ? Quel impact cela a-t-il eu sur ma vie ? Comment puis-je aider ma fille à ne pas cautionner ces mêmes limitations ?
— Comment puis-je démontrer à ma fille que je me valorise ?
— Que se passe-t-il pour moi lorsque je pense que ma fille a plus d'opportunités que moi ?
— De quelle manière ai-je pu transmettre cette croyance au sujet des limitations ? Comment pourrais-je renverser la situation ?

3

Les dynamiques en jeu dans la blessure maternelle

Enfant, j'idéalisais ma mère. Remettre en question son récit selon lequel nous étions les meilleures amies m'a pris des années ; c'est là que j'ai compris que cette illusion de meilleures amies n'avait été possible que parce que j'avais joué avec diligence le rôle auquel j'avais été assignée – celui de la bonne fille « confidente et médiatrice familiale ». Être meilleures amies fonctionnait tant que je m'absentais émotionnellement et que je m'occupais d'elle. Instinctivement, je faisais de mon mieux pour cacher mes véritables sentiments et besoins, ainsi que tout ce qui prouvait que j'étais une enfant. Au fond, je faisais semblant d'être une adulte. Ces fois où la douleur de ma mère filtrait en dehors de sa carapace, ouvertement ou discrètement, me laissaient confuse, stupéfaite et désespérée. J'interprétais automatiquement la perte de lien entre nous comme étant de ma propre faute, le résultat de quelque chose que j'avais mal fait. J'ai passé ma vie dans un état d'hypervigilance, déterminée à ne jamais faire la même erreur deux fois. Par exemple, chaque fois que j'exprimais une confiance spontanée, ou une opinion ou position très différentes de celle de ma mère, je la sentais viscéralement s'éloigner de moi, me jeter un regard jaloux ou émettre un grognement hautain ou un soupir désapprobateur, et tout cela était très douloureux pour moi. J'avais inconsciemment appris que les mots liberté et joie rimaient avec punition et abandon.

Mais parfois, la domination qu'exerçait ma mère était plus directe, et, dans ces moments-là, elle énonçait clairement qui avait le contrôle, qui prenait les décisions et qui ne se laisserait dépasser en aucune circonstance.

À l'âge de sept ans environ, assise sur le siège arrière de notre voiture, je me souviens avoir lancé, dans un élan plein d'espoir : « Maman, un jour je serai riche ! » Alors que le feu devenait rouge, ma mère s'était retournée, le visage crispé et l'air épuisé, si je me souviens bien, et m'avait fusillée du regard. D'un ton amer et tranchant, elle m'avait lâché : « C'est aussi ce que je pensais, Bethany. » Le message était clair : « N'ose pas croire que tu es capable de ça ; n'ose pas penser que tu es meilleure que moi et que tu réussiras là où j'ai échoué. » Ce bref échange avait marqué profondément ma jeune psyché.

Lorsque j'exprimais ouvertement mes propres opinions, avec sincérité et sensibilité, ma mère me rétorquait parfois : « Tu te crois si supérieure ! », comme si elle ne pouvait pas percevoir mon besoin d'indépendance sans se sentir personnellement attaquée. En tant que meilleure amie, ces moments étaient insupportablement douloureux, j'ai donc commencé à exprimer de moins en moins mes opinions, jusqu'à devenir un parfait miroir, qui la reflétait elle. Sans le savoir, une scission s'amorçait en moi entre la gentille fille qu'elle voulait que je sois et la vraie fille que j'avais planquée en dessous.

J'ai compris bien plus tard aussi que dans certaines de nos discussions, ma mère projetait sa douleur sur moi. À l'époque, je n'avais aucune idée de ces projections ; j'étais seulement consciente que ma mère me faisait du mal, et qu'elle le faisait sans doute parce que je le méritais. Je me souviens, un soir de ma préadolescence, avoir eu une discussion avec elle à propos de Laurie, une méchante fille de ma classe qui cherchait plusieurs filles à qui s'en prendre pour les harceler et les intimider. Souhaitant obtenir la validation de ma mère, je lui avais demandé : « Maman, est-ce que Laurie est plus jolie que moi ? » Elle fit une pause avant de me répondre, pinça les lèvres et dit : « Oui, elle est plus jolie que toi. » Je me souviens avoir été choquée par sa réponse, parce que jusqu'à ce point de la conversation, elle avait été d'une gentillesse inhabituelle, puis soudain son message, tel que je l'avais perçu, était devenu froid, tranchant et sans compassion. Après avoir entendu cela, j'ai eu un sentiment d'écœurement et je me suis enfermée dans ma chambre, déboussolée, rejetée et seule. J'avais senti que me montrer vulnérable avec ma mère était dangereux, et c'est là que j'ai commencé à me fermer à son égard, encore plus que ce que je faisais déjà.

Toutes les mères et filles connaissent un certain niveau de lutte en raison de l'influence du patriarcat sur la relation mère-fille. Dans une certaine mesure, en raison de cette atmosphère culturelle, le pouvoir est toujours en jeu. Pour les filles adultes dont les mères ont une personnalité parentale autoritaire plus forte, communiquer et établir une relation fondée sur le respect et le partage est quasiment impossible. Une relation « harmonieuse » avec une personne autoritaire implique presque toujours de se mettre de côté, du fait que ce profil se désintéresse de la coopération et de la croissance réciproque. Le partage et le respect mutuel sont en fait considérés comme une défaite et une perte de pouvoir pour les mères de cette catégorie.

Lorsqu'elle est bousculée, la mère peut parfois, de manière imprévisible, prendre soudainement un ton autoritaire, et revenir à un mode de réciprocité lorsqu'elle est d'humeur plus positive. Ce genre de comportement, que l'enfant ne peut pas prévoir, rend les choses encore plus déroutantes pour lui. La mère qui passe d'empathique et aimante à dominatrice, hostile ou cinglante dès qu'elle est perturbée renforce puissamment le sentiment d'instabilité. Cette dynamique constamment changeante maintient l'enfant sur des montagnes russes émotionnelles sans fin, tout en favorisant un sentiment d'incertitude en lui.

Dans son livre historique *La Relation verbalement abusive*, Patricia Evans expose les deux types de pouvoir qui imprègnent notre monde. Pendant des milliers d'années, le monde a fonctionné sous le règne patriarcal, où il s'agissait de dominer les autres. Evans décrit cela dans un contexte de relations verbalement abusives, où les hommes en sont les principaux acteurs, mais cette dynamique de pouvoir est également présente dans les relations mères-filles, ce qui explique les dynamiques douloureuses qui sévissent entre elles. Lorsque vous avez l'impression de parler une langue différente de celle de votre mère, lorsque vous avez l'impression que rien n'est jamais résolu, lorsque vous remettez régulièrement en question vos propres perceptions, clarifier la dynamique de pouvoir en action peut vous aider à y voir plus clair.

Evans nomme la domination « réalité 1 », qui se caractérise par l'inégalité, la concurrence, la manipulation, l'hostilité, le contrôle et la négation. Dans cette réalité, le sentiment de sécurité n'est obtenu qu'en surpassant quelqu'un d'autre. La mutualité et la vulnérabilité suscitent une méfiance presque instinctive. Celles qui viennent de cette réalité ont été souvent profondément blessées dans leur propre enfance et se sont coupées de leurs propres sentiments, les projetant sur les autres. Le partage est vécu comme une menace pour leur sécurité et leur identité. Elles vivent inconsciemment l'égalité avec un autre être humain comme une infériorisation. À force d'être déconnectées de leurs propres ressentis, celles qui vivent dans cette réalité n'expérimentent pas leur pouvoir personnel et se concentrent uniquement sur le contrôle et la domination des autres, afin d'éviter le sentiment d'impuissance. La domination est une tentative de fabriquer du pouvoir personnel, du pouvoir qui viendrait de l'intérieur. Être vulnérable et faire ses demandes pour obtenir ce dont on a besoin est trop effrayant pour elles, car cela ouvre sur un rejet possible et sur le risque de devoir faire face à un mélange de déception et d'humiliation.

Ces personnes fondent toutes leurs choix sur le besoin inconscient d'éviter d'affronter leurs sentiments et les parties vulnérables d'elles-mêmes, qu'elles ont dû abandonner pour survivre dans leur enfance. Elles sont dans un profond déni de leurs sentiments et il arrive qu'elles déforment et confondent la réalité, manipulant les autres sans savoir ce qu'elles font. Cette réalité rend presque impossibles toute relation et communication saines avec ces personnes-là.

Le pouvoir personnel, qu'Evans appelle la « réalité 2 », se définit comme provenant d'un lieu d'égalité, de partenariat, de mutualité, de bonne volonté, d'intimité et de validation.

Dans cette réalité, le pouvoir personnel vient de la connexion avec ses propres sentiments et d'un certain niveau de connexion avec la vie elle-même. On part du principe que les deux personnes en relation ont l'intention de grandir, de se soutenir et d'améliorer la vie de l'autre. La réalité 2 est une réalité partagée avec les autres. Une seule personne engagée ne peut pas créer ce genre de relation avec une autre. L'engagement des deux participants est nécessaire. Les femmes sont souvent frustrées lorsqu'elles font tout ce qu'elles peuvent pour entrer en contact avec leur mère et que rien ne fonctionne. Or, nous ne pouvons pas créer ce genre de relation avec nos mères si elles se comportent principalement à partir de la réalité 1.

Evans explique que ce qui entre en jeu dans le fait que les personnes développent une réalité 1 ou une réalité 2 repose sur la présence d'un témoin adulte compatissant dans leur enfance, un adulte stable et aimant, qui était affectivement présent et rassurant dans les moments de détresse émotionnelle de l'enfant. Accompagnée d'un adulte compatissant dans ses moments de souffrance, la petite fille devient alors capable de maintenir un lien avec elle-même et de développer une confiance en son aptitude à supporter les émotions difficiles. Cela lui permettra de ressentir son propre pouvoir personnel lorsqu'elle sera adulte. Les sentiments douloureux de celles qui ont vécu leur enfance sans témoin compatissant à leurs côtés, et qui ont ressenti des émotions traumatisantes avec peu ou pas de soutien émotionnel, ont probablement été poussés dans le subconscient, leur permettant ainsi de survivre. Ce mécanisme de survie est enregistré dans le cerveau, dans une certaine mesure, comme un mécanisme de légitime défense. Ainsi, sans accès à leur propre pouvoir personnel, ces personnes sont plus susceptibles de se retrouver à se comporter selon la réalité 1, tentant principalement de dominer le monde.

L'hypothèse mortelle

L'une des choses qui maintienne la blessure maternelle en place est l'hypothèse culturelle selon laquelle toutes les mères sont nécessairement dans la réciprocité, pleines de gentillesse, de bonne volonté et de validation – la réalité 2. Cependant, nos mères sont des êtres humains qui ont probablement fait l'expérience, à différents degrés, de traumatismes, liés à la fois à leur propre famille et aussi au fait d'être une femme dans un monde patriarcal. À moins que nos mères aient bénéficié de ce témoin compatissant à leur douleur d'enfant, qui leur a permis de garder l'accès à leurs sentiments, maintenu leur connexion et leur sentiment de pouvoir personnel, elles se comportent à partir de la réalité 1, dans un esprit de manipulation, de domination, de projections, distorsions, abus et contrôle. Lorsqu'une mère n'a pas accès à ses propres sentiments, il arrive qu'elle voie sa fille comme une prolongation d'elle-même et ses propres sentiments négatifs comme venant de sa fille plutôt que de sa propre douleur, qui a été profondément réprimée dans son inconscient. Voilà pourquoi elle peut en venir à isoler et à maltraiter sa fille, répétant les abus qu'elle a elle-même subis tout en continuant à être dans le déni ou à ignorer ce qu'elle fait.

Crises de colère des mères et « mamanipulation »

L'oppression patriarcale des femmes perdra de plus en plus de force à mesure que les femmes plus âgées assumeront la responsabilité de leur propre douleur et que les femmes plus jeunes refuseront de porter des blessures qui ne sont pas les leurs. Cela permettra aux jeunes femmes de marcher avec confiance en direction de leurs rêves, sans honte ni culpabilité paralysantes.

Au fur et à mesure que notre vie change avec l'aide des nouvelles croyances bénéfiques que nous intégrons, il se peut que notre famille se sente confuse, laissée pour compte ou trahie. Déplacer le cadre de la version exclusive « l'une ou l'autre » vers la version inclusive « l'une et l'autre » implique de prendre le risque d'être mise à l'écart au profit de l'authenticité et de l'instauration de limites saines. La façon dont les mères réagissent à leur propre douleur active peut aller de la critique mineure lâche à un épisode explosif complet où tout peut voler en éclats, où elles peuvent entrer dans une colère noire, se retirer jalousement ou bouder, nous traiter de noms d'oiseaux ou pointer chacune de nos erreurs pour nous faire honte, comme au temps où nous étions encore leur béquille émotionnelle.

J'appelle ces bouleversements des « crises de colère maternelle », car c'est là que l'enfant intérieure non guérie d'une mère commence ouvertement à projeter sa douleur à vif sur sa fille, lorsque celle-ci n'obéit pas à l'ordre tacite de ne pas la menacer.

Une crise de colère chez la mère se produit lorsque la fille sort de son rôle de servante attentionnée ou soumise à sa mère et ose changer la dynamique de la relation en exprimant plus pleinement son moi authentique et réel en présence de sa mère. Cela se passe lorsque la fille pose des limites, exprime sa vérité, limite les contacts, fait des choix authentiques qui ne sont pas nécessairement en phase avec les croyances de sa mère, etc.

Les histoires qui suivent sont de vrais exemples de crises de colère maternelle vécues par des filles adultes. Ces exemples proviennent des récits que mes étudiantes et clientes m'ont transmis à travers des cours en ligne, des retraites et des ateliers que j'ai animés. Tous les prénoms ont été modifiés. Ces exemples illustrent les réactions des mères dont la douleur des blessures maternelles non guéries se réveille et la façon dont ces mères agissent en projetant tragiquement leurs blessures sur leurs filles. Le réveil des blessures en lui-même n'est pas un problème ; il est normal de se sentir parfois bousculée par ses enfants. Le problème se pose lorsque la mère projette ses propres blessures sur l'enfant au lieu de prendre la responsabilité de travailler sur ce réveil douloureux.

Shawna : « Ma mère a lu tous mes carnets entreposés dans son grenier, après que je lui ai annoncé que j'avais besoin de quelques semaines sans contacts, pour me concentrer sur une mission importante au travail. Elle m'a dit par e-mail qu'elle ne comprenait pas pourquoi je devais l'abandonner et qu'elle ne savait pas quoi faire d'autre, parce que je ne voulais pas lui parler. Elle a commencé à critiquer des choses que j'avais écrites dans mes journaux et m'a dit qu'elle était inquiète pour moi. Je savais que ne pas respecter mes limites ne lui posait pas plus de problème que ça, mais je ne pensais pas qu'elle irait aussi loin. »

Talia : « Ma mère avait acheté des cadeaux pour les invités lors du dîner donné la veille de mon mariage, alors que je lui avais spécifiquement demandé de ne pas le faire tant que je n'avais pas eu l'occasion de les voir en ligne. Elle m'a crié dessus à pleins poumons. "Les cadeaux sont de ma part, donc j'ai complètement le droit de le faire !" »

AJ : « Plus ma carrière réussit, plus ma mère veut me parler au téléphone de trucs superficiels. Je me souviens une fois où j'étais en pleine période d'examens, à la faculté de droit, elle exigeait que je lui parle au téléphone pendant trois heures pour la conseiller sur la planification de vacances au Mexique, à peu près tous les soirs de la semaine. Ce n'est que des années plus tard que j'ai compris qu'elle essayait, à un certain niveau, de me distraire pour que je ne la dépasse pas. Le jour de ma remise de diplôme, elle est allée aux urgences se plaignant de douleurs thoraciques. J'ai raté mon tour en allant m'asseoir dans la salle d'attente avec mes frères et sœurs. Finalement, il s'est avéré qu'elle allait très bien. »

Tanesha : « Ma mère s'éloigne de moi chaque fois que je partage quelque chose de positif que je fais. Elle change de sujet immédiatement, comme si elle ne supportait pas de me porter une attention positive. Parfois, elle commence même à parler de quelque chose de similaire que des enfants d'amis vivent, en disant presque que je suis nulle par rapport à eux. C'est très blessant, même si je sais qu'elle en est totalement inconsciente. »

Olivia : « Ma mère ne peut pas s'empêcher de faire un commentaire sévère sur mon apparence à chaque fois que je la vois. "Est-ce que tu continues toujours ton régime ?" ou "As-tu repassé ce chemisier ?" ou encore "Tes cheveux ont l'air vraiment en désordre. Tiens, utilise mon peigne". Ces commentaires infantilisants me donnent l'impression d'avoir cinq ans. L'ironie est que ma mère était alcoolique et c'était moi qui l'aidais à se préparer pour le travail en repassant ses vêtements, en lui remettant son rouge à lèvres et ses chaussettes. Son comportement revient à nier totalement le soutien que je lui apportais. Ma présence doit lui rappeler à un certain niveau à quel point elle m'a ratée. Je ne suis même pas sûre qu'elle s'en souviendrait. Je me demande si elle est même capable de vraiment se soucier de moi. Éviter sa douleur semble être le principe organisateur de sa vie. »

Jordyne : « Après que mon père a quitté ma mère quand j'étais adolescente, c'était comme si elle et moi étions devenues les meilleures amies. Elle se plaignait de sa vie et de sa solitude. Elle me disait que j'étais la seule personne au monde qui la comprenait. J'étais à l'université et j'habitais à la maison. Quand j'amenais un petit ami à la maison, elle devenait vraiment passive-agressive avec moi. Elle faisait des choses comme blanchir accidentellement un de mes vêtements préférés ou bien mon téléphone disparaissait pendant des heures et elle le retrouvait soudainement. Une fois où je commençais à vivre une histoire d'amour sérieuse avec un mec, elle a trafiqué le moteur de ma voiture pour qu'elle ne démarre pas au moment où j'essayais de partir. En grandissant, je pensais qu'elle faisait ces choses parce qu'elle m'aimait, moi. Maintenant, je vois qu'à un certain niveau, c'était comme si je lui appartenais. »

Finn : « Toute ma famille fonctionnait autour du mantra "Ne dérange pas ta mère". Elle était incroyablement anxieuse et avait peu de patience avec nous ses enfants. Elle était également très préoccupée par "ce que les voisins pourraient penser". Je me souviens avoir passé des heures le week-end à faire de la gymnastique dans la cour pendant qu'elle préparait le repas dans la cuisine, espérant qu'elle me remarquerait. À d'autres moments, je la regardais tout laisser tomber pour passer des heures à discuter avec ses meilleures amies, dont elle se plaignait sans arrêt. Je restais assise là, à écouter leurs conversations, me sentant émotionnellement affamée par son absence d'attention à mon égard. Chaque fois que j'exprimais de la tristesse ou de la colère, j'avais droit à un sarcastique "Qu'est-ce qu'elle a encore, celle-là, qui ne va pas ?". J'ai l'impression d'avoir passé la majeure partie de mon enfance à me tenir là, à regarder par la fenêtre en attendant qu'elle rentre à la maison. Quand elle était présente, je ne ressentais aucune connexion entre nous. Je pense qu'elle considérait mes besoins émotionnels comme totalement épuisants pour elle. »

Brooke : « Ma mère avait toujours besoin d'être plus jolie que moi. Quand quelqu'un me complimentait en sa présence, elle ne pouvait s'empêcher de déambuler vers la personne pour attirer son attention. Parfois, c'était si subtil que personne d'autre ne le remarquait tandis que d'autres fois, le fait qu'elle était en concurrence avec moi était douloureusement évident pour tout le monde. Je n'oublierai jamais ses singeries pendant mon mariage : alors que plusieurs personnes commentaient ma robe, ma mère a interrompu la conversation pour demander à quelqu'un de l'aider à attacher son bracelet. Tout le monde s'est tourné vers elle, levant les yeux au ciel, alors qu'elle racontait une histoire banale et hors de propos. Depuis que je suis adolescente, me voir comme le centre de l'attention lui est insupportable. »

Destiny : « Ma mère adore mettre mon mari de son côté et nous dresser les uns contre les autres. Lors des réunions de famille, elle trouvait systématiquement le moyen de flirter avec lui d'une manière presque indétectable, et il tomba amoureux. Avant que je l'apprenne, je les sentais tous les deux ligués contre moi. Pendant très longtemps, mon mari n'a pas vu qu'il était manipulé. Mais maintenant, il apprend à faire en sorte que malgré les efforts de ma mère pour essayer de m'isoler et de me faire sentir comme si je n'étais pas assez bien, nous restions unis. Que mon repas soit trop salé, que ma machine à laver soit trop bruyante ou qu'elle me demande pourquoi je n'ai toujours pas acheté une voiture neuve, elle trouve toujours quelque chose à me reprocher et encourage les autres à remettre en question mes décisions. Cela me rend folle. »

Elizabeth : « Ma mère m'envoie des courriels laconiques apparemment bienveillants, mais sur un ton de reproche qui me dérange. Ses messages me font sentir qu'elle est une meilleure mère que moi et que je suis fondamentalement déficiente. "Les enfants sont-ils sortis de l'école ? As-tu vérifié leur calendrier des vacances scolaires ???" Quand je réponds à la première question, il y a toujours une deuxième question de vérification derrière, comme si elle ne me faisait pas confiance : "Ils ont quatre jours de congé ???" J'en ai plus que marre de me défendre vis-à-vis d'elle pour la plus simple des choses. Cela m'épuise. »

Mich : « Ma mère m'humiliait devant mes enfants et leur permettait de faire des choses contre mon gré. Une fois, elle a dit à ma fille qu'elle était inquiète pour ma santé mentale. J'avais l'impression qu'elle essayait de liguer mes enfants contre moi pour me rabaisser. Mes filles m'ont dit qu'elles ne voulaient plus passer du temps seules avec mamie. Je peux comprendre pourquoi. Pour ne pas les priver d'une grand-mère, je les mettais en danger en permettant à ma mère de garder mes enfants. J'avais espéré que devenir grand-mère atténuerait ses tendances narcissiques, mais je me trompais. »

Claire : « Mes deux parents étaient des scientifiques. Notre maison était pleine d'activistes, d'écrivains et d'universitaires. Je restais éveillée tard pour les écouter parler. Ma mère était si passionnée et absorbée par la "cause" qu'elle oubliait souvent de me nourrir ou de me laver. En tant qu'enfant unique, j'ai appris très tôt à me débrouiller pour m'occuper de moi-même. J'ai principalement lutté contre la dépression durant toute ma vie d'adulte. Chaque fois que nous nous réunissons, elle et moi, je commence à espérer que nous pourrons en quelque sorte enfin nous reconnecter. Mais elle finit toujours par me demander : "Pourquoi n'arrives-tu pas à te ressaisir ?", "Qu'est-ce qui ne va pas chez toi ?", ou encore "Je ne sais pas pourquoi tu n'arrives pas à avoir une vie normale comme tous les enfants de mes amis". Après chaque visite, je retombe en crise pendant des jours. »

Abbie : « Ma mère s'est retrouvée seule lorsque j'avais deux ans. Elle a failli faire un burn out quand j'avais dix ans, et j'étais son principal soutien émotionnel. Mon frère cadet a lutté contre la drogue et passe d'un travail à l'autre. Alors que moi, en tant qu'"ange" de ma mère, j'étais bonne étudiante et j'ai obtenu un doctorat. Chaque fois qu'elle m'appelle, presque tous les jours de la semaine, elle est sur la défensive à propos de mon frère. Il a récemment emménagé chez elle. C'est comme s'ils s'étaient ligués contre moi, même si tout ce que j'essaye de faire est de communiquer avec elle. Je me suis efforcée d'obtenir tout ces succès pour qu'elle me voie enfin et se sente fière de moi, mais au lieu de cela, elle est apeurée. Soit elle me repousse constamment ou, au contraire, m'attire à elle pour me blesser ou me laisser tomber d'une manière ou d'une autre. Mais je veux juste qu'elle m'aime. »

Dawn : « J'ai dit à ma mère que je n'aimais pas le ton qu'elle utilisait quand elle parlait à mon enfant. Elle s'est mise à le critiquer alors qu'il avait fait une faute d'orthographe dans ses devoirs. Au départ, elle s'est excusée. Mais le lendemain, elle m'a envoyé un e-mail disant qu'elle ne m'aiderait plus à rembourser mes prêts étudiant. Et ce, deux semaines après que je lui ai demandé de me donner les informations de connexion pour avoir accès à mes prêts étudiant, sur lesquels je voulais reprendre la main, et qu'elle m'a répondu que c'était quelque chose qu'elle tenait à faire pour moi. C'était comme si elle avait besoin de trouver un moyen de "revenir" vers moi pour poser une limite. »

Au moment d'une crise de colère maternelle, votre mère ne vous voit pas de manière appropriée (comme sa fille), mais plutôt comme sa propre mère, qui l'a rejetée. C'est pourquoi la discussion, bien qu'anodine en surface, peut être porteuse d'agressivité – vous êtes témoin de l'énergie régressive de l'enfant en colère que votre mère n'a pas encore intégrée et guérie en elle-même. Comprendre cela peut vous aider à ne pas prendre personnellement le comportement de votre mère, car il ne s'adresse pas à vous et ne vous concerne pas du tout.

Il est normal de vouloir ignorer ou empêcher à tout prix la colère de la mère ; personne ne veut être témoin ou soumis à ces interactions blessantes et dérangeantes. Et l'enfant en vous est terrifiée par cette situation, car elle rejoue probablement la dynamique douloureuse de votre enfance. L'important est de soutenir votre enfant intérieure et de vous rappeler que, même si vous ne vous êtes peut-être pas sentie émotionnellement en sécurité en tant qu'enfant (le rejet par la mère signifiait la mort), vous êtes maintenant, en tant qu'adulte, capable de soutenir votre enfant intérieure à travers cette expérience. Vous survivrez à la crise de colère, et être préparée émotionnellement à ses réactions pendant que votre mère fait sa crise vous libérera. Refuser de présenter des versions de nous-mêmes qui les distraient de leur douleur est plus utile, autant à nos mères qu'à nous-mêmes ; car jouer à ce jeu ne fait que prolonger leur souffrance et retarder leur guérison.

Reconnaître la « mamanipulation » en action

Contrairement à la dynamique plus manifeste des crises de colère maternelles, généralement plus explosives et plus conflictuelles, il y a la dynamique plus silencieuse et plus discrète que j'ai nommée « mamanipulation ». La mamanipulation est une forme de manipulation subtile de la part de la mère pouvant facilement passer inaperçue du fait que le jugement ou l'hostilité se retrouvent dissimulés dans un langage ou des comportements dits « maternels » (c'est-à-dire nourrir, prendre en charge, adorer ou soutenir). La mamanipulation peut être difficile à reconnaître. Souvent, son principal symptôme se traduit chez la fille par un sentiment de terreur, de désespoir ou de rage, l'amenant à s'accuser du fait que ce qu'elle ressent semble disproportionné par rapport au contenu de la discussion. Une conversation peut paraître gentille, anodine et bienveillante en surface, alors que l'énergie et le ton de l'interaction sont en réalité durs, hostiles et agressifs. Comme face à toute forme d'intimidation, la meilleure façon de reconnaître la mamanipulation est de remarquer ce que vous ressentez dans votre corps, lors d'une discussion. Si tout semble OK en surface, descendez examiner un peu plus en profondeur si vous ne vous sentez pas déprimée après avoir vu votre mère. Si tel est le cas, il est très possible que la mamanipulation soit en action.

La façon dont vous réagissez face à une crise de colère ou à une mamanipulation dépendra de la dynamique particulière en place entre vous et votre mère. Le défi ne consiste pas à vous laisser entraîner dans le drame de la victime, du bourreau ou du sauveur, mais de rester dans ce qui est juste pour vous à cet instant. Pour certaines, cela impliquera de s'exprimer ; pour d'autres, de rester silencieuses. Chercher la réponse la plus stimulante et la plus adaptée face à la mamanipulation ou à une crise de colère maternelle est un puissant processus de découverte en soi.

À propos du sentiment de redevabilité

Parmi les croyances les plus problématiques et les plus courantes ancrés chez les filles, on trouve celle-ci : « Ma mère m'a donné la vie. Je lui suis redevable. » Bien sûr, il n'y a rien de mal à éprouver un amour et un respect authentiques pour votre mère, tout comme ressentir une sincère gratitude pour tout ce qu'elle a pu faire pour vous. Cependant, se sentir redevable envers elle est très différent. C'est une illusion douloureuse qui peut coûter cher. De nombreuses femmes utilisent cette logique pour légitimer le fait qu'elles s'éloignent de ce qu'elles désirent, pour justifier leur culpabilité, leur manque de confiance en elle, leur tolérance face aux mauvais traitements ou encore le fait qu'elles restent prisonnières.

Les enfants ne « doivent » rien à leur mère, mais cette illusion de redevabilité bloque des générations de femmes entières. J'ai vu une fois sur Facebook une vidéo sur les mères qui se sentent stressées, privées de sommeil et peu appréciées. Le documentaire finit par cette phrase : « Regardez dans les yeux de votre enfant et vous saurez que vous comptez. » Ligne après ligne, on explique la façon dont la mère est portée aux nues à travers le regard de l'enfant, ce qui devrait normalement suffire pour l'aider à surmonter ses difficultés. L'objectif de cette vidéo consistait à dire qu'une mère n'avait qu'à regarder dans les yeux de ses enfants pour obtenir la validation dont elle avait besoin. J'ai trouvé étrange que ce documentaire ne mentionne pas le soutien des amis, des partenaires ou des communautés pour aider les femmes à traverser leurs difficultés en tant que mères. Il ne mentionnait pas leur santé personnelle. Cette vidéo n'aide pas les femmes à se considérer comme intrinsèquement valables et importantes. Le message de ce documentaire dit simplement aux mères que le seul endroit vers lequel elles doivent se tourner pour sentir leur propre valeur et donner du sens à leur existence est le regard de leurs enfants.

À première vue, il s'agit d'une vidéo inoffensive, portant l'intention d'honorer le travail incessant des mères. Cette vidéo a été « likée » par des milliers de personnes. Or, je la trouve dérangeante pour de nombreuses raisons. Le message transmis maintient les mères dans l'illusion que l'approbation de leurs enfants devrait être une compensation suffisante pour le travail brutal, interminable, ingrat et isolant que représente la maternité dans le monde moderne. Et cela contraint la petite fille à supporter le fardeau émotionnel que représentent les luttes de sa mère, tout en apprenant à surfonctionner dans le rôle de gardienne émotionnelle. Cela donne à la petite fille le sentiment qu'elle « doit » à sa mère une version d'elle-même capable de la protéger de la douleur. Cette croyance agit comme un poison qui peut nuire à notre image, à notre estime de nous, ainsi qu'à notre capacité à nouer des relations durables et saines avec les autres.

Malheureusement, l'une des manifestations les plus courantes de la blessure maternelle est la relation de codépendance entremêlant la mère et la fille. Des messages comme ceux transmis dans la vidéo que j'ai décrite perpétuent et renforcent l'idée que l'« amour maternel » normal ressemble à cette confusion malsaine.

On ne devrait pas attendre d'un enfant qu'il soit le sauveur, le miroir, le thérapeute ou la seule raison de vivre de sa mère. Il est de la responsabilité de la mère, en tant qu'adulte, d'aller chercher le soutien dont elle a besoin auprès d'autres adultes, notamment des thérapeutes, un conjoint, un partenaire, une communauté, des institutions, etc.

L'enfant n'est pas responsable du bien-être de sa mère. Une mère qui attend d'être émotionnellement prise en charge par son enfant en fait l'otage de sa douleur. Si ce schéma commence dans l'enfance, il se poursuit chez la fille souvent jusqu'à l'âge adulte, et se traduit par un manque de confiance en elle, une culpabilité, de la rage réprimée, un syndrome de l'imposteur et des relations problématiques, entre autres symptômes.

L'hostilité qu'éprouve notre culture envers les femmes se traduit par exemple par la limitation à l'accès aux soins gynécologiques, l'écart salarial, le raccourcissement des congés maternité, la violence de certains hommes, mais aussi à travers d'autres barrières systémiques comme le racisme institutionnel, qui, se cumulant, isolent les mères et contraignent ainsi leurs enfants à la lourde tâche de les valider émotionnellement en l'absence de soutien de partenaires, d'autres adultes, d'institutions et de la société en général. Bien qu'aucun enfant ne puisse jamais combler ce vide, ils se retrouvent en première ligne pour pallier le manque de respect et de soutien émotionnel que subissent les mères dans notre culture. La société dit aux mères que leurs enfants devraient être une récompense suffisante tout en les humiliant de ne pas se sentir pleinement satisfaites.

La douleur de notre mère nous est transmise à travers deux sources principales :

— Les traumatismes héréditaires ou abus qu'elle a vécus dans sa famille d'origine, et qu'elle transmet inconsciemment dans une certaine mesure.
— La blessure maternelle culturelle, à travers la douleur d'être une femme dans cette culture qui se transmet d'une génération à l'autre.

Différents facteurs amènent les enfants à se sentir redevables envers leur mère :

— Cette loyauté naturelle que ressentent tous les enfants envers leur mère.
— Voir leur mère souffrir sans recevoir aucun soutien, tout en sachant que cette mère est nécessaire à leur survie.
— Lorsque les mères renforcent l'idée qu'un enfant est naturellement responsable du bien-être de sa mère.
— La croyance des mères selon laquelle leur enfant leur est forcément redevable, en raison de sa propre histoire (elles-mêmes se sont peut-être senties redevables envers leur propre mère).
— Le manque de soutien de la part du conjoint/partenaire, de sa famille, de ses amis, etc., dont souffrent les mères.

Pour les anciennes générations, et encore pour certaines personnes aujourd'hui, être parent signifiait nourrir, offrir un abri, des vêtements et une éducation à ses enfants. Les besoins émotionnels étaient considérés comme moins importants que les besoins physiques.

Au même titre que des objets ou des animaux domestiques, les enfants devaient « être surveillés mais pas entendus ». On ne parlait tout simplement pas de problèmes tels que la toxicomanie, les maladies mentales, les difficultés financières et les abus. Les gens croyaient qu'en prétendant que ces problèmes n'existaient pas, en les gardant secrets, tout irait bien. Nous commençons à comprendre que ça ne marche pas comme ça. On ne fait pas disparaître les problèmes en prétendant qu'ils ne sont pas réels ou en essayant de les oublier. Ils sont présents dans nos luttes au quotidien.

Le développement naturel d'un enfant implique de grandir et d'avoir sa propre vie à lui, indépendante.

Pour une fille fusionnelle avec sa mère, les tentatives d'individualisation et d'appropriation de sa personne peuvent s'apparenter à un violent champ de bataille. Il est essentiel que la fille se fasse aider pour démystifier la croyance patriarcale qui déclare qu'avoir sa propre vie cause du tort à sa mère, que la séparation entre la mère et la fille est une agression ou que ses limites représentent une attaque contre elle. Résister à ces distorsions et obtenir le soutien de plusieurs sources pour les remplacer par de nouveaux modèles sains est fondamental. En tant que « fille parentalisée » en convalescence, j'avais très tôt adhéré à cette douloureuse croyance selon laquelle « Quand je prends soin de moi, je prive ma mère ».

Ce fut un long parcours pour moi d'apprendre à :

— Faire la part des choses entre ce que je pouvais faire pour ma mère et ce que j'avais besoin de faire pour prendre soin de moi.
— Prendre de la distance sans craindre l'abandon.

— Attirer un partenaire romantique avec une capacité de réciprocité égale.
— Répondre par un « non » clair aux personnes qui semblent attendre que je me soumette à eux à travers une complicité silencieuse, aussi subtile soit-elle.
— Ne plus assimiler le fait de gagner en autonomie à de l'isolement.

Étape par étape, établir une confiance avec la petite fille intérieure et l'aider à intégrer un nouveau paradigme, dans lequel elle va exister, avoir des besoins, dire non, avoir des émotions, se célébrer et être reconnue en toute sécurité est un travail qui prend du temps. Cela demande de faire appel à un soutien professionnel (comme une psychothérapie), d'établir nos limites, de nous chouchouter de façon radicale et de nous donner le droit de pleurer et l'espace pour le faire. Beaucoup d'entre nous avons été témoins des combats de nos mères, nous les avons vues se sacrifier et souffrir à cause de toutes sortes d'oppressions. La nécessité de survivre rend les enfants naturellement fidèles à leur mère. Mais le vrai respect n'est pas possible lorsqu'il est extorqué à partir d'un sentiment d'obligation, de honte ou de dette émotionnelle. La « redevabilité » dont il est question ici n'est pas une affaire de respect, c'est avant tout une question de domination.

Une mère pense que son enfant lui est « redevable » si, en tant que mère, elle :
— Se sent privée ou non valorisée dans d'autres domaines de sa vie d'adulte.

— Manque de compréhension sur sa propre histoire d'enfance.
— A passé son enfance à recevoir de mauvais traitements, subi de la négligence ou vécu un traumatisme avec peu ou pas de thérapie derrière.
— Montre des signes de maladie mentale possible.
— Croit que les mères détiennent le pouvoir absolu sur leurs enfants.
— Est du genre à pratiquer l'abus d'autorité.

Les mères qui renforcent cela ignorent bien souvent ce qu'elles font. Il est important que les filles trouvent du soutien et posent des limites saines avec elles. Bien sûr que la quantité d'amour et de travail physique et émotionnel qu'une mère a à offrir occupe une place sacrée dans notre société, et mérite d'être respectée et honorée. Mais tout cela restera invisible et sous-estimé tant que les mères resteront dans la dynamique néfaste d'attendre que leurs enfants soient leurs miroirs, leurs sauveurs et leurs raisons de vivre. Et tant que la société continuera à dénigrer les femmes et incitera les enfants à en payer l'addition, la maternité restera une fonction dévalorisée.

Nous devons prendre conscience de la manière dont le patriarcat prive les mères, et de la manière dont cette privation se retrouve nécessairement infligée à leurs enfants, nous paralysant en fin de compte tous collectivement, dans une certaine mesure.

Tant de choses ont été permises au nom de cette redevabilité envers nos mères ! Violence émotionnelle, violence physique, négligence, silences douloureux – entre autres traumatismes. Tant de choses ont été réprimées sous la douleur du « Je suis redevable envers ma mère » ! Les vrais désirs, le potentiel, les rêves, l'inspiration, l'abondance, la richesse et plus encore ont été détournés et étouffés par les femmes à qui on a enseigné que leur véritable expression blesse ceux qu'elles aiment. Les mères démunies émotionnellement qui se nourrissent de cette dynamique volent la force vitale de leur fille et s'en nourrissent comme si c'était la leur.

Voici quelques exemples de messages tacites de mères dans un état d'esprit patriarcal (issu du sentiment d'impuissance et de contrôle dans leur propre vie) :

« Rayonner de tout ton potentiel fait de toi une fille ingrate. »

« Quand tu souffres, tu m'honores, parce que regarde combien de souffrances j'ai enduré pour te mettre au monde ! »

« Je suis ta mère et je mérite ton respect, peu importe à quel point je te dénigre ou t'abuse. »

« Tu me fais me sentir nulle quand tu atteins tes objectifs. »

Il n'en faut pas plus pour que, très tôt, le lien s'établisse entre être en sécurité et ne pas être menaçante.

Pour beaucoup de femmes, l'une des choses les plus difficiles est de laisser leur mère face à ses douloureux apprentissages et à son propre processus de guérison. Pour ce faire, il est nécessaire de nous libérer de notre tendance à afficher un faux moi pour plaire à notre mère, et, au contraire, d'être nous-même en sa présence, même si elle exprime sa désapprobation. On doit permettre à notre mère d'exprimer son mécontentement à propos de notre vérité sans pour autant l'autoriser à nous désorienter et sans entrer en conflit avec elle.

Laisser notre mère seule face à ses propres défis, sans nous précipiter pour les résoudre à sa place, ne fait pas de nous une mauvaise fille. Dans le meilleur des cas, laisser notre mère gérer ses propres problèmes douloureux l'aide à se libérer de son chagrin. C'est une étape nécessaire pour qu'elle vive une véritable guérison, qui ne sera possible que si elle est ouverte à cette idée et disposée à grandir. Certaines mères, cependant, refusent de faire le douloureux travail de guérir leurs propres blessures et préfèrent en rendre leurs filles responsables.

En tant que fille, si notre mère a l'habitude de réagir avec hostilité lorsque nous exprimons notre propre personnalité, notre individualité, notre réalité et notre pouvoir, c'est peut-être parce que notre expression authentique a stimulé les graines du potentiel qu'elle n'a jamais fait fleurir en elle. Il est possible qu'elle ressente l'expérience de notre vrai moi, vital et authentique comme un miroir douloureux, qui lui reflète les parties d'elle qu'elle a dû abandonner pour survivre à sa propre famille. Cela peut déclencher chez elle un profond chagrin lié à cette perte d'elle-même. Si elle est incapable ou refuse de ressentir le chagrin qu'elle porte pour le guérir, elle peut réagir par la colère, la manipulation, la compétition, la jalousie ou le retrait.

Ce n'est pas en restant soumise et malheureuse que nous parviendrons à la soulager de sa peine. Marcher sur des œufs et « ne pas faire de vagues » crée un sentiment de « paix » à court terme, mais en agissant ainsi, nous ne faisons qu'alimenter la blessure maternelle à l'aide de notre force vitale. D'une certaine façon, nous perdons notre pouvoir. Nous ne devons rien à notre mère. Notre malheur et notre insatisfaction ne compenseront jamais les blessures et les luttes non cicatrisées en elle. Elle est la seule à pouvoir prendre les mesures nécessaires pour changer sa situation.

Lorsque nous prenons émotionnellement en charge notre mère en mode autosabotage, nous empêchons en fait sa guérison, car nous devenons complices du maintien de ses illusions. Sans compter que nous mettons nos vies indéfiniment entre parenthèses, dans l'attente d'une approbation de sa part qui ne viendra jamais.

Prendre conscience que nous pouvons survivre au rejet de notre mère nous aide à briser ce schéma. Prendre le risque d'être rejetées par notre mère apparaît comme acceptable pour notre intelligence d'adulte, mais semble toujours très dangereux et bien trop risqué pour notre enfant intérieure, ou les zones primitives et émotionnelles de notre cerveau. C'est pourquoi nous allons parfois très loin, jusqu'au moment où, nous sentant inconsciemment en danger, nous retombons dans nos anciens schémas de culpabilité, de prise en charge émotionnelle, de soumission pour plaire aux autres, schémas dans lesquels nous nous excusons d'exister et redevenons dépendantes de l'approbation et de la validation des autres.

Nous sentir soumise et bloquée n'est pas une sensation agréable pour l'adulte que nous sommes, mais cela *sécurise* notre enfant intérieure.

Afin d'en finir avec l'autosabotage, nous devons rompre le lien qui associe le fait d'être authentique avec le risque de perdre notre mère, ou celui d'être abandonnée ou rejetée par elle. Et nous devons créer une nouvelle connexion qui nous montre qu'il est possible d'être en sécurité, aimée et chérie tout en étant authentique.

Une séparation émotionnelle saine entre la mère et la fille doit se produire pour que les deux s'épanouissent en tant qu'individus et cultivent une relation affective authentique et nourrissante entre elles.

Tout ce qui est imposé est forcé et non gratuit. Il ne s'agit pas d'une vraie connexion. C'est une transaction. Au-delà de l'illusion d'être « redevable », il existe un tout nouveau monde où notre vie nous appartient, et où nos besoins et nos sentiments sont pris en compte, et non honteux. Notre vie nous appartient. Nous ne devons rien à notre mère. Nous dissuader de faire confiance à ce processus de séparation mère/fille est une tactique du patriarcat pour opprimer les femmes. Je ne parle pas de se séparer de manière froide, sur la défensive, mais de le faire de façon que chacune redevienne un être unique, singulier, une femme entière et présente à elle-même.

Notre personnalité distincte est une source de pouvoir que nous devons mutuellement cultiver et soutenir au cours du développement des unes et des autres. Il n'est pas nécessaire de choisir et d'exclure qui que ce soit. Être séparée ne signifie pas être exclusive ou déconnectée. Plus nous nous sentons en droit de bénéficier de notre propre amour et de notre propre soutien, plus nous devenons fortes et plus nous pouvons apporter des changements positifs qui nous rassemblent.

Il est temps de retrouver l'élan sacré qui nous permet de sortir de nos états fusionnels. Le tabou de la blessure maternelle a longtemps bloqué le processus de guérison des femmes individuellement et collectivement. Il est important que nous voyions la vérité, aussi inconfortable soit-elle, que la guérison de la blessure maternelle n'est pas le procès de la mère. C'est une partie constitutive du fait d'être adulte, consciente et mature. En fait, guérir la blessure maternelle (et ne pas la transmettre à la génération suivante) représente l'expression ultime de la maturité et de la responsabilité personnelle.

Quand la compassion pour notre mère nous empêche d'avancer

L'impact des croyances patriarcales d'une mère est particulièrement dévastateur pour le développement personnel et le processus d'individuation de sa fille. Le fait qu'une mère refuse sa propre douleur contribue à maintenir la blessure maternelle en place. Les filles, plus que les fils, ont tendance à percevoir comme une victime cette mère qui n'a pas pu réaliser ses rêves, a manqué d'opportunités ou a été dévalorisée. Et c'est au nom de la compassion qu'elle ressent pour sa mère que la fille est plus à même d'absorber la douleur de celle-ci comme si c'était la sienne, ce qui crée une confusion toxique qui l'empêche directement de s'épanouir dans sa propre vie. Plus les blessures non cicatrisées de la mère sont inconscientes et intenses, plus elle se sentira menacée par le besoin de séparation et d'individualisation de sa fille. C'est dans ce contexte douloureux que se forge un lien mère-fille qui les maintient toutes les deux prisonnières.

Plus une femme sait se donner à elle-même suffisamment d'espace et d'amour, plus elle pourra aussi l'offrir à sa fille. Aucune mère ne peut donner à sa fille le soutien, l'amour, les conseils et l'autonomisation dont elle-même ne dispose pas. Lorsqu'une femme n'a pas trouvé de modèle sain d'amour-propre auprès de sa propre mère, elle doit chercher des modèles ailleurs.

L'aveuglement patriarcal demande aux femmes de réussir, mais pas trop ; d'être sexy, mais pas trop ; fortes, mais pas trop ; intelligentes, mais pas trop ; etc. Une mère mue par le besoin inconscient d'éviter que sa fille ne vienne réveiller sa souffrance peut tout à fait, involontairement, perpétuer ces injonctions insensées. Le fait que sa fille reste impuissante, soumise et constamment en proie au doute vis-à-vis d'elle-même évite à la mère de se retrouver face à sa douleur inconsciente, qu'elle préfère continuer à ignorer. Les mères qui refusent de faire leur propre travail intérieur utilisent cette forme inconsciente d'autoprotection émotionnelle aux dépens de leur fille.

Une fille impuissante représente l'antidote parfait aux malheurs d'une mère inconsciente et profondément blessée, car cette fille lui permet de maintenir une illusion de pouvoir tout en la dispensant du dur travail de croissance personnelle et de guérison. Alors que si la fille est capable, autonome, heureuse et épanouie, la mère blessée risquera d'être confrontée à sa propre douleur non guérie.

Sous une apparence de calme et de douceur, une mère peut très bien cacher une pauvreté émotionnelle qui ne s'exprime qu'à travers la relation à sa fille, laquelle portera la projection des blessures niées de sa mère.

Le message implicite adressé à la fille, dans les deux cas, est le suivant : « Ton émancipation est inacceptable. » L'autonomisation de sa fille est inacceptable pour une mère, car cela lui rappelle ce qu'elle-même a perdu, ou bien n'a pas pu réaliser ou encore la rage que cette mère n'a jamais pu exprimer envers l'esprit patriarcal de sa famille et de sa culture. Une mère peut ressentir l'autonomisation de sa fille comme une trahison, un rejet personnel ou une offense.

Il arrive que la mère exerce inconsciemment une pression pour que sa fille baisse d'un ton, minimise sa propre souffrance, rétrécisse ses ambitions ou se contente de pas grand-chose, tout comme elle-même s'était peut-être sentie obligée de le faire en tant que jeune femme.

Une fille en possession de son propre pouvoir est un stimulant pour que les blessures de sa mère se manifestent afin d'être guéries. Une mère blessée peut croire que la douleur qu'elle ressent en présence de sa fille est causée par sa fille, sans voir que cette douleur était en elle bien avant l'arrivée de sa fille, et n'appartient finalement qu'à elle. En s'autorisant à rayonner, la fille offre en fait un vrai cadeau à sa mère. La propre lumière de la fille révèle l'ombre de sa mère, lui ouvrant ainsi la voie vers la guérison.

Si la mère est saine et ouverte d'esprit, elle saisira plus facilement le cadeau. Mais si la mère est inconsciente, profondément blessée et bloquée, elle y verra probablement une raison de s'en prendre à sa fille (secrètement ou ouvertement).

Voici des exemples d'abus de pouvoir patriarcal exercés par les mères :

— La fille est utilisée comme dépotoir émotionnel.
— La mère est négligente envers sa fille, mais l'utilise en revanche comme outil narcissique pour obtenir son attention.
— La mère ne s'intéresse à sa fille uniquement si celle-ci se conforme aux façons de voir de sa mère. C'est sa manière de penser à elle ou rien.
— Les crises de colère maternelles : hostilité manifeste, intimidation, rage explosive, prise d'assaut, violence physique.
— Mamanipulation : retrait froid, compétition, jalousie, triangulation de la fille contre d'autres membres de la famille, menaces ou réprimandes à peine voilées, critiques déguisées en remarques innocentes, humour sarcastique, etc.

(Remarque : toutes ces dynamiques pourraient également concerner les fils. Et elles pourraient aussi correspondre à des caractéristiques de maladie mentale chez la mère.)

Nous remarquons que toutes les dynamiques énumérées ci-dessus ont un objectif commun : gagner en puissance et en contrôle. La mère qui a abandonné son pouvoir le recherchera par d'autres moyens. C'est vrai pour nous tous. Lorsque nous abandonnons notre pouvoir, cela crée un vide et nous sommes obligés de le combler d'une manière ou d'une autre, généralement en le transformant ou en le projetant. Pour une mère, sa fille représente une cible de projection facile. Cela donne à la relation une dimension vampirique : la fille reste faible et la mère se sent forte. Cependant, ce petit jeu ne profite ni à la mère ni à la fille.

Le patriarcat empêche de percevoir la vérité de tous nos sentiments, ce qui représente une entrave à une fonction humaine majeure. Que ces sentiments proviennent de violence, de maltraitance ou de négligence, que ce soit dans leur famille ou dans leur culture en général, les hommes et les femmes ont honte de ce qu'ils ressentent. Ce sentiment de honte vient de la croyance patriarcale que les sentiments sont un signe de faiblesse et doivent être réprimés.

Le travail de guérison consiste pour chacun de nous à métaboliser et accueillir pleinement notre propre douleur. En assumant nos blessures, en acceptant de ressentir notre douleur et en menant à bien notre guérison jusqu'au bout, l'énergie de la blessure maternelle se transforme en sagesse, en amour et en puissance. Pour les mères et les filles, cela signifie qu'une distance émotionnelle saine, dans laquelle les deux peuvent s'engager pleinement dans leur processus de guérison, est nécessaire à instaurer pour que chacune puisse faire l'expérience de son pouvoir personnel et de sa liberté. Les deux ont besoin de soutien et de ressources pour réussir leur cheminement.

En intégrant la vérité de ce que nous avons réellement enduré en tant qu'enfants, nous devenons alors capables de dissocier la façon dont notre mère nous traitait et notre propre valeur en tant qu'êtres humains. Nous commençons à voir notre mère comme un être à part entière, avec son propre chemin, son parcours de vie et ses défis. Et nous arrêtons de croire que le dysfonctionnement, la douleur ou les limitations de notre mère nous concernent. Ce processus nécessaire de dissociation est essentiel pour renaître à notre vrai soi et l'incarner dans le monde. Ce travail est un acte de grand courage et d'endurance.

Le patriarcat, c'est une affaire de pouvoir à tout prix. Le pouvoir a en partie été acquis à travers des idées rigides, portant sur les notions de ce qui est bien et de ce qui est mal. Mais en vérité, il n'y a pas de vrai ou de faux dans l'absolu, juste une multitude de préférences et de conséquences. Dissoudre de plus en plus la charge des concepts polarisants tels que le bien ou le mal, le vrai ou le faux, ouvre des possibilités infinies, permettant aux individus de faire des choix vraiment authentiques et justes pour eux, dépourvus de peur et de honte.

Tout autour de nous, nous voyons de plus en plus d'institutions patriarcales échouer et s'effondrer de l'intérieur : religions, gouvernements, médias, etc. La famille est aussi une institution patriarcale, et les familles ressentiront de plus en plus la nécessité de changer pour accueillir cette nouvelle conscience en train d'émerger. Dans le mode dominateur du patriarcat, l'individualité de ses membres menace la famille dysfonctionnelle. De la même façon, les mères patriarcales se sentent menacées par l'individualité de leur fille et en arrivent à la saboter inconsciemment. À mesure qu'une nouvelle forme de famille émerge, j'ai le sentiment que les familles seront plus flexibles, inclusives et accueillantes envers ce désir d'individualisation. Peut-être que la définition même du mot « famille » changera et s'élargira. Les personnes qui se disent être une famille aujourd'hui ne sont peut-être pas liées par le sang, mais par des liens affectifs qui façonnent mutuellement leurs parcours pour découvrir leur vérité et vivre de façon plus authentique. Ce changement culturel s'opère actuellement chez les personnes qui choisissent de faire ce travail de guérison et de rétablissement.

Pour les mères, le chemin de guérison de leur propre blessure maternelle est précisément ce qui libère leurs filles de ce douloureux héritage.

Pour être des femmes entières et autonomes, nous devons être déloyales envers l'aspect patriarcal de nos mères. Nous devons dire non. Nous devons refuser d'abandonner notre pouvoir au profit du corps douloureux de nos mères, ce qui, en fin de compte, est un formidable cadeau pour elles et pour le monde. Il est temps pour nous de nous honorer. Il est temps pour les femmes de guérir la blessure maternelle. Nous devons accomplir cette mission difficile et sacrée, qui consiste à nous concentrer sur notre propre guérison, afin de faire enfin l'expérience de nous-mêmes comme d'un tout, et de façonner ce nouveau niveau d'intégrité pour qu'il serve nos filles et les femmes à venir.

Dans le chapitre suivant, nous explorerons en détail les éléments personnels et culturels sous-jacents qui maintiennent la blessure maternelle en place.

Questions pour réfléchir

— Comment voyez-vous la dynamique du pouvoir agir dans votre vie ? Dans vos relations interpersonnelles, vos communautés, vos organisations ?
— De quelle manière percevez-vous l'action du « lien patriarcal » dans votre vie et dans la vie des femmes autour de vous ? (L'esprit patriarcal crée le sentiment d'avoir besoin de réussir mais pas trop, d'être jolie mais pas trop, etc.)
— En repensant à votre enfance, comment votre famille avait l'habitude d'aborder les émotions difficiles ? Comment les traitait-elle, les évitait-elle ? Dans quelle mesure ces mécanismes de survie ont un impact sur vous aujourd'hui ?
— En repensant à votre relation avec votre propre mère, comment se déployait la dynamique de pouvoir entre vous ? Est-ce que l'une des dynamiques citées dans ce chapitre a résonné avec votre histoire (mamanpathie, mamanipulation, crises de colère maternelle) ?

4

Ce qui entretient cette blessure et la rend résistante

J'éprouvais une forte résistance à regarder ma relation avec ma mère en face. Comment pouvais-je remettre ma famille en question ? Ils m'avaient mis un toit sur la tête, emmenée en vacances, payé des cours de piano et de couture. Ils m'avaient acheté des cadeaux à Noël et des chocolats à Pâques. De l'extérieur, rien ne semblait problématique. Nous étions une famille normale, voire chanceuse. Or, mes symptômes racontaient une tout autre histoire. J'avais régulièrement des crises d'angoisse, et pas mal de soucis qui me tiraient vers le bas pendant des jours.

Au fil du temps, je me suis rendu compte que j'étais fatiguée d'être ce faux moi, la bonne fille, une nounou docile. Je voulais vivre authentiquement, être vraie. *Cette faim a continué de grandir en moi. J'ai étudié la spiritualité autour de la femme. J'ai découvert le féminisme. Le piédestal sur lequel j'avais placé ma mère a commencé à se fissurer. Alors que je luttais pour donner un sens et une direction à ma vie, j'attendais d'elle plus de sagesse et d'encouragements. Je me sentais sans gouvernail. Mais étrangement, ma mère devenait encore plus silencieuse et distante. Je savais qu'elle-même avait subi un traumatisme important, mais elle n'en parlait jamais. Elle continuait à s'occuper de sa propre mère vieillissante tout en se plaignant d'elle sans cesse, et je pouvais sentir le poids de la tension qu'elle portait. Le mantra de ma mère semblait être toujours le même : « Éliminer et passer à autre chose. » Ne jamais montrer de faiblesse. Alors que je traversais la vingtaine en plein combat intérieur, je sentais la jalousie et le mépris qu'elle éprouvait pour moi, mais il m'était impossible de le reconnaître pleinement, même au fond de moi. J'avais besoin de continuer de croire qu'elle voulait le meilleur pour moi, qu'elle me soutenait. J'avais besoin de croire que tout le soutien que je lui avais offert pendant ces années serait un jour réciproque. C'était ma mère, après tout.*

La blessure maternelle est maintenue en place par un réseau complexe incluant plusieurs facteurs : personnels – en nous, à travers notre propre histoire –, culturels – l'atmosphère dans laquelle nous grandissons –, spirituels – se sentir déconnectée de la vie d'une manière générale –, au niveau planétaire – déracinée du sentiment de sécurité dans son environnement –, et dans l'interaction entre les quatre. Une fois que nous comprenons ces facteurs et la façon dont ils interagissent entre eux, nous sommes plus aptes à pointer la blessure maternelle en action, et plus équipées pour la transformer dans notre vie quotidienne, en faisant en sorte de ne plus subir cette emprise qui limitait nos choix et dictait nos comportements. Voir beaucoup plus clairement la situation nous rend moins sujettes à la culpabilité, à la honte et à l'isolement qui nous paralysaient dans notre douleur. Nous gagnons en autonomie et en créativité, et sommes plus inspirées et motivées pour être actrices du changement culturel en cours, ouvrant ainsi la voie aux générations futures.

Puisque la blessure maternelle est un produit du patriarcat, je vais commencer par définir les grandes forces culturelles à l'origine de cette blessure maternelle, des dynamiques personnelles et de ses manifestations douloureuses.

Déni, « dureté » et mépris des ressentis

Les anciennes générations semblaient croire collectivement aux vertus de l'art de « faire l'autruche ». Comme si le fait de ne pas parler de nos émotions et de nos vrais sentiments les faisait disparaître, et dissolvait ainsi l'influence qu'ils ont sur nous. Ce qui revient à croire, par exemple, que si nous ne parlons plus jamais d'un conflit que nous avons vécu, ce conflit n'existe plus.

Les psychologues du développement cognitif parlent du stade de la « permanence de l'objet », au travers duquel un enfant apprend que même si les objets n'apparaissent pas, ils continuent d'exister. Par exemple, lorsqu'un adulte cache un animal en peluche sous une couverture, l'enfant qui a dépassé ce stade sait que l'animal en peluche est toujours là même s'il est hors de sa vue. À l'instar de cette permanence des objets, la mode culturelle de déni semble être une preuve que l'humanité n'a pas franchi le stade de la « permanence des émotions ». Dépasser cette étape implique de prendre la responsabilité de nos émotions et de leur impact inévitable sur les autres. Dans un sens, nous avons eu si peu de modèles pour nous apprendre à traiter ces émotions fortes de manière saine qu'il n'est pas surprenant que la peur des émotions fortes soit encore aussi répandue aujourd'hui. Collectivement, on peut dire que nous avons plutôt été retardés émotionnellement.

Or, ce que nous n'acceptons pas, nous le projetterons inévitablement.

De nos jours, de plus en plus de personnes de tout âge sortent la tête du sable et comprennent que ce n'est pas parce qu'elle est ignorée ou dissimulée sous le tapis qu'une douleur réprimée cesse d'exister. En fait, non seulement elle continue d'exister, mais elle se transforme en une force virulente et inconsciente, influençant négativement notre comportement et retombant de façon toxique sur ceux qui nous entourent. Une douleur réprimée est forcément une douleur transmise. Tout ce qui a été douloureux et que nous refusons de traiter aura une influence négative sur nous et autour de nous, limitant nos choix, restreignant notre énergie vitale et créant de l'amertume, du ressentiment et de la détresse. Non, cultiver une certaine « dureté » ou rester dans le déni ne signifie pas être dans une attitude noble – c'est avant tout être faible.

Le vent tourne, et, aujourd'hui, avoir le courage d'obtenir du soutien pour nous occuper de notre douleur, récolter les leçons qui en découlent pour changer notre comportement et ainsi ouvrir la voie aux autres est de plus en plus considéré comme un choix noble.

La honte est la principale arme culturelle du patriarcat. C'est l'émotion première ressentie par l'opprimé et l'émotion que l'oppresseur cherche à susciter chez sa victime, parce qu'elle la paralyse. La honte nous rend dociles, faciles à contrôler. La civilisation occidentale perçoit l'expression des émotions, en particulier des émotions dites « négatives », comme un signe honteux de faiblesse. Cet angle de vue nous maintient paralysés individuellement autant que collectivement.

Parmi les anciennes générations, on pensait avoir intérêt à faire semblant. Beaucoup découvrent que cette attitude ne paie jamais. Certains parents croyaient que dire simplement « Je ne veux pas foutre en l'air mes enfants comme j'ai été bousillé par mes parents » suffirait à empêcher que cela se produise. Or, il ne suffit pas de savoir que nous ne voulons pas transmettre cette douleur générationnelle. Arrêter ces cycles de douleur demande un travail intérieur soutenu pendant de nombreuses années. Et pourtant, rien n'est plus important ni plus épanouissant que cette aventure-là. Nous devons nous épauler les uns les autres et nous procurer du courage, du soutien et les outils nécessaires pour passer de l'autre côté. Franchir ce cap de la permanence des émotions implique de reconnaître que celles-ci ont immanquablement un impact sur nos relations et notre vécu, que cela nous plaise ou non.

Le mensonge de l'infériorité féminine

Au centre de nos vies réside un mensonge de taille. Un mensonge si répandu qu'il en est devenu presque invisible. Un mensonge qui nous fait croire que l'infériorité féminine fait partie de l'ordre naturel des choses, impliquant que tout ce qui est féminin est un défaut naturel en soi. Ce mensonge, paralysant collectivement les femmes, est à l'origine de dégâts au sein des relations mère-fille. Nous resterons paralysées tant que nous serons inconscientes de la myriade de manifestations de cette pourriture à l'origine de la blessure maternelle. À ce moment de l'histoire, nous devons rendre les manifestations aussi conscientes que possible, afin de pouvoir les dépasser.

Le mensonge patriarcal au sujet de l'infériorité féminine plonge la fille dans un conflit entre son désir naturel de vivre pleinement son potentiel et la réalité des privations subies par sa mère aux mains des institutions patriarcales telles que la famille, l'Église, l'école, les médias et l'État. Le lien mère-fille subit une tension de fond favorisée par leur manque de pouvoir personnel au sein de la société, auquel vient s'ajouter l'état fusionnel de leur relation causé par les difficultés inhérentes à leur situation. Leur lien se colore de la façon dont chacune d'elles se débat face à ce mensonge à propos de sa prétendue infériorité.

Croire en ce « défaut féminin » contraint les femmes à poursuivre indéfiniment un chemin de développement personnel, travaillant constamment pour tenter de répondre à cette norme impossible de ce qu'une « femme désirable » devrait être. En cherchant inconsciemment à assurer la sécurité de son enfant dans un monde hostile aux femmes, la mère est souvent la première à lui transmettre ces normes. Le problème est que ces normes, qui avaient déjà fait du tort à sa mère et à la mère de sa mère avant elle, nuisent en fait à la fille. Car chaque nouvel enfant débarque avec la demande saine de vivre sa vie selon ses propres conditions.

Lorsqu'une fille tente d'aller au-delà des normes dictées par sa mère pour vivre selon ses propres conditions, cette attitude peut être perçue comme une trahison envers la mère. Cependant, cette impulsion d'aller au-delà des idéaux de son parent est en réalité saine et vivifiante. Le besoin de s'individualiser et de vivre sa vie de façon authentique en tant que vrai soi, et non en tant que fausse version de soi-même comme le patriarcat l'exige est un élan naturel. Combattre cette impulsion saine, c'est maintenir la fille dans une sorte d'immaturité émotionnelle, la rendre toujours un peu méfiante, la faire douter d'elle-même et faire en sorte qu'elle ne vive jamais pleinement sa propre vie.

« Ce que j'ai enduré,
tu peux le faire aussi.
Pourquoi devrais-je te faciliter la tâche ? »

On retrouve ce genre d'attitude dans les familles, les équipes et les organisations de toutes sortes. Voici généralement comment cela se passe : un membre du groupe ressent une certaine forme de douleur, un sentiment légitime d'injustice et de colère non résolu. Si ces émotions ne sont pas prises en compte, si aucun effort n'a été fait par celui qui souffre pour accueillir et transformer cette douleur, son ressentiment stagne jusqu'à se transformer en un sentiment de plaisir à voir les autres souffrir lorsqu'ils se retrouvent tôt ou tard à traverser la même douleur que lui. Plutôt que de faciliter la tâche à ceux qui suivent, celui qui n'a pas accueilli son émotion douloureuse ressent, en voyant d'autres membres souffrir de la même chose que lui, un sentiment de justice. La véritable source de la douleur n'est cependant toujours pas reconnue ni abordée. L'oppresseur est protégé et les opprimés continuent de s'opprimer les uns les autres. Pour certaines personnes, avec le temps, la capacité à endurer la douleur et le dysfonctionnement devient une partie de leur identité, et ces membres plus âgés perçoivent le désir de changement et de transformation des nouvelles générations comme une menace à leur propre identité, et tentent bien souvent de les saboter, de les rejeter ou de les en éloigner. Ce genre de comportement empêche souvent la communication et la connexion pourtant si cruciales et nécessaires aux deux parties.

Idéaliser les mères place les enfants face à la honte

Tous les humains ont la capacité de ressentir les émotions humaines. Or, nous nous sentons cependant honteux de ressentir certaines émotions considérées comme « négatives » telles que la colère, la tristesse, la jalousie, la déception, la rage, le désir, etc. J'irai même plus loin en disant que tous les humains ont la capacité de ressentir ces émotions négatives, notamment envers leur propre mère. Et là, on touche à l'un des sujets les plus tabous au monde.

Les banalités ci-dessous sont très courantes et donnent l'illusion d'encenser la mère tout en dénigrant l'enfant, nous encourageant ainsi à nous maintenir dans une sorte de normalité au niveau de nos sentiments :

« Ne critique pas ta mère. »

« Ta mère t'a donné la vie. »

« Comment oses-tu remettre en question ta propre mère ?! »

« Ta mère fait de son mieux. »

« Une mère, tu n'en as qu'une ! »

Enfermer les femmes dans le stéréotype des « spécialistes des émotions »

Ne se contentant pas de juger les émotions frivoles, faibles et honteuses, notre société patriarcale estime que tout ce qui concerne l'émotionnel est du domaine des femmes. Le besoin de s'individualiser implique que la fille renonce à sa tendance à se surinvestir émotionnellement, au profit du bien-être de sa mère, que ce soit en sa qualité de bouc émissaire, de confidente émotionnelle, de celle qui résout ses problèmes à sa place, de son animal de compagnie, de la cible de sa rage ou encore de sa distraction. Cela implique également que la fille renonce à attendre que sa mère fasse des choses qu'elle est certainement incapable de faire, comme honorer sa fille, la voir telle qu'elle est, reconnaître ses différences avec amour, etc.

Nous distinguer émotionnellement de notre mère est essentiel pour nous sentir responsable de notre propre vie.

Malheureusement, notre culture rejette les filles qui remettent en question leur relation avec leur mère, assimilant ce questionnement à de simples « reproches maternels ». Bien qu'éluder ce sujet semble protéger le sacro-saint statut de la mère « intouchable » au sein de notre culture, en réalité, cela ne fait que l'exploiter. En rejetant le questionnement de la fille, notre culture préserve la capacité de la mère à transmettre ces normes patriarcales destructrices tout en maintenant la mère éloignée et ignorante de la véritable ampleur de sa propre souffrance. Bien que beaucoup croient encore le contraire, une réflexion consciente sur cette relation mère-enfant est justement la base de la véritable responsabilité de l'adulte.

Le fait qu'une mère n'ait pas vécu sa vie de femme peut être ressenti par sa fille, consciemment ou non, comme un fardeau puissant. Tout dépendra du degré de conflit entre cette mère et sa propre mère, de la profondeur avec laquelle elle a intériorisé le mensonge au sujet de sa prétendue infériorité et le traumatisme non guéri dans sa propre histoire. En d'autres termes, tout ce qu'une mère évite de confronter personnellement se présentera sous la forme d'un défi dans sa relation avec sa fille tout en contribuant parfois à placer ce défi aussi dans la vie de cette dernière.

Il arrive que les mères se sentent jalouses de leurs filles, les mettant dans une situation difficile ; il arrive qu'une fille se croie responsable des privations que sa mère a subies. Une femme me racontait : « J'ai toujours eu l'impression que l'enjeu pour moi consistait à être mal quand de bonnes choses m'arrivaient naturellement. Je me posais implicitement cette question : “Comment penses-tu que maman se sentirait, là ?", me conduisant à associer la culpabilité au sentiment de bien-être. » Se différencier sainement de notre mère consiste à cesser de vivre dans l'ombre de son dysfonctionnement comme si c'était le nôtre.

Une autre femme expliquait : « Je ressens cet affreux sentiment d'impuissance sitôt que je n'arrive pas à faire comprendre à ma mère que je n'essaye pas d'être cruelle avec elle quand je suis heureuse. Malgré toutes mes tentatives, elle ne voit jamais les choses de cette façon. J'ai progressivement appris que douter de moi-même était une forme de loyauté envers elle. Ne pas réussir, ne pas être trop ambitieuse, c'était pour moi une façon de l'aimer. Dès qu'elle me sentait franchir la limite, même approcher de cette limite dans un état de satisfaction ou de confiance, elle s'éloignait énergiquement de moi. Ou bien elle se moquait de moi, me critiquait ou me punissait, le plus souvent de manière subtile et sournoise. Je ne pense pas qu'elle en était consciente. La seule fois où je n'ai pas accepté de me soumettre à sa demande, elle m'a complètement laissé tomber. J'ai compris plus tard que ma volonté de freiner mon potentiel au profit de ma mère correspondait à une sorte de nourriture, dont elle était dépendante, du fait du manque de reconnaissance qu'elle subissait dans sa vie. »

Cette problématique naît du sentiment de manque d'amour, d'espace ou de pouvoir entre une mère et sa fille. Comparaison, concurrence, jalousie sont des manifestations de ce sentiment élémentaire de manque.

Les filles de mères jalouses peuvent avoir l'impression de devoir choisir entre l'amour de leur mère et leur propre potentiel. Parce qu'une enfant dépend de sa mère, elle devra bien sûr choisir sa mère et s'abandonner elle-même. Laissée à la dérive, cette dynamique génère un sentiment infectieux de privation et de ressentiment qui se retrouve transmis à la fille. Et c'est l'une des façons dont la blessure se perpétue d'une génération à l'autre.

Je suis de plus en plus convaincue que la capacité qu'ont les femmes à accueillir toute l'étendue de leurs propres sentiments guérira le monde.

Le paradoxe est que ressentir la vérité de nos propres émotions implique de refuser de gérer les émotions des autres à leur place. En d'autres termes, il s'agit de s'abstenir d'en faire trop et de ne pas prendre sur nous la responsabilité de ceux qui ne sont pas disposés à faire leur propre travail intérieur. C'est à nous de prendre conscience de quelle manière nous nous surinvestissons émotionnellement pour enfin arrêter de le faire.

Traditionnellement, le travail des femmes ne consistait pas seulement à cuisiner, faire le ménage et prendre soin des enfants, il impliquait aussi d'accomplir le travail émotionnel au sein des relations : nettoyer les désordres émotionnels, engager les conversations gênantes, ressentir le fardeau des silences, vivre avec des choses non dites, enterrer des besoins non exprimés, être l'écran de projection d'une douleur niée, pataugeant silencieusement à travers des affrontements passifs-agressifs, etc. Les hommes ont traditionnellement appris à non seulement dévaloriser le travail émotionnel mais aussi à le voir comme un travail purement féminin, alors qu'en réalité, les deux partenaires sont aussi responsables et concernés l'un que l'autre par la gestion des émotions et la nécessité d'une bonne communication.

Les femmes ont toujours assuré en quelque sorte le rôle de « femmes de ménage » au sein de notre culture. Les femmes, en tant que poubelles des émotions indésirables, sont non seulement censées les ressentir pour les autres, mais sont en plus incriminées lorsqu'elles expriment ces mêmes émotions que les autres refusent d'assumer. Il est temps de se défaire de ce rôle. Nous nous laissons bloquer par cette matière qui nous éloigne de notre propre pouvoir et de notre clarté. Sans compter que nous protégeons en réalité les gens de leurs propres vérités douloureuses – ces mêmes vérités qui ont le pouvoir de les rendre libres.

Il est temps de démanteler la fausse éthique du patriarcat qui enferme les femmes dans ce rôle de « travailleuses émotionnelles ».

Le patriarcat associe le travail émotionnel à un faux sens de l'éthique. Et c'est au nom de cette fausse éthique que nous faisons perdurer ce qui nous opprime intérieurement. On nous apprend de diverses manières que le travail émotionnel est une compétence innée des femmes, et que refuser de le faire voudrait dire que nous ne sommes pas une bonne personne ou une femme désirable. Cela nous conduit à nous méfier de nos propres sentiments de ras-le-bol. Et lorsque nous atteignons nos limites et que nous n'arrivons plus à porter le poids émotionnel des autres, nous avons même tendance à ressentir de la honte.

Refuser de porter le poids émotionnel des autres ne fait pas de vous de mauvaises personnes.

On nous a appris à être fières de notre capacité à assumer la responsabilité insensée de gérer les aspects émotionnels de nos relations. La volonté de porter ce fardeau vient d'un sentiment de pénurie, qui nous fait croire que les miettes que nous recevons sont à peu près tout ce que nous pouvons obtenir de bon. À bien des égards, guérir la blessure maternelle nous ramène à ce trajet fondamental qui nous conduit de la pauvreté à l'abondance.

Souvent, abandonner le travail émotionnel que nous faisons pour nos mères correspond au passage dans lequel nous résistons le plus fortement.

L'une des conversations les plus déchirantes que j'ai fréquemment avec les femmes a lieu quand elles me racontent à quel point se sentir responsables du bonheur de leur mère les épuise complètement. Et que dès qu'elles envisagent de cesser de jouer ce rôle, elles remettent en question leur valeur en tant que personnes, et se sentent « mauvaises » de seulement reconnaître leur épuisement. Jouer ce rôle vous broie le cœur. Rien de ce que vous faites pour votre mère ne suffira, car ce qu'elle cherche est impossible à obtenir ailleurs qu'en elle-même et par elle-même. C'est une impasse. Refusez d'absorber la culpabilité. Votre élan pour vous débarrasser de ce poids est sain et vous pouvez le suivre en toute confiance. Ce poids ne vous a jamais appartenu.

Nous sommes généralement formées pour ce travail émotionnel par nos mères, soit à travers le nettoyage de ses désordres émotionnels, soit en l'observant effectuer ce travail émotionnel pour soulager les autres.

Récemment, je parlais à une cliente qui résumait ainsi sa relation avec sa mère : « Je la protège d'elle-même et c'est moi qui en paie le prix. » J'entends tout le temps des variantes de ce thème. Beaucoup d'entre nous, dont les mères étaient émotionnellement absentes, ont basculé dans l'autre sens, devenant des gardiennes émotionnelles, passant leur temps à donner aux autres ce dont nous avions désespérément besoin de la part de nos propres mères.

Voici les façons dont nous tentons de protéger notre mère d'elle-même :

— En portant un masque en sa présence, c'est-à-dire en affichant uniquement les émotions qu'elle préfère.
— En évitant de la confronter lorsque son comportement envers nous est insultant, humiliant ou manipulateur.
— En lui permettant de nous utiliser comme dépotoir pour sa négativité toxique.
— En absorbant ses projections sans broncher (en marchant sur des œufs).
— En ne posant aucune limite face à ses « crises de colère » qui se déclenchent lorsque nous exprimons notre individualité.

De quelle façon nous nous portons préjudice :

— En renforçant l'idée qu'être son dépotoir émotionnel est notre rôle légitime.
— En favorisant l'idée que nous devrions avoir honte de nos propres opinions, pensées et observations légitimes.
— En nous bloquant dans des schémas inconscients, qui reflètent les peurs et les croyances de notre enfance.

— À travers la façon dont nous nous « éteignons » dès que nous sommes en sa présence et que nous retrouvons à agir de la même manière dans d'autres contextes et relations (carrière, parentalité, relations amoureuses).

Guérir la blessure maternelle est essentiel pour se désintoxiquer du rôle de travailleuse émotionnelle. Cela dissout l'enchevêtrement dysfonctionnel de notre relation à nos mères et crée la séparation émotionnelle nécessaire pour que nous puissions ressentir notre pouvoir en tant qu'individus. Cette séparation émotionnelle prend forme lorsque nous posons les limites saines qui honorent notre souveraineté personnelle.

Les femmes du futur ne prendront plus en charge les fardeaux émotionnels des autres à leur place.

Lorsque nous redonnons à nos mères le pouvoir de traiter leur propre douleur, cela crée de l'espace pour que nous nous occupions de notre propre douleur. Les deux vont de pair. Porter la douleur de notre mère et assumer la responsabilité de son bonheur peut sembler altruiste et bienveillant en surface, mais en vérité, c'est une façon d'éviter notre propre pouvoir.

Ayons conscience que tout ce dont nous nous privons au nom de notre mère, nous le réclamerons à quelqu'un d'autre dans le futur, que ce soit à notre partenaire, à notre enfant ou à nos amies. Ce déséquilibre cherchera d'une manière ou d'une autre à se corriger. Cessez de perpétuer la dette de votre lignée maternelle pour la génération suivante. Il est grand temps de revendiquer notre propre vie maintenant. Libérons-nous et nous libérerons en parallèle les générations à venir.

Aucune relation ne vaut la peine de se perdre, y compris notre relation avec notre mère. Si notre mère (ou quelqu'un d'autre) refuse d'interagir avec nous à moins que nous ne jouions le rôle de gardienne émotionnelle ou de dépotoir émotionnel, nous ne sommes pas aimée, nous sommes utilisée. Faire face à cela est très douloureux, mais nous devons y faire face si nous voulons vraiment revendiquer la valeur de notre propre vie.

En plus de nous exprimer dans des domaines où nous avions l'habitude de nous taire, nous devons aussi savoir garder le silence là où, autrefois, parler nous faisait perdre notre pouvoir.

Nous devons être capables d'endurer ce silence et de tenir notre langue là où nous remplissions l'espace vide pour celles qui refusent de faire leur propre travail intérieur, de parler de leur propre voix et de traiter leur propre douleur. C'est l'un des meilleurs services que nous puissions offrir aux autres dans notre vie, même s'ils s'y opposent.

Lorsque nous refusons de travailler émotionnellement pour les autres et cessons de leur demander de le faire pour nous, nous corrigeons un déséquilibre ancien. Ce déséquilibre est responsable de tant de souffrances humaines !

Je nous invite à nous considérer courageusement comme des pionnières dans la rectification d'un déséquilibre que les femmes subissent depuis des siècles. Adoptons une vision à long terme et honorons-nous en tant que pièce maîtresse du puzzle collectif d'une nouvelle ère d'autonomisation des femmes. Nous contribuons à construire une nouvelle lignée maternelle non seulement pour notre famille mais pour toutes les femmes. Ne sous-estimons pas à quel point les petites actions que nous accomplissons tous les jours pour nous honorer contribuent à ouvrir de nouvelles manières d'être pour tous.

Notre maquillage physiologique

Notre système physiologique est conçu pour assurer notre survie physique, coûte que coûte. Notre système a une nette préférence pour ce qu'il connaît, ce qui lui est familier. Il a été conçu de telle manière que tout changement et toute nouvelle façon de faire les choses représentent pour lui un danger. Il n'est pas conçu pour garantir que nous prospérions, mais seulement pour faire en sorte que nous survivions. Cela signifie que les adaptations et les mécanismes de résistance que nous avons développés pour survivre aux environnements dysfonctionnels de notre enfance peuvent devenir plus tard de vrais obstacles à notre bonne santé et à notre épanouissement en tant qu'adultes. Pour répondre aux éventuelles menaces, notre cerveau est paramétré selon trois réactions primaires : fuir, combattre et faire le mort. Si nous n'avons pas travaillé sur notre traumatisme, des situations quotidiennes aux saveurs identiques à celles de notre enfance peuvent nous amener à revivre des flash-back émotionnels. Ces flash-back émotionnels, ou « déclencheurs », sont de puissantes occasions de guérir le passé et de faire des choix différents de ceux que nous étions contraintes de faire en tant qu'enfant, des choix nous ouvrant à de nouvelles possibilités d'avenir. Mais sans ce niveau de conscience, nous tenons le déclencheur (la réponse émotionnelle proportionnelle) pour responsable de la situation, sans voir qu'il s'agit en réalité de la pointe du très grand iceberg du passé qui resurgit. Nous vivons et revivons en boucle les mêmes problématiques, sans jamais trouver de solution, des problématiques face auxquelles nous nous sentons vite désorientées et désemparées. Nous passons d'un atelier de guérison à l'autre, d'une méthode à une autre, essayons de trouver en vain des réponses dans des livres et ne finissons par obtenir que des résultats superficiels et de courte durée.

L'« enfant intérieur » est un concept introduit dans les années 1970. C'est une énergie vivante en nous, piégée à un niveau de développement plus jeune, restée à l'âge où un traumatisme original s'est produit. Les flash-back émotionnels ou déclencheurs viennent de cette partie de nous, de cet enfant toujours vivant au fond de nous. La bonne nouvelle est que nous pouvons toujours former un lien avec cette très jeune partie de nous-mêmes et retravailler les premiers traumatismes d'attachement que nous avons vécus pour devenir des adultes plus sains et plus libres. Nous pouvons apprendre à transférer le lien primaire qui nous liait à nos mères en lien d'attachement à nous-mêmes et à répondre aux besoins de notre enfant intérieure.

Évoquer l'enfant intérieure soulève la question importante de savoir comment nous maternons cette enfant intérieure, car si nous ne le faisons que de la manière dont nous avons été maternées, nous perpétuons en fait notre traumatisme à nouveau en nous-mêmes. C'est pourquoi le travail de la « mère intérieure » est au cœur de la guérison de la blessure maternelle. (Nous en dirons davantage à ce sujet un peu plus loin.)

Privilégier les « traditions », malgré les souffrances qu'elles peuvent causer

Les traditions et ce que chaque culture valorise sont très différents d'une culture à une autre. En ce qui concerne la blessure maternelle, la question est : dans quelle mesure « tolérons-nous » les traditions culturelles qui oppriment les femmes, aussi « précieuses » soient-elles pour notre culture ? Il arrive que les anciennes générations ne remarquent même pas la nocivité de certaines traditions – après tout, comme elles le disent, elles-mêmes les ont endurées, et elles n'en sont pas mortes.

Si chaque jeune génération, qui voit les traditions avec un regard neuf, est suffisamment consciente, elle aura la possibilité d'améliorer la culture en la rendant plus libre et plus favorable aux femmes. Pour cela, il faudrait que les gens issus d'une culture donnée soient suffisamment courageux pour la changer depuis l'intérieur et prêts à remettre en question le *statu quo*, offrant une nouvelle vision de la place de la femme et de la façon dont les femmes devraient être traitées au sein de cette culture.

Ces questions concernent toutes les cultures : comment traite-t-on les femmes dans notre culture, et de quelle façon et pourquoi perpétue-t-on ces schémas ? Il n'y a vraiment pas de bonne ou de mauvaise réponse ; il suffit d'observer ce que vivent les femmes aux quatre coins du monde. Devons-nous continuer à taire notre authenticité pour sentir notre appartenance, pour survivre, pour être approuvées ? À quel prix ? Dans quelles situations confondons-nous tradition et abus ? ou loyauté avec abus ?

Les formes les plus insidieuses du patriarcat passent par la mère.

La plupart d'entre nous apprenons à penser de façon patriarcale dans nos familles, et cet esprit est généralement transmis et enseigné inconsciemment par les mères, qui ne pensent qu'à essayer de protéger leurs propres filles du mal. Les messages transmis sont à peu près toujours les mêmes : « Ne fais pas de vagues. Fais passer l'autre avant toi. Reste tranquille. Sois agréable aux autres. » Pourtant, ce sont ces mêmes croyances que nous avons à dépasser pour guérir la blessure maternelle et faire évoluer notre culture. Bien que ces croyances nous aient gardés en vie, ou plus ou moins à l'écart du danger dans un monde hostile centré sur les hommes, elles ont, parallèlement, réduit aussi notre potentiel et notre capacité à nous épanouir en tant que femmes adultes. La fille, intériorisant la façon dont sa mère la traite comme une valeur sur laquelle s'appuyer pour grandir, se retrouve vite piégée dans une incapacité à s'épanouir et s'émanciper. Les messages patriarcaux que les filles reçoivent de leur mère sont plus insidieux et destructeurs que toutes les autres manipulations culturelles. Pourquoi ? Parce que ces messages viennent de la seule personne à laquelle la fille doit s'attacher pour survivre. Le message patriarcal principal traversant toutes les dynamiques dysfonctionnelles entre mères et filles tourne toujours autour de cette exigence d'obéissance en échange d'amour.

Les dynamiques douloureuses entre mères et filles ont toutes un point commun. Qu'une mère soit négligente ou, à l'opposé, envahissante, le message patriarcal véhiculé reste le même : le conformisme est nécessaire pour être accepté. On pourrait dire que c'est le message central du patriarcat, lancé aux hommes comme aux femmes : « Vous ne serez aimé que si vous obéissez. » Ce message imprègne et émane de toutes les facettes de la société : éducation, religions, gouvernements et médias. Afin d'être pleinement capables, réalisées et épanouies, nous, en tant que femmes, devons être déloyales envers l'esprit patriarcal actif à travers nos mères et, par conséquent, le patriarcat actif en nous-mêmes.

Le « plafonnement maternel » : nous pouvons penser qu'en n'entrant pas pleinement dans notre pouvoir, nous nous acquittons du sacrifice lié au fait que nos mères n'ont, elles, pas eu cette chance. Les filles aux prises de cette situation entretiennent souvent ce genre de croyances :

« Je dois me soumettre aux autres pour être aimée. »

« Si je me donne à moi-même, je prive les autres. »

« Si je suis perçue comme puissante, personne ne m'aimera. »

En tant que filles, nous devons refuser d'être la nourriture de nos « mères affamées ». Nous ne pouvons pas les laisser se nourrir de nos rêves à travers une compétition secrète et de la culpabilité. Ce n'est pas la bonne nourriture qu'elles recherchent, mais leur douleur les aveugle en leur faisant croire qu'il n'y en a pas d'autre. Nous devons les laisser accomplir leur propre chemin de guérison, car le don de leur transformation réside dans le deuil de leur blessure. Nos mères ne peuvent être nourries que par le soulagement que leur procurera leur travail de deuil.

Aussi douloureux que cela puisse être, les mères doivent pouvoir pleurer la façon dont elles ont été privées et ne pas imposer à leurs filles le devoir de compenser les pertes subies. Les mères doivent, à leur rythme, faire face à leurs sentiments douloureux, et ne pas en faire porter la responsabilité à leurs filles.

Il est tout à fait naturel pour une femme plus âgée d'aller chercher du réconfort auprès d'autres femmes, même auprès de sa fille. Mais il y a une nette différence entre partager avec respect son histoire et vomir ses blessures sur une jeune femme, en particulier sur une enfant. Parfois, il arrive qu'une mère se tourne inconsciemment vers sa fille pour obtenir l'attention maternelle qu'elle n'a pas reçue de sa propre mère. Cela se produit tant que la femme plus âgée ignore qu'elle a une « mère intérieure » qu'elle peut cultiver et vers laquelle elle peut se tourner pour obtenir du soutien. Il est essentiel que les femmes plus jeunes sachent poser des limites fermes auprès des femmes plus âgées, qui cherchent, consciemment ou non, à en faire le dépotoir de leurs blessures, afin d'éviter que la blessure maternelle ne perdure.

C'est souvent à cause de leurs propres blessures non pansées que les mères retiennent leurs filles, les paralysant sans le savoir. Nous devons arrêter d'assimiler le fait d'être une fille loyale à la condition de porter la douleur non résolue des femmes qui nous ont précédées. En tant que filles, nous priver n'aide personne ; cela ne fait que maintenir la plaie maternelle à vif, la transmettant toujours et encore à travers les générations.

Lorsque nous nous offrons en pâture comme nourriture à notre « mère affamée », nous héritons de sa douleur et devenons alors affamées à notre tour.

Nous devons acquérir le droit de disposer de notre propre existence et à vivre notre souveraineté selon nos propres conditions. Nous devons être prêtes à examiner et à réévaluer toutes les relations dans nos vies qui profitent de notre soumission. Nous devons comprendre qu'attendre un vrai réconfort de la part de celles qui se sentent menacées par notre potentiel est un leurre, même si ces personnes sont des femmes que nous aimons. C'est parce qu'elles souffrent que certaines femmes sont capables de tirer d'autres femmes vers le bas. À nous de leur montrer qu'il existe une manière différente de fonctionner. À nous de leur servir de modèle en leur montrant qu'il est possible d'être à la fois puissante et aimée.

Nous devons changer le cadre relationnel exclusif en cadre inclusif ; ce n'est plus « toi ou moi », mais c'est « toi et moi ». Nous devons prendre le risque d'être authentiques et de fixer nos limites. En ouvrant une nouvelle voie sans vraiment de modèles sur lesquels nous appuyer et avec peu de leaders à suivre, il est probable que nous soyons en réalité des pionnières. Nous devons aller de l'avant, relever ce défi et trouver d'autres femmes qui se soutiennent mutuellement, alors que nous adoptons ce nouveau paradigme qui soutient la grandeur présente en chacune de nous.

L'une des actions les plus puissantes que nous puissions accomplir est d'affirmer : « Je ne suis pas là pour vous distraire et vous empêcher de prendre la responsabilité de votre propre douleur. »

Les nombreuses femmes avec qui j'évoque la blessure maternelle dans le monde me parlent de mères affichant des comportements dérangeants, qui reflètent l'esprit patriarcal : intolérantes aux points de vue divergents, méprisant l'autonomie, exigeant « C'est ça ou rien ! », se moquant et se montrant cruelles face à quelqu'un qui exprime des sentiments, etc. Ces mères sont généralement des femmes qui ont été brutalement blessées par le patriarcat et qui se sentent menacées par les femmes qui n'y adhèrent pas.

Perturbation : passer de la soumission féminine à l'individualisation féminine

Les familles sont des systèmes, et comme tous les systèmes, elles recherchent l'équilibre en maintenant un *statu quo*. Souvent, les filles observent leur famille et se demandent pourquoi elles n'arrivent pas s'intégrer ou à faire en sorte que les relations fonctionnent. Elles sont alors soit des boucs émissaires, soit considérées comme des moutons noirs. Souvent, la personne la plus saine du système est la première à reconnaître qu'il y a un problème, à voir que quelque chose ne fonctionne pas. À mesure que les filles adultes deviennent plus saines, ouvertes d'esprit et conscientes des rouages familiaux toxiques, elles défient le système familial parce qu'elles menacent le *statu quo*, cet équilibre confortable, qui, dans une certaine mesure, est complice de ces normes toxiques, misogynes et hétéropatriarcales. En remettant en question ces normes familiales et culturelles, il arrive que nous soyons mises au ban, calomniées ou attaquées, mais ce n'est pas parce qu'il y a quelque chose qui cloche chez nous ; c'est parce que nous les amenons implicitement, en bouleversant cet équilibre toxique, face à cette étape nécessaire pour faire évoluer n'importe quel système au niveau supérieur. En tant que femmes qui guérissent la blessure maternelle, nous sommes des perturbatrices, des pionnières qui expérimentent un nouveau monde. Alors que nous refusons de nous soumettre, de baisser d'un ton, de réduire nos rêves ou de tronquer nos ambitions, nous revendiquons notre propre pouvoir personnel et élargissons le potentiel de l'humanité dans son ensemble.

Questions pour réfléchir

— En grandissant, vous êtes-vous déjà sentie obligée de soutenir, de protéger ou de nourrir votre mère ? Si oui, dans quelles circonstances et à quelle fréquence cela se produisait ? Comment cela vous a-t-il affectée en tant qu'enfant ? Quel impact cela a-t-il sur vous aujourd'hui en tant que femme adulte ?

— Comment la loyauté était-elle définie dans votre famille, explicitement et implicitement ?

— En tant qu'enfant de sexe féminin, à quelle fréquence vous êtes-vous sentie obligée de cacher ou de maquiller vos vrais sentiments ? Quelle vision de vous pensez-vous avoir intériorisée en conséquence ?

5

L'insuffisance maternelle

Comme je sentais que les besoins émotionnels de ma mère occupaient une très grande place à la maison et dans notre relation, c'est en l'apaisant elle d'abord, dans l'espoir d'obtenir éventuellement son soutien et son réconfort en retour, que je trouvais ma sécurité. Je trouvais la sécurité dans la façon dont j'arrivais à me perdre et me fondre en elle, absorbant ses frustrations, reflétant ses opinions, apaisant ses peurs, stimulant ses espoirs et la renforçant, trouvant toujours le bon côté des choses tout en cachant mes propres besoins et difficultés. Ma mère me félicitait quand j'étais un bon miroir, un témoin attentionné, une confidente ; et souvent, elle prenait ses distances ou se moquait de moi sitôt que j'exprimais mes propres besoins ou mes ressentis. Chaque fois que je traversais un état douloureux que je n'arrivais pas bien à cacher, ce qui était rare et ne se produisait que lorsque j'étais vraiment mal, elle répondait toujours par un soupir pénible et profond tout en disant d'un ton bourru et frustré « Qu'est-ce qui ne va pas ? ». J'enregistrais alors dans mon esprit que je ne devais pas être bouleversée, que je ne devais pas ressentir ce que je ressentais. La voix pleine de sanglots, je répondais « Rien », essayant de ne pas flancher devant elle, et retournant seule dans ma chambre.

Et puis j'ai fini par complètement arrêter d'aller la voir. Lors de mon année sabbatique à l'université, quand je travaillais en tant que serveuse, je vivais dans un appartement dans une ville voisine. C'était un rêve devenu réalité, un appartement abordable, au troisième étage, avec une deuxième chambre que j'utilisais pour la méditation et l'écriture. Je me souviens que ma mère m'en voulait de déménager, mais je savais que m'éloigner d'elle était essentiel pour ma santé mentale.

Cette distance prise avec elle fut un immense soulagement. Mais parallèlement, c'est aussi ce qui a fait émerger les symptômes de mon « insuffisance maternelle », que j'ai reçue en pleine figure. Vivant seule pour la première fois, je me suis soudainement retrouvée incapable de cuisiner pour moi-même. Jusque-là, j'avais mangé sur le campus ou cuisiné avec des amis. Mais maintenant que je vivais seule, trouver la volonté de me nourrir me semblait impossible. Je ressentais en moi un bloc émotionnel sur lequel je n'arrivais pas à mettre le doigt. Je mangeais donc soit en me faisant livrer mes repas, soit au restaurant où je travaillais, ne consommant souvent que du café jusqu'à 16 heures, heure à laquelle je commençais mon service. C'était comme si je préférais me faire croire que je n'avais pas de besoins, y compris celui élémentaire de me nourrir.

Ma mère cuisinait toujours pour nous, mon frère et moi, principalement des plats délicieux. Mais j'ai toujours senti que la nourriture était indissociable d'une attente émotionnelle implicite de sa part. Comme si le fait qu'elle nous nourrisse représentait la pointe d'un iceberg qui menait aux profondeurs sombres de sa propre privation émotionnelle inconsciente : « Mangez pour faire plaisir à maman. Mangez pour me remplir. Validez-moi. » Comme nous grandissions mon frère et moi, elle mangeait rarement avec nous ; elle mangeait toute seule après que nous avions fini. La plupart du temps, le soir, elle mangeait seule devant la télévision à la table de la cuisine. Avant d'aller se coucher, elle laissait une assiette de nourriture recouverte d'un film plastique sur le comptoir pour mon père, quand il rentrerait à la maison. Souvent, les soirs de semaine, il était au bar du coin avec des amis et ne rentrait qu'une fois la maisonnée endormie. Ces repas emballés étaient rarement consommés.

Tant de choses n'étaient pas dites dans cette maison : la douleur muette que je percevais entre mes parents, ma propre douleur réprimée que je ressentais sans arriver à la nommer. Comme une sorte d'engourdissement et de dissociation constante créés par ce que je crois être l'alcoolisme fonctionnel de mes parents et le mépris à peine voilé de l'un pour l'autre, ce qui nous privait, mon frère et moi, de toute reconnaissance parentale de nos besoins émotionnels. J'avais besoin de mes parents pour survivre, ce qui voulait dire continuer à les idéaliser, mais derrière les apparences, j'avais la sensation d'être un zombie, partiellement dissociée, en mode survie. Une gentille fille affichant un visage heureux à l'extérieur, mais qui se sentait morte à l'intérieur.

Mes difficultés avec la nourriture symbolisaient la façon dont ma relation à ma mère avait engagé une lutte intérieure impossible à gagner : cultiver suffisamment de bienveillance à mon égard pour me nourrir était pour moi une sensation toujours très étrangère, inconfortable, et me donnait l'impression d'être vaguement déloyale. Je me sentais comme une petite fille, incapable de trahir ma mère, qui, dans mon esprit, m'avait appris que mes besoins devaient toujours passer en second. Simultanément, une autre partie de moi résistait dans une sorte de protestation, refusant de se nourrir comme je croyais que ma mère se nourrissait elle-même, c'est-à-dire pour masquer sa propre douleur et la façon dont je sentais qu'elle m'avait nourrie, ayant utilisé à première vue la nourriture comme une arme de codépendance, de culpabilité et de honte. Pour moi, manger la nourriture de ma mère avait, à un certain niveau, toujours représenté ma perte.

En thérapie, le regard positif inconditionnel que Nicole posait sur moi fonctionnait comme une « matrice externe » fiable et sûre, que j'intériorisais avec le temps. À ce moment-là de ma thérapie, j'entrais dans un nouveau monde étrange où j'apprenais à incarner l'être unique que je suis. Mes séances m'ont permis d'explorer de nombreux aspects de ce processus, incluant le travail cognitivo-comportemental, pour apprendre à organiser mes journées, afin d'être moins submergée, à changer mes perceptions négatives sur moi-même et à poser dans mes relations amoureuses et mes amitiés des limites plus fermes et plus ancrées.

L'un de mes exercices thérapeutiques consistait à aller au magasin, à laver et couper les légumes et à me préparer des salades après ma journée de travail au restaurant. Les salades étaient pour moi la chose la plus saine et la plus facile à préparer. Je me souviens à quel point ces salades étaient délicieuses, arrosées de leur sauce Green Goddess, et quelle plénitude et quelle joie pour moi c'était de découvrir comment manger m'aidait à me définir et à me réapproprier mon être au lieu de l'asservir !

Souvent, pendant cette période, ma mère passait chez moi à l'improviste avec des sacs de nourriture que je ne lui avais pas demandé d'acheter. Si je passais chez mes parents, elle m'en donnait également, souvent des aliments surgelés ou transformés que je n'aurais jamais achetés moi-même. Chaque fois qu'elle faisait ça, je retombais en crise pour plusieurs jours. Je ne voulais pas que la nourriture soit gaspillée, mais plusieurs fois il m'est arrivé de laisser ces sacs sur le siège arrière de ma voiture pendant une semaine, me retrouvant paralysée, incapable d'en faire quoi que ce soit. Autant je me sentais suffisamment forte pour me rebeller contre ma mère en ne mangeant pas sa nourriture, autant je ne me sentais pas assez résistante pour poser une limite verbale avec elle. Au fond de moi, je sentais qu'accepter et consommer cette nourriture revenait à la laisser me dominer et m'infantiliser. Sous une apparence de générosité chaleureuse, je ressentais l'affirmation froide et transactionnelle d'un « Tu m'appartiens toujours ».

La codépendance et l'inversion des rôles vécus avec ma mère se sont rejouées dans d'autres relations désastreuses. J'avais une soif profonde de connexion, une « envie de fusionner » liée à mes propres désirs d'enfance non satisfaits d'être vraiment vue, chérie, célébrée et honorée. Cultivant une faible estime de moi, je n'étais pas consciente de ma propre valeur. J'avais appris qu'être moi-même, c'était faire du mal aux autres et que me cacher était un moyen de préserver mon lien avec eux. Il ne m'était jamais venu à l'esprit que je pouvais être une personne totalement unique et indépendante, avec des besoins et des opinions différentes des autres, tout en restant considérée par eux comme quelqu'un de désirable ou d'aimable.

Sans surprise, celles qui reflétaient le plus les racines profondes de ce conditionnement étaient mes relations amoureuses. J'étais attirée par des hommes passionnants et créatifs d'une manière ou d'une autre, mais qui connaissaient également un certain degré d'agitation ou de stagnation dans leur vie. Ces hommes étaient incapables de faire l'effort de me rencontrer émotionnellement. Une dynamique qui reflétait ma relation avec ma mère, la plupart du temps à sens unique : moi qui, de mon côté, les soutenait, les encourageait, les prenait en charge et les encadrait, et, aussi bien intentionnés qu'ils fussent, ces hommes en face, bien incapables de me rendre la pareille. Tout comme dans mon enfance, je me sentais utilisée et invisible. Je choisissais inconsciemment des hommes qui me reflétaient ce que j'avais appris à considérer comme normal.

Qu'est-ce que l'insuffisance maternelle ?

L'insuffisance maternelle correspond à l'écart entre ce dont nous avions besoin de recevoir de notre mère et ce que nous avons réellement reçu d'elle.

Cet écart peut être très douloureux et diminuer notre capacité à nous aimer (causant une faible estime de soi), rendre difficile de croire que nous sommes en sécurité et que la vie est belle (causant de l'anxiété) et empêcher d'être vraiment épanouies (provoquant une dépression). Si nous n'avons pas nommé notre manque maternel, il arrive que nous transposions inconsciemment notre besoin d'être maternées sur d'autres personnes, choses, situations et événements, ce qui peut créer des problèmes dans nos relations, nos emplois et notre confiance en nous.

Qu'est-ce qu'un enfant a réellement besoin de recevoir de sa mère ?

Pour beaucoup d'entre nous qui souffrons d'un grand manque maternel, il peut être difficile de savoir de quoi nous avons manqué. La liste qui suit offre une aide efficace pour identifier ce dont un enfant a besoin de recevoir de sa mère pour se développer de manière optimale. Cette liste, paraphrasée du livre de Jasmin Lee Cori *La Mère émotionnellement absente*, peut vous aider à clarifier les besoins de développement d'un enfant et les domaines que vous avez peut-être manqués. Il n'est pas nécessaire que tous ces besoins soient satisfaits en permanence, mais qu'ils le soient suffisamment de temps en temps pour que l'enfant se développe au mieux. Encore une fois, il ne s'agit pas d'accuser les mères ou de les contraindre à respecter des normes irréalistes, mais d'assumer la responsabilité de la façon dont nous souffrons en tant qu'adultes de ce manque maternel et, toujours dans l'idée de guérir de la plaie maternelle, de pouvoir prendre les mesures qui s'imposent pour combler ce vide à l'intérieur de nous-mêmes.

Les dix visages de la mère

La mère en tant que source : elle donne l'impression de n'être que bonté et amour. Être comme la mère et venir d'elle permet à l'enfant de se sentir positive et en sécurité. Ce qui lui permet aussi d'éprouver un sentiment d'appartenance rappelant à cette petite fille qu'elle fait partie de quelque chose de plus grand, de plus puissant qu'elle-même.

La mère comme figure d'attachement : la mère est constamment à l'écoute des besoins de l'enfant. L'enfant se sent soutenue et en sécurité, ce qui lui confère un sentiment d'appartenance et d'identité.

La mère en tant que première intervenante : la mère est présente auprès de l'enfant et disponible lorsque des besoins ou des urgences surviennent. Elle répond avec amour, empathie et attention.

La mère équilibrante : la mère aide l'enfant à apprendre à moduler ses propres émotions en faisant d'abord preuve d'empathie à l'égard des sentiments de l'enfant, puis en conduisant doucement l'enfant vers une zone plus confortable. La mère intervient en aidant la petite fille à nommer ses émotions, en lui offrant une bonne image d'elle, en la soutenant, en l'écoutant avec empathie ou en la rassurant calmement. Il est important que les émotions de la mère ne soient pas extrêmes ou débordantes. La mère peut également ajuster l'environnement au besoin pour assurer la sécurité, la santé et le bien-être de l'enfant.

La mère nourricière : la mère est affectueuse avec l'enfant. Elle apaise, rassure et calme la petite fille. Elle accepte et comprend.

La mère en tant que miroir : la mère reflète l'état émotionnel de l'enfant à l'enfant, donnant le sentiment à cette petite fille qu'elle existe, qu'elle est réelle et qu'elle est appréciée. Cette mise en miroir positive renforce le respect de soi chez l'enfant.

La mère en tant que supportrice : la mère célèbre avec enthousiasme les progrès et les réalisations de la petite fille. La mère lui permet de s'exprimer comme une personne distincte, célèbre son expression unique, l'encourage à faire de son mieux et lui assure qu'elle est capable de faire ce qu'elle désire. Elle lui confère un sentiment de mérite et d'estime de soi.

La mère en tant que mentor : la mère soutient sa fille lorsqu'elle apprend et essaie de nouvelles choses. Elle l'encourage, lui fait des retours et honore les limites de l'enfant de manière réconfortante. La mère suit patiemment le niveau d'apprentissage de l'enfant et lui apporte un soutien adapté à sa compréhension du moment.

La mère protectrice : la mère apporte un soutien protecteur rassurant pour l'enfant et lui dit : « Je vais faire mon possible pour que tu te sentes en sécurité », elle précise les limites pour l'autoprotection de l'enfant.

La mère en tant que port d'attache : la mère donne le sentiment qu'elle représente un lieu stable, où la fille pourra toujours revenir quand elle aura besoin d'être encouragée, soutenue et rassurée.

Un fossé maternel restant sans réponse est comme un écran de fumée entre nous et notre vie d'adulte. Aborder directement la problématique d'insuffisance maternelle dissout cette fumée, nous permettant ainsi de voir la vie clairement, sans nos défenses, sans les peurs et sans les angoisses qui nous maintenaient auparavant prisonnières. Combler ce fossé maternel a pour objectif de nous permettre de prendre en charge nos besoins et nos fardeaux d'enfants, de façon que nous n'ayons pas à les projeter vers l'extérieur (et à en souffrir inutilement). Si nous négligeons cette problématique de manque maternel, nous recréons celui-ci sous différentes formes. Lever le voile sur ce processus nous aide à retirer les projections de l'enfance, pour que nous puissions voir la vie telle qu'elle est, en nous aimant et en aimant les autres, avec tranquillité et authenticité.

Le patriarcat et notre héritage collectif d'abus émotionnel et de négligence

Il est important de faire une pause et de regarder comment le fossé maternel s'est creusé. Les stratégies parentales d'autrefois recommandaient de se concentrer sur la discipline et l'obéissance. Dans le passé, les coups physiques étaient considérés comme normaux et étaient tolérés autant à la maison qu'à l'école. La nourriture, le logement, l'habillement et l'éducation étaient généralement considérés comme les aspects clés du développement d'un enfant ; les besoins émotionnels et le développement de l'enfant étaient, quant à eux, à peine pris en compte. On préconisait de laisser un enfant pleurer jusqu'à ce qu'il s'endorme. « Ne pleure pas ou je te donnerai une bonne raison de pleurer » faisait partie des expressions courantes exprimées dans les foyers. La vie émotionnelle des enfants était perçue comme quantité négligeable. Par crainte que l'enfant ne devienne trop gâté ou ne commence à manipuler ses parents, on n'accueillait pas ses émotions avec beaucoup de sympathie ou d'attention. Sa sécurité émotionnelle n'était pas considérée comme quelque chose d'important, pas plus que le respect de son individualité.

C'est ainsi qu'en réponse à l'expression naturelle de leurs émotions, les enfants de cette génération ne recevaient que punitions, rejets, humiliations ou coups. Cette approche de la parentalité a amené de nombreux enfants, dès leur plus jeune âge, à se fermer émotionnellement, retardant leur développement émotionnel à l'âge adulte, les préparant ainsi à une communication difficile, voire impossible avec leurs propres enfants, une fois ceux-ci devenus adultes.

Si nos mères ont été élevées dans ce mode patriarcal (centré sur l'obéissance et la négligence des émotions), cet héritage ne pouvait pas faire autre chose qu'influencer nos vies, nous conduisant à cette déconnexion profonde avec nos mères et par conséquent avec nous-mêmes. Dans cette perspective culturelle et intergénérationnelle, du fait qu'elles se sentaient tellement honteuses et démunies, on comprend bien comment la capacité des mères à offrir la disponibilité émotionnelle nécessaire à leurs enfants a été largement réduite. Une grande partie de cela est inconsciente et involontaire. Cependant, les besoins émotionnels d'une mère fonctionnant à partir de ce modèle l'emporteront toujours sur ceux de son enfant, et son obsession inconsciente à protéger sa survie empêchera la réciprocité nécessaire aux relations saines d'adulte à adulte.

Lindsay C. Gibson, dans son livre *Enfants adultes de parents émotionnellement immatures*, explique que les parents émotionnellement immatures, n'ayant pas eu d'autre choix que de se fermer très tôt à leurs émotions, ont été empêchés de les explorer suffisamment pour développer un soi solide et une identité propre, ce qui les limite dans la conscience qu'ils ont d'eux-mêmes comme dans leurs possibilités d'une communication claire et d'une proximité émotionnelle avec les autres.

Gibson identifie un certain nombre de traits de personnalité communs propres à ces parents :

— Rigides et déterminés.
— Faible tolérance au stress.
— Prises de décision impulsives.
— Orientés sur l'objet plutôt que sur l'objectif.
— Peu de respect des différences.
— Tendances égocentriques.
— Préoccupés par et centrés sur eux-mêmes.
— Préfèrent être au centre de l'attention.
— Font la promotion de l'inversion des rôles.
— Faible empathie et insensibles émotionnellement.
— Souvent incohérents et contradictoires.
— Défenses fortes auxquelles ils s'identifient.
— Peur de ce qu'ils ressentent.
— Se concentrent sur le physique plutôt que sur l'émotionnel.
— Peuvent être des tueurs de joie.
— Émotions intenses mais superficielles.
— Ne ressentent pas d'émotions intermédiaires (noir ou blanc).

— Difficultés avec la pensée conceptuelle.
— Tendance à la pensée réaliste.
— Intellectualisation obsessionnelle.

En réponse à ce manque maternel se met en place le masque d'un « faux soi », terme inventé par le psychothérapeute D. W. Winnicott. Le faux soi, constitué dans l'enfance, est utilisé comme moyen pour éviter d'être à nouveau rejeté après l'avoir déjà été, à la suite de l'expression de notre vrai soi. Il s'agit d'une tentative inconsciente de changer pour être acceptable aux yeux du monde extérieur. Le problème est qu'en tant qu'adultes, lorsque nous confondons notre faux soi avec notre vrai soi, nous finissons par recevoir l'approbation des autres pour notre faux soi, alors qu'au fond de nous, nous voulons être aimées pour qui nous sommes vraiment, pour notre moi authentique. Porter un masque pour recouvrir notre vulnérabilité et notre honte conduit à un sentiment d'illégitimité, de vide, qui peut aller jusqu'à la dépression. Au fur et à mesure que nous devenons adultes, la tension entre le vrai soi et le faux soi augmente. Accéder à notre vrai soi ne devient possible qu'à la condition de démanteler les croyances et modèles limitatifs que nous avons intériorisés à partir de notre culture et de nos familles.

Trois clés pour combler l'insuffisance maternelle

Combler ce fossé maternel s'aborde principalement de trois manières : la clarté mentale, le traitement émotionnel et l'intégration corporelle. Les trois se soutiennent mutuellement, s'établissent progressivement et ne se produisent pas nécessairement dans un ordre linéaire.

1 – La clarté mentale

Lorsque nous voyons clair sur ce qui nous stresse, nous met en colère ou nous rend anxieuses dans les interactions avec notre mère, nous faisons en sorte de traiter ces émotions plutôt que de les laisser nous gouverner. Voir clair consiste à mieux comprendre les modèles et la dynamique qui se jouent entre nous et notre mère.

— De quoi aviez-vous besoin que votre mère n'a pas pu vous donner ?
— Comment avez-vous survécu au fait de ne pas recevoir cet amour maternel dont vous aviez tant besoin ?
— Comment cela a-t-il affecté votre vie ?
— De quelle manière avez-vous compensé ? Quels mécanismes d'adaptation et stratégies avez-vous utilisés pour combler cette lacune d'amour maternel – à la fois en tant qu'enfant et en tant qu'adulte ?

En clarifiant la dynamique et les croyances héritées de nos mères, implicitement ou ouvertement, il nous devient plus facile de les identifier dans notre vie d'adulte. Au lieu de continuer à les suivre inconsciemment ou de les laisser nous mettre en difficulté, nous pouvons les enrayer et gagner en fluidité dans certaines situations du quotidien. Le savoir nous permet de renverser plus facilement les anciens modèles à mesure qu'ils se représentent, et de les remplacer par des choix conscients et responsables.

2 – Le traitement émotionnel : contacter la douleur d'origine que nous ne pouvions pas ressentir en tant qu'enfants

Il s'agit de permettre à toute la gamme de nos émotions, y compris la rage et le chagrin, de se manifester et de s'exprimer de manière sûre. Nous évitons les ressentis inconfortables et négatifs car non seulement ils nous ont fait nous sentir vulnérables, lorsque nous étions enfants, mais nous en avions aussi énormément honte. Éviter de sentir ces émotions crée généralement plus de souffrance que les émotions réelles elles-mêmes. Les émotions ne se transforment que lorsqu'elles sont accueillies et ressenties de manière authentique. L'inconfort que cela procure est temporaire, mais le soulagement que nous ressentons après avoir embrassé ces émotions est durable. Avec de la pratique et du soutien, nous pouvons apprendre à un niveau viscéral que nos émotions sont des alliées importantes dans nos vies, et non des intruses contre lesquelles nous devons nous défendre.

L'auteur John Bradshaw appelle ce traitement émotionnel « travail sur la douleur originelle ». Travailler sur l'origine de cette douleur consiste à ressentir les émotions d'origine réprimées, qui nous insécurisaient lorsque nous étions enfants. Il dit que c'est la seule chose capable d'apporter un changement véritable et durable – le genre de changement qui guérit les sentiments. Si nous ne traitons pas la douleur d'origine que nous avons ressentie en tant qu'enfant dans le véritable contexte qu'était celui de notre enfance, la douleur transpire généralement de manière problématique à travers des réveils émotionnels intempestifs ou des flash-back.

Par exemple, lorsqu'une situation ressemblant à une expérience douloureuse vécue dans notre enfance, et pas complètement guérie, se présente dans notre vie actuelle, elle risque de faire resurgir des émotions intenses, disproportionnées par rapport à la situation en question.

Ces situations peuvent faire remonter en nous des excès de colère, de la tristesse, de l'anxiété ou toute autre émotion passée qui demande à être libérée. Ces déclencheurs émotionnels de la vie quotidienne sont en réalité d'immenses occasions pour nous de guérir le passé. Au fur et à mesure que nous apprenons, dans ces moments-là, à apaiser et à prendre soin de cette enfant intérieure en détresse, nous devenons de plus en plus capables de faire de nouveaux choix, ouvrant de nouveaux futurs.

3 – Intégration corporelle

Bien que notre esprit erre souvent, notre corps, lui, est toujours dans l'instant présent, et ne ment jamais. Nous connecter, être présentes à notre corps est un moyen d'automaternage important. Au fur et à mesure que nous gagnons en clarté mentale et traitons nos émotions, nos compréhensions s'intègrent profondément au niveau physique. Les vérités conceptuelles deviennent des réalités vivantes à mesure que nous guérissons et nous transformons.

Rôle, fantasmes et masques : comment compenser l'écart maternel

Nous avons toutes été façonnées selon le degré de disponibilité émotionnelle de nos parents. Pour comprendre comment cela nous affecte au quotidien, il est nécessaire d'observer notre manque maternel et voir de quelle façon nous nous sommes adaptées pour combler ce fossé afin de survivre à l'environnement de notre enfance. Certains de nos comportements ou des dynamiques actives en nous, répétés depuis toujours, en sont des rôles clés. Bien que nous puissions les confondre à tort avec « qui nous sommes », ils découlent des mécanismes de survie qui nous ont autrefois aidées à faire face à un certain degré de violence émotionnelle ou de négligence. La bonne nouvelle est que ces mécanismes d'adaptation peuvent être transformés.

Rôles familiaux

À côté du rôle de la « gentille fille », de nombreux autres rôles existent dans une famille. La grande sœur forte, le clown de la famille, le calme, le rebelle, l'intelligent, l'esprit libre, la reine des abeilles, le timide, le bébé, le fêtard, le solitaire, le roc de la famille, etc. Beaucoup de ces rôles servent à camoufler notre douleur. Ils nous confèrent un côté prévisible, de la stabilité et une identité au sein de la famille ; ces rôles peuvent se révéler emprisonnant à l'âge adulte, et les anciennes restrictions dans lesquelles ces rôles nous enferment risquent d'étouffer notre potentiel.

Pendant que je jouais le rôle de la gentille fille, beaucoup d'autres possibilités de rôles étaient à jouer, fondés sur la façon dont la dynamique familiale a forgé notre comportement en tant qu'enfants. Beaucoup de femmes prennent un autre chemin et se rebellent contre leur mère dès le départ ; plutôt que d'absorber ou de fusionner avec les croyances et les choix de leur mère, certaines filles les repoussent d'emblée et utilisent la rébellion comme une forme d'autoprotection, préservant leur individualité.

Rebelles, gentilles filles ou autre chose, jouer un rôle, quel qu'il soit, engendre toujours des souffrances et des douleurs profondes tout en masquant ces douleurs de plusieurs manières.

Bien que vivant tous sous le même toit, chaque enfant d'une même famille peut percevoir ses parents de façon très différente. Pour un ensemble de raisons, il arrive que certaines mères entretiennent des relations différentes avec leurs enfants. Des frères et sœurs peuvent se sentir émotionnellement proches pour avoir vécu les mêmes expériences, et pourtant, la différence de perceptions due au rôle différent que chacun est amené à jouer dans le système familial peut toujours être source de tension. Parmi tous les modèles de comportement, les plus compulsifs, défensifs et émotionnellement chargés sont souvent ceux qui ont été créés comme moyens pour survivre à la douleur vécue dans l'enfance. On les garde pour se protéger contre d'autres préjudices, même longtemps après que ces maux ont disparu de notre horizon.

Faire semblant que « tout va bien »

En plus de porter le masque du faux soi, il arrivait que nous nous racontions à nous-mêmes une histoire dans laquelle tout allait bien, alors que ce n'était pas le cas. Nous nous racontions ce genre d'histoire pour nous protéger des émotions douloureuses liées à ce que nous vivions vraiment. Cette façon de minimiser la gravité de notre manque maternel est issue d'un mécanisme normal permettant la survie humaine. Une partie de notre guérison consiste à comprendre et à accepter à quel point ce que nous vivions était insupportable. Revenir à la vie réelle, c'est aussi reconnaître la douleur et admettre que ce que nous avons vécu était « vraiment pourri » ! Le moment est venu de sortir de notre déni, d'accueillir notre chagrin, d'avoir de la compassion pour la petite fille que nous étions et d'entrer dans une vision plus claire du monde. Obtenir de l'aide et se faire accompagner dans ce processus est important.

Voici quelques exemples de l'insuffisance maternelle. Ce sont les témoignages, mot pour mot, des étudiantes de mon cours, qu'elles m'ont autorisée à publier. Seuls les noms ont été modifiés.

Un exemple de l'insuffisance maternelle : Karen

« J'ai cinquante-trois ans, j'ai été en colère toute ma vie et j'ai méprisé ma mère de ne jamais m'avoir apporté le soutien et les soins émotionnels dont j'avais besoin. Son objectif principal consistait à s'assurer de bien paraître aux yeux des autres. J'ai récemment pris conscience que beaucoup de mes propres qualités qui me plaisent viennent en fait d'elle : créative, généreuse, sociale, attentionnée (sauf envers moi), curieuse, le goût des voyages, des livres, de la culture, etc. Ma mère n'a jamais pu me soutenir dans toutes mes ambitions et dans mes projets du fait qu'elle était jalouse et avait peur de perdre le contrôle (en tant qu'enfant-trophée, j'ai dû gagner l'estime de ma mère dans la famille de mon père). J'ai toujours attendu de notre relation que nous soyons des aventurières, des femmes ambitieuses, courageuses et autonomes ensemble (même en tant que petite fille, j'étais déjà très imprégnée par cette énergie d'ambition, de croissance et d'émancipation). Mais j'ai été profondément déçue et souvent ridiculisée par elle. Je suis si triste de comprendre que nous ne serons jamais ces partenaires de voyage que je rêvais que nous devenions ! Je me rends compte aussi que sa blessure est vraiment plus profonde que la mienne et le fait qu'elle n'ait jamais cherché à la guérir en elle-même me met en colère.

Ressentir et libérer toutes ces émotions liées à l'insuffisance maternelle a été tellement puissant ! Avant de commencer ce travail, ces émotions me sabotaient toutes mes affaires et mes projets de toutes les manières possibles, me retenant, me remplissant de rancœur, et me paralysant avant même de commencer. Mais il se trouve que cette semaine, j'ai reçu une proposition de la part d'une entreprise pour organiser des retraites mensuelles pour femmes. Le modèle commercial est génial et le contenu correspond à tout ce dont j'ai toujours rêvé et pour lequel je me prépare depuis des années. Je ne crois pas que ce soit une coïncidence, et je me sens tellement excitée et reconnaissante que je pourrais presque en pleurer. Je ne vois pas souvent ma mère, mais je fais un point, chaque fois que nous communiquons par e-mail ou que nous déjeunons (peut-être trois fois par an), pour lui parler de mes plans, de mes projets, comme une sorte d'exercice pour moi-même destiné à lui montrer qui je suis vraiment et la femme que je suis devenue. Être capable de faire cela est merveilleux, après une vie entière passée à me cacher, à lui mentir et à lui faire croire que j'avais un travail de routine (ce qui était faux). »

Un exemple de l'insuffisance maternelle : Jennifer

« Je viens juste d'assister à un spectacle de théâtre en direct, accompagné de musiques des années 1960 à 1980, très entraînantes. Lors de la scène finale, le public a été encouragé à se lever, à danser et à se joindre aux chanteurs. Mon mari, qui a mal à la hanche, ne s'est pas levé et dans un premier temps, je ne l'ai pas fait non plus, bien que tout le monde autour de moi fût joyeux. Je me sentais triste – puis j'ai vu très clairement ma blessure maternelle, me soumettant à ce sentiment de loyauté mal placé face à la douleur de quelqu'un d'autre. Faire preuve de loyauté envers la douleur de ma mère était le moyen que j'utilisais pour compenser le fait qu'elle ignorait ma douleur et considérait mes besoins comme égoïstes. Alors, je me suis levée, me suis mise à chanter, mais pas de tout mon cœur, je me sentais encore un peu triste. Puis j'ai remarqué qu'une partie de mon champ d'énergie restait collée à mon mari et qu'elle me retenait, me gardant attachée à sa souffrance exactement comme le faisait ma mère. Ma mère aurait qualifié d'"égoïste" tout autre comportement que celui-ci. J'ai en quelque sorte lâché l'amarre, tout en renforçant mon sens des limites. J'ai ressenti alors beaucoup de joie, et là, j'ai pu me joindre de tout mon cœur à la danse et au chant. J'ai soudain compris que j'avais le droit d'avoir mes propres ressentis et de vivre à travers eux, pas à travers ceux de quelqu'un d'autre. La menace d'être traitée d'égoïste a plané au-dessus de ma tête toute ma vie. Au lieu de ressentir de l'amertume, j'ai soudainement vu à quel point c'était faux et manipulateur. Alors que j'accueillais en moi-même ces sentiments d'isolement et de honte que j'avais éprouvés en tant que petite fille privée de reconnaissance de ses ressentis et de ses besoins individuels, une fenêtre de liberté s'entrouvrait. Maintenant, au lieu de percevoir mes besoins de façon aussi honteuse qu'avant, j'arrive à me sentir en sécurité tout en étant moi-même. Le résultat est incroyable chaque fois que je pose un acte comme celui-ci. »

Un exemple de fossé maternel : Alix

« Je menais un vrai combat pour une histoire de garde avec mon ex-mari. Ma mère vient d'une famille traditionnelle qui pense qu'on doit rester mariés quoi qu'il arrive. La procédure de divorce se déroulait de façon très agressive, période durant laquelle ma mère ne me demandait jamais comment j'allais. Elle semblait complètement l'ignorer, jusqu'au jour où elle m'a appelée et m'a demandé de tout lui raconter. Je me suis sentie soulagée au début de la voir exprimer son intérêt pour ce que je traversais, mais quand j'ai raccroché, je me sentais encore plus mal qu'avant. Quelques jours plus tard, je me sentais encore plus mal, après cet appel de ma mère, à cause de son manque d'empathie, d'attention ou de compassion pour la douleur émotionnelle que je traversais. Elle voulait juste prendre connaissance des faits et s'est ensuite empressée de raccrocher sans dire un mot. J'ai compris que c'était la continuation de ce que j'avais vécu avec elle quand j'étais enfant. Elle essayait constamment de me dissuader de ressentir ce que je ressentais afin de maintenir un semblant de paix à la maison. Faire croire en apparence à l'absence de conflit était nécessaire pour elle, et cela teintait toutes les interactions de notre foyer. Mon père était constamment préoccupé par l'argent, et le seul contrôle qu'elle semblait avoir était de nous tenir silencieux, obéissants et beaux aux yeux des autres, afin de ne pas aggraver les choses. Je crois que cela explique en partie pourquoi je choisissais des partenaires qui semblaient toujours vouloir me maintenir en déséquilibre. Au début, ils me comblaient d'amour et d'affection, mais ensuite ils changeaient d'attitude et minimisaient, se moquaient de mes émotions, et moi, je me remettais en question, avec cette sensation d'être une moins que rien, et je faisais passer leurs opinions avant les miennes. En apprenant dès mon plus jeune âge que ce que je ressentais n'avait pas d'importance, je me rends compte aujourd'hui de quelle manière j'ai été, en quelque sorte, formatée pour ça. Cette clarté m'a donné l'énergie d'arrêter de cautionner ce schéma quand je le vois en moi. C'est incroyable de constater que, plus je crée d'empathie et d'espace pour mes propres émotions, plus j'arrive à le faire aussi pour mes deux filles. »

Le soutien est essentiel

En explorant cette problématique que représente le fossé maternel, soyez patiente et compatissante envers vous-même. Il est naturel de ressentir une douleur émotionnelle lorsque nous abordons ce sujet et allons creuser derrière les rôles, les masques ou les stratégies que nous avons mis en place pour l'éviter. Il n'est donc pas surprenant que vous ressentiez des émotions, telles que la colère et la tristesse, lorsque vous examinez les schémas, les événements, les situations et les émotions de votre petite enfance.

Le soutien est une partie essentielle de ce travail sur la douleur d'origine. Il existe de nombreuses façons de se faire accompagner. L'idéal est de faire appel à plusieurs sources différentes, comme celles-ci :

— La thérapie individuelle à long terme,
— La thérapie de groupe,
— L'art-thérapie,
— Les groupes de soutien,
— Les ateliers,
— La relation amoureuse,
— Le corps, le massage, le travail énergétique,
— Des temps réguliers de solitude et de réflexion,
— L'exercice, l'étirement et le mouvement du corps,
— Du repos et un sommeil suffisants.

Questions pour réfléchir

— Comment est votre fossé maternel (l'écart entre ce dont vous aviez besoin et ce que vous avez reçu de votre mère) ?
— Comment avez-vous cherché à combler ce vide maternel jusqu'à présent ? Quels étaient les masques que vous portiez ou les rôles que vous jouiez inconsciemment pour compenser ce manque ?
— Quelles actions pouvez-vous entreprendre maintenant pour combler le vide maternel depuis l'intérieur de vous-même ?

6

Les signes évocateurs de notre besoin d'évoluer

Au fur et à mesure que j'avançais dans ma thérapie, je voyais de plus en plus clairement les dysfonctionnements de ma famille, et ressentais de plus en plus de chagrin et de frustration. Même si je percevais de quelle façon se manifestait la dynamique avec ma mère dans plusieurs domaines de ma vie, je ne me sentais toujours pas prête à regarder en face ma relation avec elle. Je le pressentais comme un chemin sombre que je ne voulais pas emprunter, même si je savais au fond que j'allais inévitablement devoir le faire. D'autres symptômes avaient commencé à apparaître. Je voulais me différencier d'elle, ce qui, à l'époque, prenait la forme d'une sorte d'hypercontrôle sur mon activité physique, ma santé et mon image corporelle.

Passer du temps avec mes amis et danser régulièrement m'aidaient à rester positive et inspirée. J'avais placé mon objectif principal dans la spiritualité et la méditation. J'assistais souvent à des ateliers dans un petit centre de retraite dans une ville voisine. J'avais envie d'avoir un but et je me demandais comment je pouvais rendre le monde meilleur. Je voulais être capable de me tourner vers ma mère pour trouver l'inspiration et le soutien dont j'avais besoin pour rêver les choses en grand et agir de façon significative dans ma vie, mais elle restait silencieuse et distante. À cette époque, j'avais rencontré une femme nommée Miranda, médium, enseignante et guérisseuse, qui animait des ateliers, et qui s'intéressait à moi. J'ai toujours été la plus jeune de sa classe, dans laquelle je jouais les rôles de la gentille fille et de l'étudiante parfaite. Lors d'une séance avec elle, je lui avais avoué le besoin que je ressentais de me consacrer à quelque chose de plus grand que moi, sans savoir exactement quoi.

Peu de temps après, Miranda m'a proposé d'être son apprentie tout en l'aidant à ouvrir un centre de retraite à l'autre bout du pays. J'ai accepté – malgré de nombreux signaux d'alarme et les sérieuses réserves émises par ma thérapeute. Le centre de retraite en question n'était ni spirituel ni évolué comme je l'avais supposé ; il s'agissait plutôt d'un environnement toxique dans lequel on m'utilisait comme femme de ménage gratuite et assistante administrative. Même en sachant cela, il m'a fallu six mois pour sortir de l'illusion que les choses allaient s'arranger, et partir.

Je n'étais pas en mesure de saisir à l'époque que mon attachement à cette instructrice provenait de mon besoin d'être maternée et approuvée par une figure maternelle aimante et autonome, capable de valoriser l'être que j'étais. Ma relation avec Miranda était en fait une réplique de la dynamique et du traumatisme vécus avec ma mère. Prendre conscience de cela m'a complètement désillusionnée, mais m'a finalement aidée à idéaliser beaucoup moins les figures d'autorité qu'auparavant.

À mon retour, je me suis lancée dans des études supérieures. La gentille fille et l'étudiante brillante en moi étaient en pleine forme. J'avais des A dans chaque cours. J'occupais le poste d'assistante à l'enseignement dans le département, puis je me suis retrouvée obnubilée par l'idée d'être reçue dans un programme de doctorat (que je déciderai par la suite de ne pas faire). J'ai compris beaucoup plus tard que je croyais encore, à cette époque, que, si je réussissais suffisamment à impressionner ma famille, ils pourraient enfin voir qui j'étais, ce qui me permettrait de retrouver ma dignité et un contrôle sur ma vie. Je ne savais pas encore que rien dans le monde extérieur actuel ne pourrait jamais combler ce vide, qui ne pouvait être rempli que par moi, de l'intérieur.

À cette époque, j'entamais une nouvelle relation avec un homme du nom de David, un collègue avec lequel j'avais travaillé pendant six ans au restaurant, et avec qui, en l'espace d'un an, j'avais emménagé à New York. M'éloigner de ma famille était crucial pour mieux comprendre mon enfance et son impact sur ma vie actuelle. Parce que le lien qui m'unissait à David était plus fort que toutes les autres relations que j'avais eues auparavant, ma blessure maternelle a commencé à émerger de manière puissante. J'ai commencé à faire des rêves de « triangulation » dans lesquels David choisissait une autre femme que moi ; certains incluaient ma mère, qui nous séparait, David et moi, ou montait David contre moi.

Un soir, alors que nous étions dans un club de l'East Village, une de nos amies a commencé à flirter ouvertement avec David juste devant moi, et il n'a pas posé de limites avec elle, ni même rien dit pour l'arrêter. J'ai totalement pété les plombs sur le chemin du retour à la maison et me suis mise à lui crier dessus à pleins poumons ; j'étais furieuse qu'il n'ait rien dit, comme si je n'avais même pas été là. David ne pouvait pas savoir à quel point le fait qu'il n'ait pas mis de barrières à cette amie avait déclenché en moi cette peur intense de l'abandon. Je n'avais pas encore fait le rapprochement avec ma mère. Cette nuit-là, nous en avons discuté et j'ai fini par lui dire : « Je veux juste être LA *personne la plus importante pour toi. » C'était vraiment difficile de faire sortir ces mots. C'était comme une question de vie ou de mort. Il m'a regardée et m'a dit : « Tu* ES *la personne la plus importante pour moi. » J'ai ressenti à ce moment-là comme un déclic à l'intérieur, et j'ai pu l'intégrer. J'ai éprouvé à la fois un soulagement incroyable, et aussi un chagrin profond. Plus tard dans la nuit, après que David s'est endormi, je me suis levée et me suis regardée intensément dans le miroir de la salle de bains, cherchant mon visage dans la pénombre, me demandant ce qui se passait en moi. D'où pouvait bien provenir cette sensation intense de dévastation ?*

Quels sont les signes de la blessure maternelle ? Pourquoi sont-ils difficiles à voir ? Et pourquoi, une fois que nous les voyons, leur résistons-nous ?

Parce que la blessure maternelle soutient dans une certaine mesure chaque pan de notre vie, en reconnaître les signes dans un domaine particulier nous conduit à une prise de conscience dans de nombreux autres domaines. Des générations entières de femmes ont longtemps attribué à tort les signes de la blessure maternelle à des causes d'apparence moins menaçantes, n'allant jamais vraiment à la racine de leur souffrance. Sauf que, si nous n'allons jamais à la racine, nos problèmes ne cessent de se représenter dans nos vies, nous poursuivant dans de nouveaux emplois, de nouvelles relations, et bien plus encore.

Les thèmes communs à identifier

La liste ci-dessous évoque un ensemble de symptômes qui, à première vue, semblent sans rapport avec notre mère. Nous vivons ces expériences tout en ayant l'impression d'avoir une relation harmonieuse avec notre mère.

- Éviter les émotions difficiles. Avoir besoin de rester positive à chaque instant.
- S'anesthésier (à l'aide de substances, de réseaux sociaux, d'achats, etc.).
- Émotions intenses disproportionnées par rapport à la situation vécue.

— Répétition de schémas qui ne semblent jamais devoir être résolus.
— Se sentir soudain comme une petite fille, impuissante ou paniquée.
— Grand contraste entre la vie extérieure que nous décrivons et la réalité de notre vie intérieure.
— Extrêmes à tous niveaux ; par exemple, alternant les cycles de frénésie et de privation (que ce soit avec la nourriture, l'exercice physique, les substances illicites, les régimes, le sexe, etc.).
— Peur de l'abandon (dans les amitiés, les relations amoureuses, en tant que parent).
— Peur d'être envahie (nécessité de garder les gens à distance).
— Avoir du mal avec les fins, peur de dire au revoir.
— Peur d'être déstabilisée par nos émotions, si nous nous autorisons à les ressentir.
— Autosabotage lorsque nous nous approchons d'un déblocage.
— Répéter les boucles mentales d'autodiscours négatif.
— Se sentir égoïste d'être sa propre priorité.
— Ne jamais se sentir assez bien.
— Se comparer constamment aux autres.
— Vouloir toujours faire plaisir aux gens.
— Besoin constant d'approbation ; tout type de rejet écrase et déstabilise.
— Addictions (achats, substances illicites, Internet, etc.).
— Dépression (se sentir faible, désespérée, vide).
— Anxiété.

— Troubles alimentaires (un certain niveau de conflit autour de la nourriture, du corps et de l'image de soi).
— Avoir honte de sa sexualité.
— Croire qu'être une « bonne personne », c'est se faire passer en dernier.
— Lorsque les autres repoussent constamment nos limites ou ne respectent pas notre rythme.
— Attirer continuellement le même type de partenaires, amis, qui finissent par nous maltraiter.
— Croire que nous sommes une « bonne personne » lorsque nous choisissons d'accepter d'être maltraitée par d'autres personnes.
— Un certain niveau d'obsession ou de fixation : « *Ceci* est la chose qui va tout arranger ! »
— Jouer le rôle de « gardienne de la paix », celle qui apaise et prévient les conflits, pour qui l'absence de conflit est primordiale.
— Suranalyser et nous sentir paralysées lorsque nous devons agir.

Les symptômes qui peuvent être plus clairement en lien avec notre mère sont les suivants :
— Avoir peur de dépasser notre mère : il s'agit d'une crainte courante d'aller au-delà de ce que notre mère a réalisé elle-même dans sa vie (ce que j'appelle « l'horizon maternel »), ce qui pourrait venir endommager notre relation avec elle de façon irrévocable. Il semble plus sûr de minimiser nos ambitions par loyauté, pour préserver l'harmonie de la relation.

— Nous sentir mal après avoir rendu visite à notre mère : c'est un signe que des dynamiques toxiques, dont nous ne sommes pas encore consciente, sont en action.

— Ressentir le besoin de plaire à notre mère, sans jamais que ce soit jamais assez bien : notre mère n'est jamais contente tout en nous laissant croire que, dans le futur, nous finirons bien par « faire les choses correctement ». L'espoir jaillit éternellement.

— Autoatténuation en présence de notre mère : rester petite pour ne pas l'offenser, la menacer ou la contrarier. Cela peut se manifester par le fait de ne pas exprimer nos propres opinions en sa présence et nous contenter d'être toujours d'accord avec elle pour éviter les conflits.

— Sentir de la colère envers notre mère, mais ne rien faire.

— Nous éloigner géographiquement d'elle, pensant ainsi en être protégée.

— Penser que « ce sera plus facile après sa mort » ou que « je pourrai faire ce que je veux une fois qu'elle sera décédée ».

— Nous investir émotionnellement de façon excessive dans la relation : nous nous sentons épuisée par les besoins de notre mère, tout en croyant qu'exprimer nos propres limites reviendrait à la trahir.

— Avoir le sentiment qu'être honnête au sujet de nos ressentis mettrait fin à la relation avec elle.

— Avoir peur de nous sentir une « fille ingrate » dès lors que nous reconnaîtrions les sentiments douloureux que nous éprouvons envers notre mère.

— Notre mère semble impuissante et a constamment besoin de soutien.
— Lorsque nous évitons notre mère.
— Notre mère ne nous contacte que si elle a besoin de quelque chose.
— Notre mère bavarde ou se focalise trop sur des personnes qu'elle connaît à peine.
— Nous sentir responsable du bien-être de notre mère. Ses difficultés financières ou relationnelles deviennent notre problème, que nous devons donc résoudre.
— Notre mère nous dit que nous sommes sa meilleure amie, son enfant préférée, ou celle qu'elle aime le plus, ou le contraire : nous ne sommes jamais assez bien à ses yeux.
— Les critiques, moqueries ou sarcasmes sont courants de la part de notre mère.
— Nos sentiments ou expériences sont systématiquement minimisés, dévalorisés ou ridiculisés.
— L'expression de nos sentiments, de nos besoins ou de nos opinions se heurte à une froide hostilité, à un retrait, à de l'amertume ou à de la jalousie de sa part.
— Nous avons le sentiment que notre mère est jalouse de nous.
— Nous avons le sentiment que ne pas nous écarter de notre rôle de « fille dévouée » nous permettra de gagner une récompense.
— Nous avons le sentiment que notre mère est obnubilée par son rôle de mère, s'en servant comme d'une arme qu'elle peut retourner contre nous,

au cas où nous n'agissons pas ou ne parlons pas comme elle le souhaite.

— Notre mère communique par « transmission émotionnelle » : elle oblige les gens à deviner et à marcher sur des œufs en sa présence, au lieu de communiquer de façon directe et respectueuse.
— Notre mère est imprévisible : nous ne savons pas d'un jour à l'autre comment évoluera son humeur, ce qui nous met constamment sur les nerfs.
— Nous nous surprenons à « enjoliver » les mauvais comportements de notre mère en nous disant « C'est elle, elle est comme ça ».

Mécanique des blessures maternelles

Ce sont des expériences et des modèles courants qui se présentent sous différentes formes pouvant varier considérablement. Vous ne savez peut-être pas du tout pourquoi cela se produit.

— Déclencheurs ou flash-back émotionnels : certaines situations que nous sommes amenées à vivre avec d'autres personnes peuvent déclencher de fortes réactions émotionnelles d'une intensité disproportionnée par rapport à la situation.
— Des histoires négatives que notre mental nous raconte à travers une critique intérieure forte qui correspond à une intériorisation de la voix de notre mère.
— Épuisements : non seulement physique, mais aussi un épuisement émotionnel profond.

— Fonctionner en mode survie : « en combattant, en fuyant ou en faisant la morte » et en éprouvant les réactions physiologiques qui l'accompagnent, comme le cœur qui se met à battre plus vite, et les paumes qui deviennent moites.
— Avoir la sensation d'être débordée : tout semble « trop » et nous n'avons pas assez de temps ou d'espace pour nous reposer et nous remettre de « l'agitation » de la vie.
— Avoir la sensation de porter un fardeau : avoir l'impression que tout dépend de nous et que nous sommes la seule à pouvoir tout faire, ce qui nous maintient dans une vie étroite et limitée.
— Avoir la sensation d'être enchaînée : nous sentir piégée par certaines situations et/ou relations, et avoir la sensation que rien ne peut nous en sortir.
— « Nous efforcer de survivre » : avoir un sentiment que nous devons fonctionner dans une forme d'hypervigilance mentale pour nous sentir en sécurité et contrôler notre vie. Avoir le sentiment que si nous nous détendons vraiment, quelque chose de mauvais pourrait arriver.

Il existe un lien étroit entre l'autosabotage et la blessure maternelle.

L'autosabotage consiste à nous créer inconsciemment des obstacles empêchant directement la réalisation de notre objectif ou de notre désir.

Le schéma de l'autosabotage peut sembler ne pas être en lien avec la dynamique qui se joue dans notre relation à notre mère.

L'autosabotage se résume en grande partie à la sécurité, au confort et à ce qui nous semble familier. Si nous avons été rejetées, punies ou mises à mal dans notre individualité ou dans nos propres besoins et désirs, en tant qu'adultes, nous bloquerons notre progression pour éviter que ces mêmes résultats ne se reproduisent.

Une grande partie de ce mécanisme inconscient provient de peurs non guéries de l'enfant intérieure, cette partie de nous coupée de notre conscience qui essaie d'éviter à tout prix l'abandon émotionnel dont la menace est ressentie comme réelle.

Pour certaines femmes, le fait de manifester leur grandeur, d'être visibles et puissantes peut provoquer en elles une culpabilité inconsciente, qui les conduit à s'autosaboter.

Le lien entre la blessure maternelle et l'autosabotage est assez complexe. Ce modèle s'installe très tôt dans notre développement, ce qui explique pourquoi il peut être aussi insidieux. Pour assurer leur survie, les enfants sont biologiquement programmés pour tenter d'obtenir l'approbation de leur mère à tout prix.

Chez les femmes adultes, il arrive que ce modèle fonctionne encore inconsciemment. Nous avons encore l'impression que notre bonheur dépend de celui de notre mère. Constatant son malheur, nous nous mettons à nous sentir coupables de nos propres succès. Ce cas est particulièrement courant chez les femmes ayant été parentalisées dans leur enfance. (La fille étant utilisée comme parent de substitution pour l'enfant intérieure non guérie de sa mère).

Il arrive que nous utilisions l'autosabotage comme un mécanisme de survie pour nous éviter d'être abandonnées et rejetées par nos mères. Et il est renforcé ensuite par la culture patriarcale.

Il arrive que nous croyions inconsciemment ne pas pouvoir être pleinement heureuses ou réussir si notre mère est seule, triste, inconfortable, amère, jalouse, etc. C'est en tout cas le point de vue de l'enfant en nous, qui pense encore que sa survie dépend du bien-être de sa mère.

Apprendre à reconnaître les signes, les symptômes et la dynamique qui se joue au niveau de la plaie maternelle est la première étape clé pour instaurer et cultiver la sécurité intérieure dont nous avons besoin pour nous guérir et nous transformer.

Le fait que nous arrivions à voir de plus en plus clair dans ces dynamiques agissantes en nous-mêmes et dans nos relations nous permet vraiment de nous libérer de ces rouages sclérosants. Devenir conscientes de ce qui était inconscient est une part profonde de la revendication de notre pouvoir personnel.

Questions pour réfléchir

— Quand vous étiez petite fille, dans quelles situations spécifiques votre mère vous attribuait-elle des éloges, de la reconnaissance, des récompenses, de la validation et de l'amour ?
— Dans quelles situations avez-vous été confrontée au rejet, à une hostilité agressive, à un retrait froid, à de l'animosité, de la jalousie ou de l'amertume ?
— Quel est le grand défi auquel vous avez à faire face en ce moment dans votre vie, qui est un défi de longue date ? En quoi vous rappelle-t-il votre petite enfance ? Quelle émotion douloureuse vous vient maintenant et que vous avez déjà ressentie, enfant ?

7

La rupture avec la lignée maternelle et le prix d'une vie authentique

Au cours de ma première année à New York, j'ai commencé à entrevoir chez ma mère des défauts que je n'avais jamais remarqués auparavant. Grâce à la distance physique que j'avais mise entre nous et à mon intimité de plus en plus profonde avec David, j'ai lentement commencé à saisir que j'avais passé la majeure partie de ma vie à l'idéaliser, la voyant comme généreuse, gentille et altruiste, alors qu'en réalité les nombreuses conversations dont j'étais capable de me souvenir témoignaient de sa tendance à faire des commérages ou à se plaindre de mon père et d'autres membres de la famille. Je grinçais des dents à l'autre bout du fil, finissant par redouter ses appels. Nos conversations duraient toujours moins de dix minutes et nos discussions étaient superficielles. Je l'écoutais déballer les nouvelles ou les ragots qu'elle me racontait, puis immanquablement, après que j'eus sorti une phrase ou deux sur ma vie, elle mettait fin à l'appel, au prétexte qu'elle devait partir. Bien que je sache au fond de moi qu'elle avait toujours été comme ça, et que je n'avais tout simplement pas pu le voir avant, cette situation m'attristait vraiment. Le travail thérapeutique cohérent et approfondi que j'avais commencé depuis près d'une dizaine d'années à ce stade avait renforcé de façon régulière mon estime personnelle, m'aidant à faire davantage confiance à mes propres perceptions et me permettant de prendre conscience d'à quel point ma famille était en réalité dysfonctionnelle.

Comme le font de nombreux survivants de traumatismes infantiles, j'ai longtemps nié l'étendue des épisodes douloureux et des souvenirs pénibles de mon enfance. Je prenais conscience du dysfonctionnement de ma famille tout en continuant à la supporter sans broncher, préférant de loin travailler sur les problèmes de ma vie actuelle. Je n'étais pas prête à briser le récit positif qui m'avait sécurisée tout au long de mon enfance, même si une partie de moi comprenait que cette tempête serait inévitable dans le processus de guérison dans lequel je m'étais engagée.

Au fur et à mesure que je gagnais en authenticité dans d'autres domaines de ma vie, je voulais être en mesure de l'être aussi dans ma relation avec ma mère. Il y avait un contraste croissant entre notre relation, douloureusement limitante et toxique, et les nouvelles normes, inspirées par la façon dont ma thérapeute Nicole me traitait, que je mettais en place dans les autres domaines de ma vie. J'apprenais comment ressentir les choses de l'intérieur. Nicole a fait preuve d'un respect constant à l'égard de mes points de vue personnels et a toujours encouragé et écouté avec beaucoup d'intérêt mes idées, même lorsqu'elles étaient très différentes des siennes. Elle célébrait avec enthousiasme tous mes succès, chaque acte d'autonomisation et d'autovalorisation, car elle se réjouissait que mon bien-être ne dépende pas du sien.

Après avoir travaillé environ neuf mois en tant que serveuse à New York, j'ai fini par trouver un emploi de rêve dans le bureau de recherche d'une école de médecine de la Ivy League. J'étais ravie d'avoir enfin une assurance maladie et un salaire régulier. J'avais hâte d'appeler ma mère pour le lui dire. Au téléphone, j'étais tellement excitée que j'arrivais à peine à trouver mes mots. Après une longue pause à l'autre bout du fil, ma mère avait rétorqué d'un ton neutre et sans émotions : « Oh, c'est super, c'est bien, ça », et en quelques secondes elle s'était empressée de raccrocher après s'être excusée. Je me suis sentie anéantie, blessée et en colère de constater qu'elle n'était même pas capable d'être heureuse pour moi l'espace de quelques minutes.

J'ai atteint un point de rupture environ un mois plus tard lors d'un autre appel, au cours duquel ma mère m'avait demandé comment se passait mon nouveau travail. Je lui avais répondu que ça se passait très bien et commencé à lui décrire mon lieu de travail. En guise de réponse, elle m'avait rétorqué d'un ton hautain : « Tu es juste comme moi, alors tout va bien se passer. » Le lendemain matin, alors que je sortais du métro à Lexington, je sentais une vague d'énergie et d'indignation me traverser, alors que son commentaire résonnait encore dans mes oreilles : Tu es comme moi, donc tout va bien aller.

Au cours des deux semaines suivantes, j'ai atteint un nouveau niveau de clarté sur la toxicité de la relation avec ma mère, et j'ai pris conscience que j'en avais assez. Je voulais la confronter directement et faire évoluer notre relation vers une dynamique au sein de laquelle je pourrais à la fois être considérée comme la personne que j'étais, tout en étant en lien avec elle. Je ne voulais plus être sa « gentille fille », son animal de compagnie ou son doudou. Je voulais établir avec elle une relation qui me nourrirait aussi.

Je n'oublierai jamais le moment qui précéda cet appel téléphonique. J'étais assise sur le lit de mon petit appartement, téléphone portable à la main, regardant les notes que j'avais préparées sur ce que j'allais dire. Avant de composer le numéro de la maison, j'avais prié à haute voix pour que l'Univers me vienne en aide, car je savais que ce que je m'apprêtais à faire revenait à faire exploser une bombe dans ma famille tout en représentant une nécessité absolue pour préserver ma propre intégrité. Quand ma mère a décroché le téléphone, je lui ai demandé si c'était le bon moment pour lui parler, car j'avais besoin de revenir sur ce commentaire qu'elle avait fait lors de notre dernière conversation, qui m'avait dérangé : « Tu es comme moi, alors tout ira bien. » Je lui ai expliqué que ce commentaire m'avait mise en colère, parce qu'il me ramenait à un moment de ma vie où je m'étais sentie invisible en tant que personne à ses yeux. Ceci faisait écho à une vieille habitude où je me sentais prise en compte par elle uniquement à travers notre relation, mais jamais en tant qu'individu à part entière.

« J'ai l'impression que tu me voles mes succès en ramenant toujours tout à toi, puisque je suis "comme toi", lui ai-je confié. Je veux être fière de moi parce que je suis qui je suis, et pas parce que je reflète la personne que toi tu es. Je sais que tout ça n'est pas intentionnel chez toi, et c'est pourquoi je ne t'en ai jamais parlé avant. Mais je veux que tu saches à quel point ce schéma a été douloureux pour moi. J'ai envie d'être proche de toi, mais nous devons changer certaines choses pour améliorer notre relation. »

Après m'avoir écoutée, elle est restée très silencieuse pendant un moment, puis a dit : « Je pense que tu lis trop de choses sur ce sujet. Je te vois comme une personne à part entière. Je vais faire attention à ce que je dirai à partir de maintenant. » Puis après un silence gênant, elle ajouta : « Eh bien, je dois y aller, la journée a été longue et je suis fatiguée. »

Le lendemain matin, j'ai reçu un e-mail d'excuses de sa part, racontant de quelle façon elle célébrait mon individualité et regrettait de m'avoir blessée involontairement. J'étais abasourdie. Peut-être l'avais-je finalement mal jugée ! Pourtant, après ce premier e-mail, d'autres ont suivi, sur un ton beaucoup plus défensif et accusateur, se déchargeant de toute responsabilité sur moi et extrapolant sur mes théories soi-disant de plus en plus bizarres à propos de ce qui me dérangeait vraiment.

Puis se sont ensuivis des mois de correspondance intense par courrier électronique, au cours desquels elle exprimait continuellement ses ressentis de persécution et me rappelait combien elle m'aimait. À aucun moment elle ne s'interrogeait sur la raison pour laquelle je ressentais ce que je ressentais. Elle recevait mes témoignages comme des attaques et des reproches sans réel fondement. J'ai continué d'affirmer que je l'aimais, que je souhaitais améliorer notre relation, que je n'essayais pas de l'accuser, et que je savais très bien qu'elle ne faisait pas exprès d'agir comme elle le faisait. J'essayais de rester empathique face à la tristesse qu'elle disait éprouver à la suite de ce que je lui exprimais, tout en restant ancrée dans la vérité de mes propres perceptions et ressentis. Je ne suis pas retombée dans la culpabilité ou le silence, comme je pouvais le faire par le passé. Au fur et à mesure que le temps s'écoulait et que je restais fidèle à ma propre expérience au lieu de me laisser happer par son récit, son agacement a fini par se transformer en rage. Elle a laissé éclater sa colère en disant que peu importait ce qu'elle disait ou faisait, elle avait de toute façon toujours tort. Elle soulignait mes relations ratées et autres entreprises dans lesquelles j'avais échoué durant ma vie comme autant de preuves de mon imperfection.

Tout au long de cette période de correspondance, je me suis retrouvée, comme jamais je n'aurais pu l'imaginer, sur des montagnes russes émotionnelles. C'était comme si nous parlions deux langues complètement différentes. Alors que je continuais d'essayer de lui expliquer mes bonnes intentions, et que j'exprimais mes ressentis dans un langage non menaçant, avec beaucoup d'empathie, rien n'y faisait. J'avais eu beau passer des heures et des heures en thérapie à réfléchir avec soin aux moyens de communication les plus respectueux, empathiques, honnêtes et attentionnés à employer avec elle, je ne constatais aucune amélioration dans nos échanges. Au lieu de cela, elle ripostait sur le ton d'un « Au revoir, Bethany » totalement dédaigneux.

Sa rage augmentait crescendo. Je me suis retrouvée profondément choquée de découvrir qu'il n'y avait pas de « maman » dans son énergie, aucune volonté de prendre ses responsabilités, aucune curiosité ou intérêt à comprendre mon point de vue, aucun désir de réciprocité entre nous de sa part. Après ce premier e-mail d'excuses, elle a sorti l'artillerie lourde et j'ai eu l'impression qu'elle me combattrait jusqu'à la mort, comme si sa vie dépendait de l'étouffement de mes perceptions divergentes et de mon individualité. Elle semblait outrée que je ne me remette pas dans ce qu'elle estimait être le droit chemin, que je ne sois plus sa « gentille fille », que je me sente suffisamment libre de dénoncer la façon dont elle avait failli et que je ne fasse plus passer ses ressentis en premier au détriment des miens, mais plutôt que je me défende comme son égale. Elle s'est mise à terminer ses courriels par : « Je n'ai pas de fille. »

En vivant ça, j'avais la sensation que mon corps était en feu vingt-quatre heures sur vingt-quatre, oscillant entre des pics raides d'adrénaline et des jours où je m'effondrais, paralysée par le chagrin. Ses réactions allaient tellement au-delà du pire auquel je m'étais préparée que c'en était profondément déstabilisant. Sentir que ma mère essayait volontairement de me faire douter de moi, déformait mes propos, m'amenait à avoir honte de mes erreurs et éprouvait de la satisfaction et de la fierté à faire des commentaires puérils me secouait littéralement. Le pire était ce sentiment d'impuissance que je ressentais face au fait que quels que soient les moyens que j'employais pour lui expliquer que mes intentions étaient bonnes, elle persistait à ne pas l'entendre.

Dieu merci, durant cette période, je pouvais compter sur le soutien sûr et stable de Nicole et de David à mes côtés. Je continuais d'aller au travail et à la salle de sport, j'avais une séance de thérapie par téléphone une fois par semaine, et je passais du temps chez moi. Je ne voulais pas fuir la douleur que je ressentais, je voulais la rencontrer vraiment, l'accueillir consciemment et être aussi présente que possible à mes sensations. Un jour horrible, ma mère m'a envoyé un e-mail pour me dire que quelque chose ne tournait pas rond chez moi et que, à ses yeux, j'étais une étrangère. Je suis rentrée du travail ce jour-là en pleurant. Sentir à quel point ma mère refusait de se regarder en face, de prendre ses responsabilités et me rendait malade pour se préserver elle était juste hallucinant. Son attention était irrévocablement portée sur ce qui n'allait pas chez moi.

Après plusieurs mois de cette escalade de violence à travers nos échanges d'e-mails dans lesquels j'étais constamment la cible de ses accusations, de sa rage et de ses paroles humiliantes et blessantes, j'ai fini par arrêter de répondre à ses messages. À la suite de mon silence, ma mère essaya de me contacter par d'autres moyens. Prétextant qu'elle s'inquiétait pour moi, elle me transmit l'information qu'elle avait lu tous mes journaux intimes, encore entreposés dans son sous-sol. Je me suis sentie tellement violée que j'ai immédiatement fait l'aller-retour pour aller récupérer tous mes carnets. Bien que je lui eusse demandé de ne plus le faire, elle continuait à me contacter, et moins je répondais, plus ses communications devenaient outrancières, jusqu'à me menacer de venir me voir chez moi si je continuais à ne pas lui répondre. Elle a commencé à voir ma thérapeute comme la cause de notre rupture et essayé de me convaincre que j'étais en train de subir un lavage de cerveau de la part de Nicole. Ma mère m'imaginait être la victime impuissante d'une thérapeute contrôlante et se percevait elle-même dans le rôle de la mère inquiète, déterminée à sauver son enfant. Son évaluation chaotique de la situation contrastait fortement avec la réalité de cette période-là de ma vie qui était plus réussie, stable et épanouissante que jamais auparavant. Elle a commencé à menacer de venir me trouver sur mon lieu de travail si je continuais à ne pas répondre à ses e-mails.

En regardant en arrière, je comprenais que ce conflit signait une rupture dans la lignée maternelle, comme une suite logique à ma croissance intérieure qui m'avait permis de lever le voile sur la nécessité vitale de rompre avec cette dynamique toxique, sévissant à travers notre relation mère-fille. Pour certaines, ce genre de rupture aboutira à renforcer et à assainir le lien qui les unit à leur mère, mais pour celles dont les familles sont profondément dysfonctionnelles, il sera peut-être nécessaire d'envisager une rupture durable. Il arrive que le système familial ne soit pas en mesure d'accueillir le désir d'autonomie d'une fille, rejetant sa capacité à exprimer ses désaccords, à valoriser son estime personnelle, à arrêter d'en faire trop, à arrêter de se soumettre, à prendre sa place et à accorder la priorité à son propre bien-être.

Il devenait évident que voir ma croissance comme une façon saine de me réaliser, fruit de mon propre travail intérieur de ces dix dernières années, était impossible pour ma mère, tout cela représentant une trop grande menace à ses yeux.

Dans ma famille, refouler les véritables sentiments de l'enfant intérieure lorsqu'on est adulte semblait un acte héroïque, une preuve d'amour, une forme de compassion. Mon refus de ravaler ma douleur, comme ma mère l'avait fait par rapport à sa propre mère, a été vécu comme une trahison ultime, d'autant plus que j'entretenais une relation forte avec une autre femme – ma thérapeute – que ma mère considérait de plus en plus comme son ennemie jurée. Elle continuait, de manière indirecte, à diaboliser Nicole, en lui prêtant l'intention de me faire du mal, de me contrôler et de me laver le cerveau. Aussi extrême et dérangeant que soit ce point de vue, je crois que ma mère était complètement inconsciente de ses motivations psychologiques et de ses intentions.

Pour autant, je ressentais que ses froides agressions venaient en réponse au fait que je ne suivais pas la règle de notre lignée maternelle, à savoir : « Absorbe la douleur de ta mère en la faisant tienne, et un jour ta fille fera la même chose pour toi. » En exprimant respectueusement ma propre vérité et en suggérant que nous travaillions ensemble pour établir une nouvelle dynamique plus saine dans notre relation mère-fille, j'avais entrepris un changement de comportement. Je ne pouvais pas savoir qu'à travers cela je rompais le contrat tacite qui régissait notre relation et celle de ma lignée maternelle dans son ensemble. Ma mère paraissait considérer mes efforts répétés pour parvenir à me faire comprendre comme des tentatives mesquines visant à la contrôler et à la mettre mal à l'aise. Le fait que je n'aie pas renoncé malgré les difficultés et que j'aie continué d'affirmer mon droit à me fier à mes propres perceptions lui semblait insupportable et a finalement fait remonter à la surface tout son traumatisme non résolu. J'en suis arrivée à comprendre que son comportement extrême provenait de la douleur causée par une blessure maternelle présente depuis très longtemps dans ma lignée. Des indices ont fait leur apparition tout autour de moi, dès l'instant où j'ai commencé à en chercher. Les pièces du puzzle ont commencé à se rassembler au fur et à mesure que notre relation se détériorait.

« On ne naît pas femme, on le devient. Et durant cette gestation, notre humanité est détruite. On devient un symbole de ceci, un symbole de cela : tantôt mère de la terre, tantôt salope de l'univers ; mais une femme ne devient jamais elle-même parce que cela lui est interdit. »

ANDREA DWORKIN

Une femme qui devient plus saine et plus autonome représente souvent une menace pour l'équilibre au sein d'un système familial toxique. Plus la famille est dysfonctionnelle, moins l'individualité est tolérée et plus la famille redouble d'efforts pour amener la femme à se remettre en question, à douter d'elle-même et à se sentir coupable. Toutes sortes de conflits et de drames peuvent s'ensuivre.

De nombreuses mères ne transmettent pas toujours la blessure aussi fortement qu'elles l'ont reçue de leur propre mère. Ce qui ne veut pas pour autant dire qu'il n'y a pas de conflit. En réalité, il arrive que des filles plus saines que leur mère se sentent plus aptes à utiliser ce conflit pour grandir, ce qui peut paraître incompréhensible et dangereux aux yeux de leur mère.

L'une des expériences les plus difficiles qu'une fille puisse vivre dans une relation mère-fille est de voir à quel point sa mère s'enferme inconsciemment dans sa médiocrité. Lorsque nous nous trouvons dans cette situation difficile, il est vraiment douloureux en dehors de notre propre blessure de constater que la personne qui nous a donné naissance perçoit inconsciemment notre autonomisation comme sa propre perte.

En fin de compte, au-delà du caractère personnel, il s'agit d'une réalité tragique de traumatisme non résolu, transmis de génération en génération, construit par notre culture patriarcale, qui considère les femmes comme des moins que rien.

Nous ressentons toutes cette soif d'exister, d'être perçues exactement telles que nous sommes, d'être reconnues et aimées vraiment, dans toute notre authenticité. C'est un besoin humain. Le processus pour laisser advenir notre véritable moi implique d'assumer notre capacité à être sauvages, intenses, affirmées et complexes – ces mêmes caractéristiques décriées par le patriarcat, qui les considère comme peu séduisantes chez une femme.

Historiquement, l'idée que les femmes soient reconnues comme de véritables personnes a toujours soulevé l'hostilité dans notre culture

Selon le patriarcat, une femme attirante est une femme qui plaît aux gens, toujours d'accord avec tout, qui prend en charge les problèmes émotionnels de tout le monde, qui évite les conflits et supporte les mauvais traitements. Dans une certaine mesure, voilà le genre de message qu'une mère transmet inconsciemment à ses filles, les encourageant ainsi à grandir loin d'une version authentique d'elles-mêmes. Cependant, chaque nouvelle génération de femmes porte en elle et apporte, en naissant, cette soif d'exister pleinement. Chaque nouvelle génération de femme assoiffée d'authenticité affaiblit de plus en plus le patriarcat en s'imposant toujours plus impérieusement.

Devoir choisir entre notre propre désir d'exister et le désir d'avoir une maman

Cela constitue le principal dilemme pour les filles élevées dans le système patriarcal. Le désir d'être authentiques et le désir d'être maternées s'opposent, nous laissant avec cette impression de devoir choisir entre ces deux options.

Notre autonomisation dépend de comment notre propre mère a intégré ces croyances patriarcales et s'attend à ce que nous les respections, comme la condition qui permettrait une relation mère-fille harmonieuse.

Devenir la femme authentique que nous sommes implique bien souvent de devoir « rompre » avec la lignée maternelle.

À un certain niveau du spectre, la rupture peut provoquer des conflits nécessaires pour rétablir une relation mère-fille saine, servant ainsi à renforcer le lien, en le rendant plus authentique. À l'autre extrémité du spectre, lorsque les relations mère-fille sont vraiment malsaines ou abusives, la rupture peut réveiller des blessures non cicatrisées chez la mère, l'amenant à s'en prendre à sa fille ou à la renier complètement. Et dans certains cas, malheureusement, la fille n'aura pas d'autre choix que de rester indéfiniment à distance de sa mère pour préserver son bien-être émotionnel. Notre mère peut voir cette séparation/rupture comme une menace, un affront, une attaque personnelle et un rejet de qui elle est. Dans cette situation, constater la manière dont notre désir d'autonomisation ou de croissance personnelle peut conduire notre mère à nous considérer, aveuglément, comme si nous étions sa pire ennemie peut être déchirant intérieurement. Voici un exemple parmi les plus dévastateurs du prix à payer considérable imposé par le patriarcat dans la relation mère-fille pour devenir soi.

« Je ne peux pas être heureuse si ma mère est malheureuse. » Avez-vous déjà ressenti cela ? Habituellement, cette croyance vient de la douleur que nous éprouvons en voyant notre mère souffrir de sa propre déchéance intérieure, et de la compassion à l'égard de sa lutte face au poids des exigences patriarcales. Cependant, lorsque nous sacrifions notre propre bonheur pour nos mères, nous empêchons en fait la guérison nécessaire qui provient du deuil de cette blessure dans notre lignée maternelle. Et tout le monde reste bloqué. Quels que soient nos efforts, nous ne pouvons pas guérir nos mères et nous ne pouvons pas les obliger à nous voir telles que nous sommes. Accepter ce deuil est la seule chose qui nous permet de guérir. Accepter tout ce chagrin que nous ressentons pour nous-mêmes et pour notre lignée maternelle, tout en sachant que ce deuil autorise une liberté incroyable.

Chaque fois que nous avons le courage de nous accueillir dans ce chagrin, nous réunifions intérieurement toutes ces parties de nous-mêmes que nous avons dû renier pour être acceptées par nos familles.

Il est nécessaire de briser ces systèmes malsains pour trouver un nouvel équilibre plus sain et passer au niveau supérieur. Bien que cela puisse paraître paradoxal, déranger les schémas patriarcaux de la lignée maternelle au lieu de continuer à en être complices dans le but d'éviter de faire des vagues nous permet vraiment de guérir la lignée maternelle. Et il en faut du courage pour refuser de se conformer à ces modèles patriarcaux ancrés et très actifs dans le fonctionnement de nos familles.

Nous sommes appelées à devenir des êtres à part entière, dissociant notre valeur du respect des normes patriarcales.

Traditionnellement, on a enseigné aux femmes qu'il était noble de porter la douleur des autres, que la prise en charge émotionnelle était notre devoir et que nous devrions nous sentir coupables si nous nous écartions de cette fonction. Dans ce contexte, la culpabilité n'est pas une question de conscience mais de contrôle. Cette culpabilité nous garde entremêlées à nos mères, nous épuise et nous maintient dans l'ignorance de notre pouvoir. Il est temps que nous comprenions qu'il n'y a pas de véritable cause à cette culpabilité. Ce rôle de gardienne émotionnelle n'a jamais été un vrai rôle pour nous, c'est simplement une part de notre héritage d'oppression. Voyant les choses de cette façon, nous pouvons cesser de nous laisser contrôler par la culpabilité.

S'abstenir de s'occuper des émotions des autres et laisser les gens vivre leurs expériences est une forme de respect de soi et des autres.

Notre tendance à endosser tout le monde contribue au déséquilibre de la société et affaiblit activement les autres tout en les empêchant de se transformer.

Arrêtons de porter émotionnellement les autres.

Pour arrêter de le faire, il s'agit de comprendre la pure futilité que cette attitude représente. Nous devons refuser d'être la gardienne émotionnelle et le dépotoir de celles qui négligent de faire le travail nécessaire à leur propre transformation. Contrairement à ce qu'on nous a appris, nous n'avons pas à guérir toute notre famille. La seule guérison dont nous devons nous occuper est la nôtre.

Au lieu de nous sentir coupable de ne pas avoir pu guérir notre mère et les membres de notre famille, octroyons-nous le droit d'être innocente. C'est ainsi que nous reprenons naturellement notre propre pouvoir pour guérir notre blessure maternelle. Et par conséquent, nous redonnons leur pouvoir aux membres de notre famille, leur permettant ainsi de suivre leur propre route. Retrouver le sens de notre propre valeur en arrêtant de donner notre pouvoir aux autres, malgré leurs appels, crée un changement majeur au niveau de notre énergie.

Le prix à payer pour devenir la femme authentique que nous sommes ne sera jamais aussi élevé que celui de continuer à alimenter cette fausse version de nous-même…

Il est possible que nous nous retrouvions confrontée à un retour de flamme de la part de nos mères (et de nos familles), lorsque nous devenons davantage nous-même. Il arrive que nous soyons confrontée à de l'hostilité, du retrait, des conflits ou un dénigrement pur et simple de leur part. Les ondes de choc que cela produit peuvent ébranler tout le système familial. Et constater la rapidité à laquelle nous pouvons être rejetée ou abandonnée dès que nous arrêtons de prendre les autres en charge et incarnons l'être véritable que nous sommes peut être stupéfiant. Cependant, cette vérité doit être acceptée, et la douleur accueillie si nous voulons vraiment devenir celle que nous sommes. C'est pourquoi un soutien est essentiel.

Dans son article « Guérir la blessure maternelle (ou paternelle) », Phillip Moffitt décrit les quatre fonctions d'une mère : nourricière, protectrice, émancipatrice et initiatrice. L'auteur parle du rôle de la mère en tant qu'initiatrice comme étant « le plus désintéressé de tous les aspects, car elle encourage une séparation qui la laisse seule face à elle-même au-dehors ». Remplir cette fonction est intense même pour une mère qui a été pleinement soutenue et honorée dans sa propre vie, mais presque impossible pour les mères qui ont énormément souffert d'une part et pas suffisamment guéri leurs propres blessures d'autre part.

Le patriarcat, en privant la mère de cette même existence, limite considérablement sa capacité à initier sa fille à sa propre individualité. Ce qui prédispose sa fille à l'autosabotage, son fils à la misogynie, ainsi qu'au manque de respect à l'égard de la mère « terre », dont nous sommes tous issus.

C'est précisément cette fonction de mère en tant qu'« initiatrice » qui encourage une fille à vivre sa vie à elle, authentique et unique, rôle qui n'est possible à tenir que dans la mesure où la mère a vécu elle-même ce genre d'initiation, pour elle d'abord. Le processus d'une séparation saine entre mères et filles est fortement empêché dans la culture patriarcale.

Le fait que de nombreuses femmes passent leur vie à attendre que leur mère les initie à leur propre vie à elle alors que celle-ci est tout simplement incapable de remplir cette fonction est très problématique.

Il est très courant de voir que de nombreuses femmes reportent ce travail de deuil de la blessure maternelle en retournant constamment s'abreuver au « puits sec » de leur mère, en attendant encore la permission et l'amour qu'elle n'a tout simplement pas la capacité de leur donner. Au lieu d'accueillir pleinement la tristesse ressentie par ce deuil, les femmes ont tendance à s'accuser, ce qui les tire encore plus vers le bas. Nous permettre de pleurer le fait que nos mères ne peuvent pas nous donner cette initiation, qu'elles n'ont elles-mêmes jamais reçue, est aussi précieux que nous lancer consciemment dans notre propre initiation.

La rupture est en fait le signe d'une impulsion évolutive nous invitant à couper ces fils patriarcaux qui nous accrochent à notre lignée maternelle, à rompre cet enchevêtrement inconscient favorisé par le patriarcat, qui nous lie à nos mères, et à nous initier à nos propres vies.

Il est important de voir qu'en rejetant leur programmation patriarcale, nous ne rejetons pas nos mères. Ce que nous faisons en réalité, c'est demander à ces schémas impersonnels et limitatifs qui ont gardé les femmes en otage pendant des siècles de nous rendre notre force vitale.

Créez un espace sûr pour accueillir notre besoin d'être maternées

Même si nous sommes des femmes adultes, nous aspirons toujours à être maternées. Ressentir ce désir ardent de mère et savoir que notre propre mère ne peut pas combler ce désir, même si elle a fait de son mieux, peut être vraiment déchirant. Il est important de faire face à cette réalité et d'en faire le deuil. Notre désir est sain et a besoin d'être honoré. Offrir de l'espace à ce chagrin est l'une des tâches importantes que doit accomplir notre bonne mère intérieure, celle que nous pouvons être pour nous-mêmes. Ne pas pleurer de façon immédiate ce besoin non satisfait de maternage revient à prendre le risque de le voir s'infiltrer inconsciemment dans nos relations, provoquant douleurs et conflits.

Le processus de guérison de la blessure maternelle consiste à découvrir notre propre initiation au pouvoir et au but de notre vie.

À ce rôle de la « mère en tant qu'initiatrice », exprime Moffitt, « on associe le pouvoir de la chamane, de la déesse, du mage et de la femme médecine ». Alors que de plus en plus de femmes guérissent leur blessure maternelle tout en s'engageant en conséquence fermement dans leur propre puissance, nous parvenons enfin à trouver l'initiation que nous recherchions. Nous devenons capables d'initier non seulement nos filles, mais aussi notre culture dans son ensemble, laquelle subit une transformation massive. Nous sommes appelées à trouver, au plus profond de nous-mêmes, ce qui ne nous a pas été donné. Alors que nous revendiquons notre propre initiation en guérissant cette blessure maternelle, nous incarnons de plus en plus ensemble la déesse, donnant naissance à un monde nouveau.

À cette période de l'histoire, les femmes ressentent de plus en plus l'élan d'exprimer leur vérité et de perturber les schémas dysfonctionnels, partout où elles en perçoivent la nécessité. Cette « vérité perturbatrice » fait partie de notre puissance. Plus nous sommes habiles à amorcer et à naviguer au sein de conversations difficiles, plus nous apportons de profonds changements dans le monde, où que nous nous trouvions. Nous sommes entourées de systèmes et de façons d'être qui n'honorent pas la vie et qui s'effondrent. Nous avons le pouvoir de dérouter les affaires de leur voie traditionnelle, que ce soit dans notre famille, notre emploi, notre communauté ou notre nation. « Exprimer une vérité qui dérange » ne signifie pas créer le chaos ou le conflit par plaisir, c'est perturber le dysfonctionnement pour permettre au cours des choses d'évoluer à un niveau supérieur.

En tant que petites filles, beaucoup d'entre nous avons appris à nous méfier de nos observations et de notre intuition. Grandir dans nos familles, dire la vérité nous a parfois conduites à recevoir des punitions, à être humiliées, nous a contraintes à nous replier sur nous-mêmes ou à subir des violences physiques. Dire la vérité peut déclencher chez nous une peur viscérale à la simple idée de renforcer et d'utiliser nos voix comme force de changement. Nous avons peut-être été conditionnées à travers nos histoires douloureuses à éviter les conflits et à essayer de faire la paix à tout prix, afin de tenir cette peur à distance. C'est en acceptant de rencontrer ces peurs de l'enfance que nous parviendrons à dissoudre la paralysie que nous ressentons face à tous les défis actuels. Je crois que les femmes qui deviennent de plus en plus douées à engager des discussions difficiles seront les leaders les plus efficaces et les plus transformatrices de notre temps.

Exprimer des vérités qui dérangent exige de pratiquer le détachement dans ces deux principaux domaines :

1 – Nous détacher de notre besoin de faire la paix à tout prix.

Plus nous évitons les conflits, moins nous sommes réelles et moins nous permettons aux autres d'être authentiques. Il existe un lien direct entre notre capacité à gérer les conflits et notre capacité à être vraies. Le fait que nous ayons vécu dans des foyers chaotiques en proie aux conflits durant notre enfance nous a peut-être conduites à formuler en nous le vœu, pour assurer notre sécurité, de ne plus jamais créer ou contribuer à aucun conflit. Ce vœu nous a peut-être sécurisées en tant qu'enfants, mais il peut devenir un obstacle à notre plein pouvoir en tant que femmes adultes, lorsque nous continuons de l'appliquer aveuglément, sans vérifier avant s'il est adapté ou pas à la situation que nous vivons. Être en mesure de nous ajuster à toutes les situations pour les faire évoluer à un niveau supérieur implique que nous soyons intérieurement connectées à une source profonde, à travers laquelle nous trouvons une stabilité, une solidité et du réconfort lorsque la tempête gronde dehors.

2 – Nous détacher de notre besoin d'être aimée, comprise et approuvée à tout prix.

Il est naturel d'apprécier être aimée et comprise. Mais en « avoir besoin » pour se sentir bien représente une forme de dépendance à travers laquelle on se retrouve bien souvent à donner notre pouvoir aux autres. En tant que petites filles, nous avions besoin de nous sentir approuvées par notre mère et notre père pour survivre à notre enfance et nous en sortir intactes émotionnellement. Tout reposait sur ce lien. Lorsque ce lien a été compromis durant notre enfance, nous en arrivons, en tant qu'adultes, à confondre le fait d'être aimées et d'être en sécurité, plaçant ainsi notre source de sécurité émotionnelle en dehors de nous-mêmes, comme nous le faisions lorsque nous étions petites. Guérir implique que nous soyons en mesure de nous approuver nous-mêmes en tant que source principale. Ce n'est qu'à partir de cette source intérieure que nous devenons capables de prendre des risques en nous révélant dans notre authenticité, en osant dire la vérité, et que nous éprouvons la joie immense que procure le fait d'agir en accord avec sa vérité. Avoir la capacité de valider notre propre réalité nous permet de goûter à un délicieux sentiment de liberté, alors que tant d'autres autour de nous n'y parviennent pas…

Développer notre force intérieure pour nous détacher de ces deux « causes de silence » nous demande de cultiver une relation solide avec la petite fille en nous et d'affronter ses peurs. Tant que notre enfant intérieure croit que le fait de dire la vérité entraîne d'importantes pertes, nous éviterons de parler. Cette enfant intérieure est souvent à l'origine de nos autosabotages et de nos silences, croyant ainsi nous protéger. C'est elle qui veille aussi à ce que nous ne dépassions pas nos limites. Guérir la blessure maternelle et devenir une « mère intérieure » aimante pour cette enfant intérieure nous ouvre la voie, nous permettant ainsi d'exprimer notre vérité à partir de notre puissance intérieure et de notre amour de nous-mêmes. Au lieu de continuer à considérer les anciens schémas limitatifs de notre enfance comme ses repères de sécurité, l'enfant intérieure va petit à petit commencer à se tourner de plus en plus vers nous, vers cette part adulte en nous, pour être rassurée et réconfortée.

Le lien intérieur entre notre enfant intérieure et notre part adulte (notre mère intérieure) représente une base solide sur laquelle nous pouvons nous appuyer pour exprimer ces vérités qui dérangent et opérer une véritable transformation tout autour de nous.

Voici quelques brefs exemples concrets. (Les noms et les détails ont été modifiés.)

Maya vivait dans une famille où ses parents subvenaient à ses besoins physiques, mais ignoraient systématiquement ses besoins émotionnels. Son père était un bourreau de travail et sa mère, anxieuse, comptait sur Maya pour assurer son soutien émotionnel. Sentant la fragilité de sa mère et la fragilité émotionnelle de la famille en général, Maya avait développé une hypervigilance chronique. Elle sentait qu'elle devait toujours « tenir la barre » pour combler le vide de sécurité émotionnelle que ses parents ne pouvaient pas fournir. Être silencieuse et vigilante était sa façon de se protéger.

En tant qu'enfant naturellement sensible et perspicace, elle était extrêmement consciente des non-dits à la maison, de la mauvaise humeur de ses parents et des tensions générales dans la famille et utilisait cette qualité pour prévenir ou éviter tout conflit. Devenue adulte, Maya était une cadre respectée de haut niveau dans son entreprise. L'un de ses talents, hérité de son enfance, consistait à discerner les non-dits pour harmoniser les situations et faire avancer les projets toujours plus près des objectifs. Se sentir suffisamment en sécurité pour partager ses observations avec le groupe dont elle faisait partie constituait son plus grand défi au travail. Son enfant intérieure, la petite Maya, terrifiée à l'idée que parler provoque la colère, l'énervement ou la déception des gens contre elle, a, de ce fait, gardé de nombreuses idées et observations pour elle pendant des années, doutant d'elle-même et se remettant constamment en question.

L'une des plus grandes avancées dans la guérison de Maya a consisté à ce qu'elle se connecte avec la petite Maya pour la rassurer, elle d'abord, avant que l'adulte Maya ne s'exprime. En approfondissant ce lien intérieur et en prenant de plus en plus de risques en disant la vérité, son enfant intérieure a commencé à comprendre que dire la vérité n'était plus aussi dangereux que lorsqu'elle était petite. Ça pouvait aussi être un moyen d'aider les autres et de rester fidèle à elle-même ! Elle a découvert avec bonheur qu'elle pouvait survivre au fait que d'autres personnes ne l'aimaient pas et que, bien souvent, il ne s'agissait que d'une déconnexion temporaire qui aboutissait ensuite à des relations plus authentiques. Les résultats étaient flagrants ; lorsque Maya a commencé à partager ses observations de manière cohérente dans son travail, tout s'est amélioré. Elle se sentait plus efficace, était plus respectée et recherchée que jamais au sein de son entreprise et le succès de ses projets grandissait de façon exponentielle. Maya se sentait de plus en plus apte à mettre consciemment son talent à dire la vérité à profit et s'exaltait d'utiliser chaque occasion qui se présentait comme un moyen de faire avancer les choses de manière positive, tout en restant intérieurement centrée et confiante. Avant cela, Maya avait essayé toutes sortes d'ateliers, de livres et autres méthodes pour en finir avec sa peur de s'exprimer. Ce n'est que lorsqu'elle a cultivé un lien profond avec son enfant intérieure qu'elle a enfin pu la dépasser.

Partager notre vérité est utile aux autres, même lorsque leur égo réagit négativement. Ayons confiance dans le fait que lorsque quelque chose est profondément vrai pour nous, cette vérité servira également les autres, même si nous ne comprenons pas comment.

Une autre femme, Liza, a appris dès son plus jeune âge que, pour se sentir en sécurité, elle devait se couper de ses besoins émotionnels et se soumettre aux exigences de sa mère. Après un accident physique dévastateur à l'âge de quatre ans, où sa mère avait pansé ses blessures physiques tout en ignorant froidement ses besoins de réconfort émotionnel, Liza avait fait le vœu de supprimer ses vrais besoins et d'obéir à sa mère dans une tentative désespérée que sa mère l'apprécie. Ce schéma s'est poursuivi jusqu'à l'âge adulte, où Liza continuait de céder son pouvoir à ses patrons, ses enseignants spirituels et ses partenaires amoureux. Ce n'est que lorsqu'elle a développé une maladie chronique qu'elle a compris qu'elle devait dire sa vérité, quel qu'en soit le coût. Briser ce schéma impliquait de retrouver un accès à une indignation saine au nom de son enfant intérieure, la petite Liza, qui assimilait l'obéissance et le silence à une sécurité. Ressentir une indignation légitime au nom de l'enfant qu'elle était et pleurer toute l'ampleur de la souffrance vécue dans son enfance lui a permis de ressentir de plus en plus sa propre valeur et d'accéder à la force d'exprimer sa vérité à son mari, qui plaçait ses propres besoins avant les siens depuis des années. En développant une relation amoureuse avec son enfant intérieure, Liza a commencé à voir les anciennes croyances fonctionner et comment elles l'ont maintenue coincée pendant des années. Liza a dit sa vérité à son mari et a amorcé une séparation. Elle s'est également défendue dans son travail, où elle s'était tue, supportant des dynamiques qui l'épuisaient depuis des années. Avec un sens viscéral de légèreté et en lien croissant avec son enfant intérieure, Liza entre dans un tout nouveau chapitre de sa vie avec plus de confiance et plus de force intérieure que jamais.

Nous exprimer dans un domaine peut nous aider à le faire dans les autres.

Michelle est une entrepreneure qui est non seulement douée en affaires, mais aussi en arts visuels. Cette jeune fille dynamique et talentueuse avait supprimé en elle cet élan artistique que sa mère n'approuvait pas. Chaque fois qu'elle avait évoqué son amour pour la peinture et son désir d'être artiste, sa mère s'était retirée ou avait grogné son désaccord férocement. Michelle avait donc rayé cette partie sauvage, sage et intuitive d'elle-même et s'était plongée dans une carrière de femme d'affaires. Cette autoélimination s'était répandue dans d'autres domaines, l'amenant à choisir des partenaires irrespectueux, à surcharger son emploi du temps au travail et à tolérer un comportement inapproprié de la part de ses employés. Sa guérison est survenue lorsqu'elle s'est connectée avec la petite Michelle, transformant ce sentiment de honte qu'elle ressentait face au fait d'être différente en un sentiment de fierté, réhabilitant son côté sauvage et créatif en tant que partie unique et précieuse de ses dons. Tandis qu'elle validait son enfant intérieure en proclamant l'aspect divin et aimable de son côté sauvage et créatif, elle commença à voir toutes ces fois où elle avait laissé les autres la négliger et la sous-estimer. Cette prise de conscience et son sens grandissant de ce qui avait de l'importance l'ont encouragée à assumer sa valeur et à en demander plus à ses employés, aux donateurs de son entreprise et à son partenaire amoureux. Certaines personnes ont quitté sa vie, mais de nouvelles relations plus nourrissantes ont fait leur apparition. Michelle a eu l'impression de faire un saut quantique. Utiliser sa voix lui a permis d'améliorer la qualité de tout ce qui l'entoure, son sens de l'efficacité en tant que leader et son inspiration comme peintre sont montés en flèche. Où que nous soyons, nous pouvons toujours exprimer notre vérité la plus profonde. Une vérité soutient toutes les autres.

Les moments de notre vie quotidienne où nous devons faire entendre notre vérité :

— Quand les gens parlent de nous.
— Quand les autres parlent mal de nous.
— Quand les autres ont des projets pour nous.
— Quand nos limites ne sont pas respectées.

Être en mesure de prendre la parole dans notre vie quotidienne nous permet d'être plus entendues dans des situations à plus grande échelle, par exemple lorsque :

— Un groupe perd de vue son objectif.
— Des personnes ou d'autres êtres vivants sont blessés.
— Des droits sont bafoués.

La grande majorité des catastrophes auxquelles nous sommes confrontés proviennent de ce silence intentionnel et continu des femmes et des personnes de couleur, autant que du fait que la Terre elle-même soit dépréciée. Quelle que soit la manière dont nous pouvons nous faire entendre, faisons-le. Et chaque fois que nous pouvons aider d'autres femmes et personnes de couleur à exprimer leur propre vérité, nous devons le faire. Les femmes de couleur subissent encore plus d'injonctions à se taire que les femmes blanches. Pour celles d'entre nous qui sont privilégiées de quelque manière que ce soit, nous devons ouvrir un espace, briser le silence, écouter et amplifier les voix des autres minorités lorsque nous en avons la possibilité.

Chacun de nous a la possibilité en ces temps de faire entendre sa voix et de contribuer à un changement positif. Soutenons-nous les unes les autres dans un esprit solidaire alors que nous prenons de plus grands risques pour incarner cet être authentique et unique que nous sommes.

En nous appuyant sur nos observations et nos intuitions en tant que sources de vérité et en arrêtant de les taire par peur de l'insécurité ou du rejet, nous trouvons la force de faire entendre notre propre voix. Et cette force, on la puise aussi à travers la fraternité. Que chacune d'entre nous soit cette femme auprès de laquelle les autres femmes peuvent se tourner pour trouver l'inspiration et les encouragements à rester fidèles à elles-mêmes, à exprimer leur vérité et à mettre cette vérité en action.

Questions pour réfléchir :

— À quoi ressemblaient les conflits dans votre famille ?
— Qu'est-ce qui vous empêche généralement d'amorcer des conversations difficiles ?
— Que vous manque-t-il pour progresser dans votre capacité à exprimer des vérités qui dérangent ? Quelles croyances devez-vous abandonner ?

8

Les limites

Au cœur du conflit avec ma mère se posait une question de limites. Avoir des limites signifie être une personne à part entière. Dans ma famille, mettre des limites à sa propre mère, lorsqu'on est une fille, était considéré comme une trahison, un signe d'ingratitude et d'immaturité. Ma rupture dans la lignée maternelle a mis en évidence ce contrat familial tacite selon lequel une fille devrait toujours être d'accord avec sa mère, systématiquement joyeuse, absorber les émotions négatives, apaiser les peurs de sa mère en silence, et toujours faire en sorte de rendre sa mère prioritaire par rapport à elle-même.

Aux yeux de ma famille, un enfant qui posait des limites témoignait d'un manque de respect, d'amour, et tentait forcément de prendre le contrôle. J'avais déjà subtilement ressenti cela, mais sans vraiment arriver à mettre le doigt dessus. Ce conflit ouvert avec ma mère me confirmait clairement que mes perceptions avaient toujours été douloureusement justes, au-delà de ce que je pouvais imaginer.

Ma mère continuait à contredire mon expérience vécue, choisissant de m'accuser, de me traiter de mauvaise fille et de me faire savoir, à moi comme au reste de ma famille, que quelque chose ne tournait pas rond chez moi. Elle semblait incapable d'assumer la responsabilité du mal que son comportement me faisait et dépensait une énergie folle à essayer de me faire comprendre à quel point j'avais tort. Elle était allée jusqu'à accuser ma thérapeute, Nicole, et avait même essayé de la rencontrer sous un faux nom.

Nicole avait fait installer des caméras de sécurité sur sa propriété et parlé à un policier de l'État du Connecticut, qui, je crois, avait appelé ma mère directement et lui avait dit que si elle continuait à harceler Nicole, l'État du Connecticut porterait plainte contre elle. Ma mère continuait à me menacer de débarquer chez moi et sur mon lieu de travail à l'improviste tant que je refuserai de la rencontrer. C'en est finalement arrivé au point où, me sentant tellement en danger, je n'eus pas d'autre choix que de réclamer une mesure d'éloignement contre elle pour faire cesser ce comportement. (Ma demande a été refusée au prétexte que ma mère ne m'avait pas menacée physiquement.) La situation était devenue aussi tragique que surréaliste.

J'avais tellement cru qu'une famille qui s'aime ferait toujours tout pour arranger les choses. Or, la situation me montrait, jour après jour, que ma famille et moi n'avions pas la même définition de l'amour. Pour eux, visiblement, aimer signifiait subir des abus en silence, mettre les choses sous le tapis, oublier sa propre douleur et afficher un visage heureux. L'amour était synonyme de déni. Aimer signifiait se taire. Aimer, c'était garder des secrets. Et finalement, aimer revenait à s'abandonner soi-même. Cette façon de se taire et de s'effacer que préconisait ma famille faisait plus largement écho aux attentes patriarcales qui demandent aux femmes d'accepter leur condition d'être inférieur, ne méritant pas d'avoir une existence bien à elles.

Poser des limites, telles que demander cette mesure d'éloignement, et tenir tête à mon père lorsqu'il insistait pour que je continue à être la « thérapeute » de ma mère était terriblement effrayant, tout en étant à la fois stimulant. J'étais en train de me libérer de tant de poids que j'avais porté toute ma vie, y compris des rôles dans lesquels j'avais fonctionné pour protéger mon père de ma mère et mon frère de mon père – absorbant comme une éponge les ondes de choc de leur douleur et de leurs émotions inconscientes pour leur épargner ce travail. J'ai également réalisé à quel point mes parents se sentaient démunis face aux conflits personnels et à quel point leur éducation les avait privés de compétences, d'outils et de modèles pour savoir les gérer. Bien que leur souffrance fût visible, ils paraissaient être dans une telle résistance à grandir et à changer !

Plus j'avançais dans ma guérison, moins je tolérais et acceptais les anciens comportements auxquels je m'étais tant accrochée pour maintenir la paix dans ma famille. Découvrir en moi cette capacité nouvelle à fixer des limites a été une expérience très libératrice. Je n'oublierai jamais ce jour où juste après avoir posé une limite à ma mère par e-mail, j'avais constaté avec surprise que ma vision physique était soudainement devenue plus nette et les couleurs autour de moi plus vives. C'était comme si j'avais vécu dans une brume qui maintenant se dissipait. Le fait que mon sens de la vue se soit ainsi aiguisé immédiatement après avoir posé cette limite m'avait stupéfiée. Après chaque échange dans lequel j'arrivais à tenir bon, je retrouvais ma force vitale. Au fond de moi, j'avais toujours su que fixer des limites entraînerait une rupture chaotique avec ma famille. Mais grâce à cette nouvelle clarté acquise, je comprenais que briser ce cycle signifiait aussi récupérer ma propre vie, une vie qui sera vraiment la mienne.

« Je choisirai ce qui entrera en moi, ce qui deviendra chair de ma chair. Sans choix, aucun avis, aucune éthique ne subsiste. Je ne suis pas votre esclave, ni votre poule aux œufs d'or, ni votre veau gras, ni votre vache à lait. Je ne vous autorise pas à m'exploiter comme une usine. Les prêtres et les législateurs ne sont pas actionnaires de mon ventre ou de mon esprit. Ceci est mon corps. Si je vous le donne, je veux pouvoir le récupérer ensuite. Ma vie est une revendication non négociable. »

MARGE PIERCY, « Droit à la vie »

Il y a tellement de choses à dire au sujet des limites et pour saisir à quel point elles jouent un rôle essentiel au niveau de l'estime de soi. Sans limites fermes, nous nous retrouvons facilement emmêlées aux autres, nous obligeant à les porter émotionnellement, à nous sentir responsables d'eux ou à négliger nos propres besoins. Lorsque nos limites sont trop strictes, en revanche, nous nous isolons et repoussons les autres.

Les limites sont saines lorsqu'elles sont « sélectivement perméables ». C'est-à-dire ni trop rigides ni trop souples. En les rendant flexibles, nous pouvons adapter nos limites soit en les ouvrant davantage, soit en les resserrant selon le besoin du moment, un peu à la manière dont fonctionne une cellule saine.

Nos limites sont toujours en lien avec nos besoins d'attachement primaires en tant qu'enfants. Elles nous interrogent sur ce qui est nous, et ce qui est l'autre. Nous avons tous commencé dans la vie par exister à travers un « nous », en tant que nourrissons liés à nos mères. Être solidement attachées à nos mères nous a permis d'intérioriser ce sentiment de sécurité indispensable à l'établissement des bases de notre conscience de nous-mêmes.

Sans cette étape d'attachement à nos mères, nous risquons de développer un sentiment d'insécurité intérieure, nous conduisant à un niveau inconscient, en tant qu'adultes, à toujours rechercher cette sécurité à l'extérieur.

C'est ce qui conduit certaines d'entre nous à avoir un sens des limites très flou, laissant entrer quiconque leur témoignant un peu d'attention ou d'affection, ayant tendance à faire trop confiance ou faisant preuve d'une trop grande tolérance à l'égard des mauvais traitements que leur infligent les autres. Ne pas savoir poser de limites nous fait prendre le risque d'être exploitées par les autres et peut nous amener à vivre sur des montagnes russes émotionnelles, à cause de ce sentiment de sécurité pas encore suffisamment ancré en nous-mêmes.

Nous sentir en confiance dans cette sécurité intérieure

Une des étapes importantes dans l'acte de restaurer des limites saines consiste à apprendre qu'aucune personne extérieure ne peut nous apporter la sécurité intérieure dont nous avons besoin, cela n'étant vrai que dans cette époque révolue de la petite enfance. Cependant, en tant qu'adultes, nous pouvons faire le deuil de cette chance perdue et apprendre à développer cette sécurité à l'intérieur de nous.

Nous connaître en tant qu'individus est essentiel pour vivre une véritable intimité et établir des relations avec les autres. Au fur et à mesure que nous devenons conscientes de qui nous sommes, nous parvenons à une meilleure connaissance de nos besoins, de nos désirs et de nos préférences. Prendre le temps et l'espace dont nous avons besoin pour accomplir notre travail intérieur est une façon importante de prendre soin de soi, ce qui renforce en profondeur notre sentiment d'intégrité. Mieux centrées et ancrées dans notre conscience de nous-mêmes, nous pouvons devenir de meilleures partenaires et amies.

L'ancien paradigme : nous conformer aux attentes des autres pour être mieux acceptées

Nous sommes l'unique experte de nous-même. Être soi-même, avoir des besoins et des préférences différentes de celles des gens qui nous entourent est parfaitement légitime. Alors même que cela nous semble évident, nous sommes entourées d'images de femmes désirables semblant « prêtes à l'emploi » et totalement disposées à se laisser dominer. Ces messages restent dans notre subconscient jusqu'à ce que nous les éliminions volontairement.

Ce à quoi nous renonçons va déterminer le taux de réussite de ce que nous acceptons.

Nos limites définissent ce que nous acceptons et ce que nous n'acceptons pas. Apprendre à dire non est à la fois une compétence et un art. Avant de poser une limite, il est important de prendre le temps nécessaire pour accueillir les émotions présentes en nous, comme la rage et la peur, pour que nos échanges s'établissent dans le respect de notre intégrité. Chaque fois que nous parvenons à énoncer un « non » clair et net, sans amertume ni négativité, nous révélons un haut niveau d'estime de soi.

Parfois, aimer quelqu'un implique d'affirmer nos différences, pas nos similitudes.

Lorsque nous acceptons la honte que les autres projettent sur nous à cause de leur propre névrose non guérie, nous perdons notre pouvoir. Nous pouvons soutenir les autres, non pas en accueillant leur douleur comme si c'était la nôtre, mais en mettant en évidence leur capacité à faire de nouveaux choix. Arrêtons de nous sentir obligées de prendre en charge une douleur qui ne nous appartient pas.

Frontières saines et souveraineté

La honte est une émotion toxique qu'on nous inculque dès l'enfance et qui affaiblit notre volonté, réduit notre sentiment de confiance en nous et de puissance, nous rendant donc plus conformes aux désirs des autres.

Fixer des limites fermes et saines nous permet de sortir de la honte toxique peut-être vécue dans notre enfance et d'affirmer notre souveraineté en tant qu'individus, disposant du droit et du pouvoir de définir qui nous sommes et ce que nous laissons entrer ou non dans notre propre espace sacré.

Éprouver de la compassion tout en posant des limites fermes

Dans le prolongement de l'idéal culturel que *toutes* les mères sont nécessairement de « bonnes mères », qui se sacrifient en permanence et font passer les besoins des autres avant les leurs, beaucoup d'entre nous ont grandi avec la croyance inconsciente que nous sommes de « bonnes personnes » lorsque nous laissons les autres nous maltraiter en leur accordant le bénéfice du doute ou en empruntant des chemins balisés. Mais le problème est que, trop souvent, la compassion que nous ressentons envers des personnes blessées nous empêche de poser des limites fermes, là où elles seraient nécessaires, nous plaçant ainsi involontairement en situation périlleuse. En d'autres termes, il existe une croyance commune selon laquelle nous devons ressentir de la compassion pour ceux qui nous font du mal, et qu'il est malvenu de les tenir responsables de leurs actions au prétexte qu'elles n'avaient pas l'intention de nous nuire.

La vérité est que nous pouvons appliquer les *deux*. Éprouver de la compassion tout en posant des limites fermes n'est pas incompatible ! Les deux doivent aller de pair. Ne nous sentons pas coupables de tenir les gens pour responsables. Être dans la compassion ne demande pas de mettre en veilleuse notre instinct protecteur. Être dans la compassion ne nous oblige pas à nous exposer volontairement aux nuisances. La métaphore du chien enragé exprime bien ce concept. Si un chien clairement contaminé par la rage s'approchait de vous, vous sauriez instinctivement garder une distance avec cet animal pour assurer votre sécurité, mais cette distance ne vous empêcherait pas de ressentir aussi de la compassion pour l'animal malade. Vous éprouveriez probablement les deux à la fois : un besoin évident de garder vos distances et une profonde empathie pour la maladie du chien, qu'il a contractée malgré lui.

Nous avons besoin de nous sentir en droit d'établir cet équilibre clair entre compatir et contenir au sein de nos relations. Poser des limites fermes et limiter les interactions avec des personnes inconscientes est une façon de nous automaterner. Sous couvert de choisir l'option de la tranquillité ou encore de vouloir paraître la plus adulte et la plus sage, nous en venons à supporter des comportements toxiques, en particulier celles d'entre nous qui, en tant qu'enfants, ont dû, pour survivre, choyer des parents violents ou ont vu leur mère ou leur père tenir ce rôle pour leur conjoint. Sachez qu'en tant que femme adulte autonome, vous n'avez pas besoin d'être entourée de personnes qui ne vous honorent pas. Nous n'avons pas besoin d'être le déversoir du comportement inconscient d'une autre personne ou des blessures non guéries des autres. Il arrive que, lorsque nous posons des limites, les gens se mettent en colère du fait que ces limites les placent face à leurs propres émotions, au lieu que ce soit nous qui portions leur fardeau émotionnel à leur place. Ne prenons pas la responsabilité de leur douleur, car, en fin de compte, cette attitude ne sert personne.

C'est à nous de décider de la façon dont nous employons notre propre énergie, de ce que nous autorisons ou non dans notre espace. Et nous n'avons pas à nous justifier d'agir selon ce qui est bon pour nous. C'est une forme de revendication de notre pouvoir personnel, une forme d'amour-propre. Je vous nvite à méditer sur ces questions : Que tolérez-vous dans vos relations ? Où avez-vous besoin de renforcer vos limites ? Comment le fait de cautionner certains comportements toxiques a-t-il épuisé votre énergie ? En quoi fixer une limite plus ferme libérerait-il votre énergie et votre vitalité ?

Pour les autres, faire partie de notre vie est un privilège… pas un droit.

Alors que nous continuons à prendre la mesure de notre vraie valeur, nous sommes moins disposées à supporter les personnes, les circonstances et les situations de notre vie qui ne reflètent pas notre valeur et notre respect de nous-mêmes. Personne n'a de droits sur notre monde à nous, et personne n'a de droits sur notre temps. Si les gens veulent avoir le privilège d'être dans notre vie, ce privilège doit être gagné en nous traitant avec considération et respect. Au fur et à mesure que nous émergeons dans une plus grande estime de nous-même et que nous établissons de nouvelles limites, les personnes qui, par le passé, s'octroyaient le droit d'avoir une place dans notre vie peuvent protester ou s'opposer, cherchant inconsciemment à faire naître en nous un sentiment de culpabilité ou d'obligation, peuvent en arriver à nous traiter d'ingrate ou d'égoïste de tenir aussi fermement nos limites.

Sachons que nous avons toujours le choix. Nous ne sommes pas obligées d'accepter les demandes des autres et de renoncer à notre pouvoir. Faire part de nos limites et rester fermes, même face à la désapprobation extérieure, est une expression puissante de notre estime de soi.

Guérir du syndrome de la gentille fille

En tant que petites filles, on nous récompensait d'être en relation, accommodantes, silencieuses et invisibles. Le message implicite caché derrière cette attitude entretient l'idée que nous ne serions pas dignes de disposer de nous-mêmes.

Les messages concernant l'aspect dominant de l'apparence et de la séduction vont dans le même sens : « Votre corps ne vous appartient pas. Il existe seulement pour le plaisir des autres. » Ces messages culturels et familiaux transmis très tôt contribuent aussi à la construction d'une fausse version de nous-mêmes.

Nous débarrasser de cette fausse identité et découvrir notre être authentique est un processus de maturation, impliquant de séparer nos vrais besoins et vrais désirs des faux que nous avons empruntés pour survivre. Ce processus de découverte de nos vrais besoins et désirs authentiques nous amène à changer beaucoup de choses dans nos vies. Bien que cela puisse être très difficile, ces changements ne font qu'apporter de nouvelles formes de relations, de situations et de dynamiques plus adaptées, reflétant davantage celles que nous sommes vraiment. Les personnes habituées à ce que nous soyons soumises ou dociles peuvent se sentir surprises, furieuses ou gênées lorsque nous affirmons nos limites. Leurs sentiments leur appartiennent.

Sommes-nous prêtes à accorder aux autres la permission de ne pas apprécier nos limites ?

Ne soyons pas surprises de nous sentir mal à l'aise dès lors que nous nous aventurons sur ces nouveaux territoires, à des endroits où nos amis ou notre famille ne sont peut-être jamais allés eux-mêmes. Une grande partie de notre capacité à réussir et à créer le monde que nous souhaitons voir advenir dépend directement de notre capacité à accepter l'inconfort d'être mal perçues et détestées alors que nous évoluons et grandissons sur notre propre chemin. Nos limites ne sont que l'expression de n'appartenir fièrement qu'à soi-même.

Fixer des limites tout en étant dépendante financièrement

Pour les femmes qui dépendent encore financièrement de leur mère, poser des limites entraîne certains défis. Pour certaines d'entre nous, le soutien financier vient compenser le manque de disponibilité ou de soutien émotionnel que notre mère est incapable de nous offrir, et nous sentir coupables de le recevoir est inutile. Pour d'autres femmes, le comportement de la mère est si problématique que recevoir un soutien financier de sa part les plonge dans une grande insécurité, liée au fait que leur mère utilise potentiellement ce soutien pour les contrôler ou les manipuler. Chacune d'entre nous connaît sa propre histoire mieux que personne et peut agir en conséquence : faisons-nous confiance, demandons du soutien au besoin et prenons les mesures qui respectent le mieux notre propre sécurité physique et émotionnelle.

Quoi qu'il en soit, cette situation de dépendance financière à l'égard de notre mère est toujours une occasion particulière de guérir notre blessure maternelle. C'est en tout cas un contexte idéal pour commencer à nous affirmer comme étant notre principale source intérieure de soutien, et, tout en recevant cette aide financière, à nous percevoir comme une femme à part entière. Par exemple, nous pouvons déclarer que recevoir un soutien financier de la part de notre mère ne lui octroie aucun droit sur nous et que nous ne lui devons ni rôle particulier, ni masque, ni histoire en échange de ce soutien qu'elle nous offre. La façon dont nous nous positionnons dans cette relation, tout en recevant ce soutien, nous permet de progresser de manière saine et significative, le mieux étant d'avancer un pas après l'autre. La façon dont notre mère réagit dans ce contexte précis nous apporte aussi plus d'informations sur la relation et les prochaines étapes à franchir, en tant qu'individu au sein de cette relation. Demander l'aide d'un thérapeute ou d'un conseiller peut également être extrêmement utile dans ces moments-là.

Lorsque j'ai eu besoin que ma mère me loge, pendant l'obtention de ma maîtrise, j'ai eu une conversation avec elle, peu de temps après avoir emménagé, à un moment où nous étions toutes les deux d'humeur positive. J'avais pu lui expliquer que même si j'appréciais sa proposition de me loger, mes limites étaient différentes maintenant que j'étais adulte. Je lui avais demandé, pour que la cohabitation se passe bien, de ne pas me parler de ses problèmes personnels liés à sa relation avec mon père ou d'autres membres de la famille. Elle avait entendu ma demande et ne m'avait pas rejetée. À partir de là, j'avais fait en sorte de maintenir un rapport léger entre nous, veillé à ne partager aucune information personnelle avec elle au-delà du strict minimum, et je me retirais ou changeais de sujet dès qu'elle commençait à franchir mes limites. Voilà un exemple de comment parvenir à filtrer nos rapports avec nos parents, afin de nous protéger en demeurant dans la conscience de leur dysfonctionnement, tout en restant fidèles à notre intégrité.

Nous sommes notre propre trésor. Nous nous appartenons.

Savoir poser des limites saines implique d'être connectées à notre valeur, d'être ancrées dans notre propre vérité et prêtes à communiquer avec respect et authenticité avec ceux qui nous entourent. C'est une compétence qui s'apprend, se pratique et s'affine au fil du temps. Au départ, cela semble effrayant, mais, à chaque fois, cela devient un peu plus facile et plus stimulant. Au fur et à mesure, nous commençons à attirer de plus en plus de personnes disposées à respecter ces nouvelles limites saines que nous posons. Les personnes qui refusent de le faire sortiront de notre vie.

Avoir des limites saines nous permet de nous sentir de plus en plus en sécurité, soutenues de l'intérieur, et aussi de gagner en efficacité dans tout ce que nous entreprenons.

De cette douleur que nous avons accueillie et traversée émerge un amour féroce et protecteur qui ne laisse entrer que le meilleur.

Dire non est un moyen de définir qui nous sommes, ce que nous apprécions et ce que nous envisageons pour nous-mêmes. L'une des choses les plus profondes qu'une femme puisse faire est d'apprendre à dire non de manière autonome.

Notre « non » est une épée qui tranche l'inutile au profit de l'essentiel, afin de nous permettre de vivre pleinement.

Nous sentir fatiguées et éprouver la sensation d'en avoir assez sont les signaux d'une étape importante de notre cheminement, un moment clé propice aux changements. Ce moment est déclenché par plusieurs causes, et arrive généralement en réponse à un ras-le-bol au sujet d'une situation que nous avons tolérée et qui nous est devenue insupportable. Il peut s'agir d'un refus émotionnel ou d'un simple ordre lancé par notre corps, nous envoyant l'information que quelque chose doit s'arrêter.

Nous vivons à une époque où nous sommes à cheval entre deux paradigmes : un ancien paradigme de lutte et de compétition et un nouveau paradigme d'abondance et de coopération. Toutes nos petites actions quotidiennes agissent puissamment par ricochets sur notre culture.

Le mot « non » étant l'expression d'une individualité, tout système de domination patriarcale, qu'il s'agisse du système familial, d'une société ou d'un organe politique le ressent comme une menace. Et c'est précisément pourquoi ce « non » est notre plus grand allié pour renverser l'oppression sous toutes ses formes. Beaucoup de petites filles n'ont pas eu l'occasion de dire non sans subir de perte, de punition ou de rejet en représailles. En tant qu'adultes, apprendre à établir des limites saines et solides fait partie du processus de notre individuation complète. « Non » est un muscle que nous devons renforcer en exprimant activement notre vérité et en nous abstenant de résoudre les tensions des autres à leur place.

Voici des exemples de nouvelles croyances à instaurer pour retrouver notre propre pouvoir :

« Je peux être aimée pour qui je suis. »

« Je peux accueillir le fait que les autres ne me comprennent pas. »

« Je suis en sécurité, même quand les autres ne m'apprécient pas. »

La saine affirmation de soi des femmes est une conséquence du travail intérieur.

La véritable assurance féminine s'installe après que nous avons accepté de ressentir cette colère au nom de l'enfant que nous étions autrefois, de cette petite fille qui a été exploitée à plusieurs niveaux. Trouver l'élan sain de protéger l'enfant que nous étions est la première chose à appliquer pour arrêter de cautionner toute forme d'exploitation en tant que femmes adultes. Tant que l'enfant intérieure croit que l'obéissance et le silence lui permettront d'être maternée, la femme continuera de renoncer à son pouvoir. Nous cessons d'avoir peur de notre colère lorsque nous comprenons qu'elle n'est pas la cause de l'abandon que nous avons expérimenté dans notre enfance. Faire le deuil de ce sentiment d'impuissance que nous avons ressenti dans le passé et sensibiliser l'adulte sain en nous aux atrocités que nous avons vécues nous aident vraiment à guérir. Tant que nous remettons à plus tard ce travail intérieur, nous continuerons à vivre des expériences teintées de cette impuissance dans nos vies d'adultes.

Ce travail intérieur est une façon de laver notre « non » des résidus du passé, en travaillant à aller au-delà de notre défensivité ou de la peur qui s'y rattache, de sorte que lorsqu'on l'exprime, il entre proprement en résonance avec le pouvoir, la clarté et le rayonnement de notre part authentique. L'élan de vie incroyable qui en découle transforme chaque situation en occasion de vivre notre vérité. Chaque « non » est une porte vers un plus grand oui.

Lindsay C. Gibson explique : « Selon des recherches, ce qui se passe dans la vie des gens importe moins que la lecture qu'ils en font. » Se faire aider pour cela est crucial. Travailler à partir de ce qui s'est passé pour remettre notre colère dans son juste contexte la libère et la transforme en connaissance de soi et en estime de soi. Le monde a besoin de plus de femmes adultes en lien avec la vérité de leur enfance. C'est le seul moyen que nous ayons pour pouvoir accueillir la réalité telle qu'elle est aujourd'hui et prendre des mesures permettant de sortir de cette voie périlleuse sur laquelle nous nous trouvons.

À cause de la discrimination liée à la suprématie blanche de la société patriarcale, les femmes de couleur ont toujours été forcées de résoudre les tensions des femmes blanches. C'est pourquoi il est essentiel pour les femmes noires, les femmes indigènes et toutes les autres femmes de couleur de refuser ces injonctions à résoudre ces tensions communautaires au profit des femmes blanches et de se soutenir les unes les autres dans cette action. Il est temps pour les femmes de couleur de se lever et de reprendre leur pouvoir comme jamais elles ne l'ont fait auparavant. Il est aussi temps pour les femmes blanches de s'informer sur le racisme et les préjugés inconscients, en tant que partie intégrante de l'héritage culturel et familial transmis de génération en génération, à différents niveaux. Cette connaissance est cruciale pour casser cet élan inconscient en nous qui consiste à systématiquement se tourner vers les autres pour résoudre nos problèmes. Les femmes blanches s'entraident en impliquant davantage leur responsabilité au travers d'un engagement encore plus profond en faveur de notre intégrité pendant ces temps de transformation.

La vérité est que retrouver notre valeur est tout sauf futile. C'est fondamental.

L'auteur et psychologue Mario Martinez dit que pour aller au-delà de ce que la culture nous a permis, nous aurions besoin de créer une « sous-culture du bien-être », qui validerait et célébrerait le nouveau paradigme. Nous avons besoin les unes des autres, et devons travailler main dans la main si nous voulons assurer cette transition vers une culture nouvelle qui valorise le féminin et la vie à plusieurs échelles : en nous-mêmes, chez les hommes, les enfants, les animaux et la planète elle-même.

Être fidèle à notre essence, à notre âme, à notre moi authentique servira toujours mieux le bien commun que cette autre version de nous-même, petite, complaisante et réduite, ne pourrait le faire.

Bien que cela puisse être inconfortable parfois, le jeu en vaut vraiment la chandelle ! Nous soutenir les unes les autres dans ces moments-là est important.

Mettre en lumière notre valeur, nos compétences est ce qui nous permettra d'incarner cette nouvelle page de l'histoire.

Pour supporter la tension qui accompagne le fait d'être un leader et une pionnière, il sera nécessaire de mettre en évidence la valeur que nous portons en nous, la sagesse, l'expérience, l'engagement et l'amour qui font qui nous sommes. Identifions ces réalités et gardons-les bien en mémoire jour après jour.

Reconnaître notre valeur s'apparente à une trahison à bien des égards, parce qu'en vérité, c'en est une. En créant le nouveau, nous trahissons l'ancien paradigme. C'est une trahison nécessaire, au même titre que les plaques tectoniques, qui, bousculant nos vies, permettent au monde de changer et de créer quelque chose de nouveau.

On pourrait même dire que cette trahison intergénérationnelle est nécessaire à l'évolution.

Comme le souligne le Dr Mario Martinez, comment évoluerions-nous si personne n'était prêt à prendre le risque d'être humilié pour entrer sur un nouveau territoire ?

Quel que soit l'inconfort que génère le fait d'incarner et d'exprimer davantage qui nous sommes vraiment dans ce monde, nous en avons les compétences. Savoir comment créer un puissant environnement intérieur d'amour de soi fait partie de nos aptitudes, car ce que nous avons à offrir au monde en rayonnant depuis notre vraie place est de l'or pur. C'est un modèle dans lequel chacun est gagnant, et ce sont les fondations du monde à venir.

La frontière ultime : naviguer sans contact

Pour certaines d'entre nous, guérir la blessure maternelle tout en restant en lien avec notre mère est possible. Dans ce scénario, la guérison permet de renforcer le lien en profondeur entre la mère et la fille, ce qui est magnifique. J'ai pu en voir quelques exemples, et c'est vraiment inspirant. Mais pour d'autres, plus la gravité de la dynamique en jeu devient évidente, plus rester en lien avec leurs mères rend la guérison impossible.

Être séparé de sa famille est toujours considéré comme tabou, et être séparé de sa mère l'est encore plus particulièrement. Pour certaines, la distance pourra être brève et de courte durée. Pour d'autres, l'éloignement sera permanent. Aller jusqu'au bout et faire ce qui est le mieux pour nous demande une force et un courage énormes.

Qu'est-ce qui peut conduire à cet éloignement ?

Il existe de nombreuses raisons pour lesquelles les gens font ce choix. En général, il s'impose comme une évidence, lorsque nous nous apercevons que le comportement dysfonctionnel de notre mère a coûté cher à notre bien-être mental/émotionnel, et que nous ne sommes tout simplement plus d'accord ni capable de continuer à en payer le prix.

Je crois que ce n'est pas une décision prise à la légère ou par orgueil, mais plutôt une solution qui s'impose des années après avoir essayé toutes les autres voies possibles pour préserver le lien et faire évoluer la relation à un niveau supérieur. À ce stade, constater le prix à payer si nous persistons dans cette voie nous conduit à une sorte de croisée des chemins, où nous devons impérativement prendre une direction.

C'est certainement à la fois la chose la plus difficile que nous ayons jamais faite de toute notre vie, mais aussi la plus libératrice.

Les familles sont des structures complexes. Lorsqu'une personne cesse de jouer son rôle habituel dans une famille, cela entraîne généralement un déséquilibre chaotique au sein de la structure familiale. Si les membres de la famille sont prêts à grandir et ouverts aux apprentissages, le conflit peut aider à faire évoluer la structure à un niveau supérieur. Mais malheureusement, parfois, la famille résiste au changement et attaque la personne qui souhaite évoluer. Cette personne a le choix entre rester et subir la toxicité du clan ou guérir en quittant cette structure malsaine. Lorsqu'il nous apparaît clairement qu'il nous est impossible de guérir tout en restant dans ce système familial, nous prenons la décision de rompre le contact avec les membres de ce clan.

Les filles jouent souvent les rôles de médiatrices familiales, de boucs émissaires, de dépositaires de secrets, de gardiennes émotionnelles. Si une fille en quête de croissance souhaite évoluer au-delà de son rôle dans la famille (peut-être en étant plus autonome, en ayant des limites plus fermes, en exprimant sa vérité, en tolérant moins le manque de respect), le degré de chaos qui s'ensuit est souvent révélateur du dysfonctionnement de l'entièreté du système familial.

Si chacun des membres de la famille est en relativement bonne santé, stable et ouvert, la famille est en mesure de trouver un nouvel équilibre sans trop de dégâts.

Cependant, si les membres de la famille sont eux-mêmes blessés ou traumatisés, l'évolution d'une fille est perçue comme profondément menaçante pour le clan familial. Il arrive que ce chaos soit très troublant et extrêmement difficile à gérer. Dans ces cas-là, un soutien est essentiel.

Mus par une tentative inconsciente de maintenir l'équilibre et de résister au changement, les membres de la famille peuvent lancer des attaques contre la fille. L'une des ripostes familiales courantes et virulentes consiste à « pathologiser » la fille en voyant le conflit comme le résultat d'une forme de défaut ou de pathologie présente chez celle-ci. La famille va lui faire croire que son refus de continuer à jouer son rôle dans le système familial est le signe que quelque chose ne tourne vraiment pas rond chez elle. Ce récit fondé sur la honte permet d'éviter à la mère et aux autres membres de la famille de faire l'examen honnête de leur comportement et de prendre leurs propres responsabilités. Le niveau de stabilité mentale de la fille, sa sexualité, ses erreurs passées, tout en elle est ouvertement contesté, sauf le rôle de la mère dans le conflit.

Nous ne pouvons pas sauver nos mères. Nous ne pouvons pas sauver nos familles. Nous ne pouvons que nous sauver nous-mêmes.

C'est incroyable de voir à quel point les gens résistent avec véhémence lorsqu'il s'agit de regarder leurs propres problèmes en face, et jusqu'où ils sont prêts à aller pour rester dans le déni, y compris à renier leur propre enfant. Tout cela provient d'une tentative inconsciente de résister au changement en projetant l'ensemble du conflit ou le « mal » sur la personne qui est à l'origine de la transformation au sein de la structure familiale. Tout cela n'a finalement rien de personnel. C'est ce qui arrive lorsque des personnes qui n'ont pas fait face à leur vie intérieure se retrouvent confrontées involontairement à leur douleur à travers un événement catalyseur, comme lorsqu'une femme de la famille évolue au-delà de la dynamique prédominante qui maintient le clan dans une forme de stabilité depuis des générations.

Nous n'avons pas besoin que notre mère (ou d'autres membres de la famille) nous comprenne pour guérir complètement.

Prendre conscience que notre mère ou notre famille est tout simplement incapable de nous comprendre ou ne le désire pas est déchirant. Peu importe le nombre de fois où nous tentons de les convaincre ou de leur expliquer où nous en sommes, nous n'arrivons à rien. Si nous comprendre représente une trop grande menace pour leurs croyances et leurs valeurs profondément ancrées, ils feront inconsciemment tout pour ne pas nous entendre. Cela provoquerait un séisme au niveau des fondations sur lesquelles ils ont construit leur identité et leur vision du monde. Bien que ce soit douloureux à réaliser, cela nous aide pourtant aussi à développer la singularité de notre propre esprit. Nous percevons alors clairement que nous comprendre nous-mêmes, avant tout, peut nous suffire. Il devient essentiel d'être en mesure de nous autovalider. Nous prendrons conscience alors que nous pouvons nous sentir bien, même si les autres ne nous comprennent pas.

Les opinions négatives que peuvent avoir les autres à notre sujet ne sont que des illusions confortables destinées à les protéger des vérités auxquelles ils ne veulent pas faire face dans leur propre vie. Vraiment, tout cela n'a rien à voir avec nous.

Une fois le contact rompu avec ces personnes toxiques, notre vie commence à s'améliorer dans de nombreux domaines. J'ai pu voir des maladies chroniques disparaître, des peurs névrotiques se dissiper et des schémas répétitifs se dissoudre. Et parfois, le défi consiste à supporter le plaisir de notre propre vie. Toutes ces fois où nous gagnons en prospérité, en qualité d'intimité, en joie et en liberté nous rappellent que notre famille n'est pas là pour partager ce bonheur avec nous, ou bien ravive en nous la peur d'être punies pour avoir exprimé notre indépendance ou ressenti du plaisir. Ce sont à ces moments-là en particulier que nous expérimentons les turbulences du deuil. Il n'y a rien d'autre à faire qu'accueillir cette tristesse qui remonte au fur et à mesure en nous, tout en nous autorisant à continuer d'aller de l'avant. Avoir du chagrin ne signifie pas que nous avons fait le mauvais choix. C'est en fait un signe de santé et de guérison.

C'est là qu'il est essentiel de rester ancrées dans ce nouveau paradigme qui nous a donné la force de quitter ces liens toxiques. Si nous ne le faisons pas, nous risquons d'être ramenées en arrière par la culpabilité ou la honte. Obtenir à ce moment-là beaucoup de soutien et se donner le temps et l'espace nécessaires pour nous permettre d'accueillir toutes les émotions qui accompagnent ce choix est fondamental. Revenir au point d'ancrage de notre intention première et utiliser tout cela comme une occasion d'intégrer ce nouveau paradigme dans notre vie est tout ce que nous avons à faire.

Voir cette distanciation comme un envol vers notre autonomie

Nous découvrons alors en profondeur quelque chose que beaucoup de gens ignorent : survivre au rejet de notre mère est non seulement possible, mais nous ouvre aussi à une liberté et une détermination intérieures pour accomplir des sauts quantiques dans notre vie. C'est ce qui nous encourage et renforce notre engagement en faveur de la vérité, tout en nous forgeant une intégrité fondamentale qui se déploie dans tous les domaines de notre vie. Cela entretient en nous ce feu de vérité qui a toujours été là, et qui peut dès lors rayonner pleinement. Enfin, nous ressentons à quel point notre propre source d'énergie vient de l'intérieur.

Le chagrin ouvre les portes de notre liberté.

Chaque fois que nous accédons à un niveau supérieur dans lequel notre mère ou notre famille ne sont jamais allées, nous éprouvons ce sentiment de deuil. Devoir avancer dans la vie par nous-mêmes nous procure un sentiment qui ressemble à un chagrin ancestral profond. Mais avec le temps, le processus devient de plus en plus facile. J'observe que plus nous nous permettons de pleurer avec amour, plus nos vies gagnent de l'espace pour que la magie, la beauté et la joie y entrent.

Il y a quelque chose de profondément sacré dans le chagrin inhérent à ce choix que nous avons fait. C'est une bonne occasion pour nous connecter profondément à notre vérité et l'incarner au niveau le plus profond. À nous de donner du sens à cette perte en l'utilisant pour améliorer nos vies d'une façon nouvelle. C'est la clé d'une guérison à long terme. Notre intégrité devient alors une base solide pour le restant de nos jours.

Nous éloigner des personnes toxiques de notre vie, y compris celles de notre famille, est bénéfique pour nous.

Guérir les blessures transgénérationnelles est parfois un chemin sur lequel on se sent bien seules. Mais grâce à ce nouvel espace créé en nous, de nouvelles relations sincères pourront entrer dans notre vie. Parmi tous nos besoins, celui de l'attachement fait partie des plus puissants que nous ayons en tant qu'êtres humains. Affronter ce niveau de mise à distance, c'est affronter la profondeur de notre douleur, de notre humanité, tout en revendiquant la pleine valeur de notre propre vie. Notre plus grande peur est d'être seules. Mais cette solitude que nous craignons tant n'est rien d'autre que celle que nous avons déjà vécue, il y a bien longtemps, à travers le traumatisme de nos familles. Je peux vous dire qu'avec le temps, nous trouvons notre famille d'âmes, et des personnes qui sont capables de nous voir et de nous apprécier pour qui nous sommes.

Les filles émancipées sont des guerrières spirituelles

Dans un monde où l'on attend principalement des femmes qu'elles restent silencieuses et répondent aux besoins des autres, et où le côté obscur des mères n'est pas reconnu, faire l'expérience de l'émancipation peut s'avérer être une initiation à un nouveau niveau de conscience que beaucoup de gens ne vivent jamais, par manque d'occasions. L'horizon est dégagé, un espace s'est ouvert, permettant à notre lumière de briller de tout son éclat. Qu'allons-nous faire de cette lumière qui rayonne en nous ?

Les filles émancipées se rassemblent et se soutiennent, créant ainsi une sorte de nouvelle lignée maternelle. Les qualités d'authenticité, de réalisme et de sincérité présentes chez les unes et les autres soutiennent la conscience naissante en chacun de nous. J'ai remarqué qu'une complicité instantanée s'installe entre les femmes qui ont parcouru ce chemin. Nous sommes beaucoup plus nombreuses que ce que nous imaginons ! Nous sommes vraiment très loin d'être seules !

Nous devons faire ce qui est bon pour nous. Faisons-nous confiance.

Prendre nos distances ne signifie pas nécessairement que nous n'aimons pas notre famille. Cela ne veut pas dire que nous ne sommes pas reconnaissantes pour les bonnes choses qu'elle nous a données. Cela signifie simplement que nous avons besoin d'espace pour vivre notre propre vie comme nous le souhaitons. Les femmes qui n'ont pas d'autre choix que rompre le contact avec leurs mères dysfonctionnelles créent cette rupture parce que c'est le seul moyen pour elles de lui faire passer ce message puissant : « Maman, tu es responsable de ta vie, tout comme je suis responsable de la mienne. Je refuse d'être sacrifiée sur l'autel de ta douleur. Je refuse d'être une victime de ta guerre intérieure. Même si tu es incapable de me comprendre, je dois suivre mon propre chemin. Je dois choisir de vivre vraiment ! »

Questions pour réfléchir

— En grandissant, les filles reçoivent souvent le message implicite que dire non n'est pas poli ou plaisant. Comment votre mère et les autres adultes autour de vous réagissaient à votre « non » ?

— Nourrissiez-vous des croyances culpabilisantes face au fait de poser vos limites ? Quel genre de croyances ? Par exemple : *Je croyais que dire non signifiait rejeter ou abandonner les autres, que poser mes limites voulait dire que je n'aimais pas l'autre personne, ou revenait à mettre la relation en péril.*

— Quelles nouvelles croyances bénéfiques pourraient aujourd'hui vous aider à poser davantage de limites en toute confiance ? Par exemple : poser des limites est un acte normal, sain et essentiel dans toute relation humaine, c'est une façon de se respecter, d'affirmer l'être singulier et différent que je suis ; poser mes limites ne nuit pas à mes relations, au contraire même, ça les améliore !

9

Oser remettre la mère en question

C'est au cours de ces dernières années que j'ai commencé à comprendre de quelle façon ces dynamiques perturbantes qui se jouaient dans la relation avec ma mère s'enracinaient bien plus profondément dans des blessures générationnelles en lien avec ma lignée maternelle.

Cette distance prise avec ma mère a déclenché une rage profonde qui sommeillait déjà en elle, et a fait émerger chez elle un comportement obsessionnel en lien avec d'autres événements de l'histoire de ma famille dont j'avais déjà entendu parler. Je commençais à comprendre que je n'étais pas la cause véritable de ses réactions et de son comportement toxique, qui venaient probablement de sa relation avec sa propre mère, bien longtemps avant ma naissance.

Des années auparavant, j'avais entendu d'autres membres de la famille évoquer certains événements tristes et alarmants, dont ma mère avait apparemment fait les frais, et dont elle n'avait jamais parlé.

Ma mère ne m'avait jamais parlé de l'alcoolisme de sa propre mère, du fait qu'elle ait dû s'occuper seule de ses cinq frères et sœurs alors qu'elle n'était encore qu'une enfant, que sa mère était trop saoule pour être capable d'assurer et de quelle façon ses grands-parents paternels harcelaient régulièrement sa mère après son mariage. Cette histoire percluse de douleur, de jalousie, d'alcoolisme, de comportement agressif et de triangulation des relations avait réussi à survivre à travers ma lignée maternelle sans jamais être empêchée ou remise en question, et ce, jusqu'à moi.

Il faut dire que j'observais aussi de plus en plus ces comportements à partir d'un mental sain. Plusieurs membres de ma famille sont morts jeunes – certains de l'alcoolisme, d'autres de maladie –, ce que j'imagine être en grande partie lié à toutes ces difficultés qu'ils ont dû endurer en tant qu'enfants, et de leur héritage traumatique dissimulé sous le vernis d'un « Tout va bien ! » de façade.

Pourquoi était-ce aussi difficile pour ma mère de regarder sa propre souffrance d'enfant en face et de se rendre compte de combien elle reportait ces schémas-là sur moi ? Quelle était cette rage dirigée contre moi ? Pourquoi personne n'a jamais remis ce genre de comportement en question, génération après génération ?

Mes parents se sont mariés très jeunes pour quitter leurs familles et n'ont jamais suivi de thérapie. Mon tour était venu de prendre ma place dans cette lignée, mais en réinitialisant les compteurs pour aller de l'avant sainement. En réfléchissant à cela, je me souviens avoir ressenti une profonde douleur intérieure autant qu'un désir ardent de liberté, de réalisation de soi, une envie profonde d'exister comme un être à part entière, un être indépendant, de m'appartenir, et je me souviens avoir senti aussi à quel point je mourais d'envie de recevoir la bénédiction et le soutien des femmes de ma famille, tout en percevant intuitivement que toutes les femmes de ma lignée me tournaient le dos et se taisaient. Je les sentais froides, jalouses, démunies, pleines de rage et insensibles à ma douleur. Les ombres que j'avais pressenties sous ces apparences chaleureuses avaient viscéralement et froidement pris corps. Je savais que pour être pleinement moi, je devrais faire confiance à ce processus de rupture et en payer le prix. À l'endroit où je me trouvais maintenant, aucun retour en arrière n'était possible.

« Mère la Mort » et « Mère Apocalyptique »

Pour certaines femmes, contester l'attitude de leur mère s'apparente à une question de vie ou de mort. Beaucoup d'entre nous pressentent une telle souffrance chez leur mère que remettre en question l'équilibre fragile de leur relation risquerait d'être le déclencheur d'un basculement assuré. Mais ce questionnement et cette potentielle rupture restent malgré tout des éléments nécessaires à affronter pour la femme qui désire récupérer sa propre vie, sa propre individuation.

Cette initiation intergénérationnelle me fait penser à « Mère la Mort », un archétype présenté pour la première fois par l'autrice et analyste jungienne Marion Woodman et approfondi par Bud et Massimilla Harris dans leur livre *Au cœur du féminin. Confronter l'archétype de Mère la Mort pour retrouver amour, force et vitalité.*

Utilisant le mythe de Médusa comme guide, ils explorent le principe du déni et de la dévalorisation du féminin dans notre culture et révèlent la façon dont il se manifeste en tant qu'énergie négative particulière dans notre propre psyché. Selon eux, lorsque le principe féminin est refoulé dans notre inconscient, il devient une part de notre ombre collective, et cette ombre se projette sous la forme d'un désir, voire d'une exigence, qui réclame du pouvoir.

Lors d'une conversation formidable entre Marion Woodman et Daniela Sieff, dans un article intitulé « Confronter la Mère la Mort », Sieff le résume ainsi : « Le fait d'être blessée pendant l'enfance nous expose à Mère la Mort, et notre vie se retrouve gouvernée par la honte et la peur d'être découverte qui l'accompagne. Nous avons peur que la personne que nous sommes soit inappropriée. Nous craignons d'être jugée inadéquate, autant pour ce que nous avons fait, que pour ce que nous n'avons pas fait. Nous craignons que nos prétendues insuffisances, une fois révélées, nous conduisent à notre perte et notre anéantissement. Lorsque nous nous retrouvons bien calée dans ce monde toxique et humiliant, Mère la Mort, que nous avions intériorisée, agit à travers nous. Nous incarnons un désir de mort inconscient, tout en attaquant ou éloignant quiconque tenterait de dévoiler ce qu'on a mis tellement d'efforts à maintenir enterré. Nous avons aussi compensé cette terreur de l'abandon par la pulsion inconsciente et insatiable de la course au pouvoir. »

La soif de pouvoir, doublée du fait que remettre la mère en question soit interdit, contribue au déni de la douleur féminine depuis d'innombrables générations, la gardant prisonnière au plus profond de l'inconscient, mais inévitablement toujours à l'affût de s'exprimer d'une façon ou d'une autre, envers et contre tout, à travers les nombreuses manifestations de la blessure maternelle. L'archétype de la Mère la Mort devient particulièrement nuisible chez les mères et les filles dans une société patriarcale, car il nous dépossède de notre pouvoir dans un combat intérieur et extérieur impossible à gagner.

Cependant, il existe un autre archétype auquel nous pouvons nous relier pour nous aider à avancer. L'archétype de la « Mère Apocalyptique », dont le nom peut sembler proche de Mère la Mort, est pourtant très différent. Contrairement à l'archétype de Mère la Mort, elle ne représente pas la mort en résistance à la vie, mais plutôt la mort au service de la vie.

Le mot « apocalypse » vient du mot grec signifiant « révélation de ce qui était caché ». Daniela Sieff réhabilite ce terme pour définir le processus de « la mort de l'ancien et la naissance du nouveau ».

Tandis que la Mère la Mort alimente la blessure maternelle en renforçant l'aspect tabou du questionnement autour de la mère, l'archétype de la mère apocalyptique est une énergie qui éclaire la voie aux femmes qui souhaitent être initiées par leur propre vie, et notamment lorsqu'elles font face à une rupture avec la lignée maternelle. Avec soutien, force et compassion, une femme peut parvenir à transformer intérieurement cette confrontation avec la Mère la Mort en une rencontre avec la mère apocalyptique, représentée dans la tradition hindoue par la déesse des cycles naturels de vie/mort/vie *Kali* ou par *Baba Yaga*, selon la tradition russe. Comme Marion Woodman l'explique, « une vie véritablement vécue brûle constamment les voiles de l'illusion, révélant peu à peu l'essence de qui nous sommes. La Mère Apocalyptique nous brûle de ses flammes les plus chaudes pour nous purifier de tout ce qui n'est pas authentique. Son énergie est impersonnelle. Et elle se fiche pas mal que le processus soit douloureux ou terrifiant, son seul but est de servir la vie ».

Woodman poursuit, en affirmant : « La manière dont nous répondons à cette mère apocalyptique détermine si nous la ressentons comme une amie ou comme une ennemie. Assez tôt sur notre route, au moment où Mère la Mort nous étrangle de façon particulièrement féroce, et quand la conscience a peur de s'ouvrir à l'altérité de l'inconscient, nous nous sentons comme des victimes de cette apocalypse ; c'est à ce moment-là, faisant remonter Mère la Mort à la surface de notre conscience, que nous pouvons commencer à expérimenter la vie au-delà de ses griffes, et parvenons petit à petit à nous percevoir comme partenaire de ce processus apocalyptique. »

L'archétype de Mère la Mort pourrait être considéré comme une sorte de gardien de notre véritable pouvoir, sur lequel repose le tabou de la confrontation avec la mère, et qui nous maintient enfermée dans la honte, la culpabilité ou la peur. La peur d'être vue comme une « mauvaise fille » en quête de sa propre guérison représente l'un de nos plus grands obstacles à la récupération de notre pouvoir, nous empêchant d'accéder aux nombreux cadeaux et puissantes transformations présentes au cœur de la douleur de la blessure maternelle.

Ce tabou peut s'exprimer de plusieurs manières, notamment lorsqu'on tente de nous dissuader d'aller examiner de près cette relation à notre mère. La plupart de ces croyances assimilent notre désir de guérir des sentiments douloureux en lien avec notre mère à une tentative de culpabilisation. Il s'agit d'une fausse équation qui ne fait qu'entretenir la culpabilité et la honte, et bloque la femme au stade de l'adolescence. Quand nous adhérons à ce genre de pensées, nous sommes clairement contrôlées par Mère la Mort. En recevant le soutien nécessaire, nous pouvons développer le pouvoir de passer outre les voix de la culpabilité, de la honte et du doute et transformer Mère la Mort, qui nous barre la route, en Mère Apocalyptique, qui nous aide à transformer notre douleur en conscience, et notre honte en libération.

Il arrive que nous nous sentions contraintes d'ignorer nos ressentis et que nous soyons critiquées par des personnes elles-mêmes coincées dans le déni de leur propre blessure maternelle qui peuvent tenir ce genre de propos :

« Elle n'a pas eu une vie facile, ce n'est peut-être pas la peine d'en rajouter. »

« Ta mère a fait de son mieux. »

« Tu sais bien qu'elle t'aime. »

« Concentre-toi sur ce qui est positif dans la relation. »

« Une mère, on n'en a qu'une ! »

Bien que ces arguments soient souvent vrais, que notre mère nous aime, qu'elle ait fait de son mieux, qu'on n'a qu'une mère et que cette mère-là n'ait en effet pas eu une vie facile, tout cela ne justifie pas que nous devions ravaler notre douleur, renoncer à chercher à guérir et nous taire sur ce que nous avons réellement vécu.

Ce silence, c'est le même que celui qui est implicitement demandé à toutes les femmes.

Cette pression à nous taire vient parfois même de nos propres mères. Nous avons beau faire preuve de diplomatie, d'empathie et de compassion lorsque nous exprimons notre vérité, il arrive que nous ayons à faire face à des réactions négatives de leur part.

Selon le degré d'ignorance au sujet de sa propre blessure maternelle, notre mère répondra en s'indignant, en se victimisant ou bien en utilisant le sarcasme tranchant ou encore la froideur.

Elle pourra essayer de nous manipuler ou de nous humilier, de nous culpabiliser ou de nous reprocher de lui avoir fait prendre conscience de cette vérité. Surtout si elle a été éduquée à ne jamais remettre ses parents en cause ou à ne jamais exprimer ses propres ressentis douloureux. En revanche, si notre mère a atteint un niveau de croissance personnelle qui lui permet de gérer ses émotions difficiles, alors nous aurons une chance de grandir ensemble à travers cette situation.

Parmi les nombreux clichés humiliants qui nous empêchent de briser ce tabou et de nous distinguer de nos mères, en voici quelques-uns qui renforcent particulièrement en nous le sentiment de honte en nous culpabilisant avec l'idée que nous ne serions pas à la hauteur :

— La mère et la fille sont les meilleures amies et partagent tout.
— Le mythe de la famille parfaite.
— La fille ingrate face à sa mère, dont le sacrifice n'est jamais reconnu.
— Les mères ont toujours raison, donc si on rencontre des problèmes avec la nôtre, c'est forcément notre faute.

Notre culture nous apprend à avoir honte des ressentis négatifs que nous éprouvons à l'égard de nos mères. À nous de refuser de nous sentir coupables de cela.

Nous ne nous sentons pas coupables parce que nous serions de mauvaises personnes. On nous a fait croire que nous sentir coupables était le signe que notre valeur en tant que personne était remise en question. Beaucoup de femmes taisent la vérité de leurs ressentis par peur d'être une mauvaise fille/une mauvaise personne, vérité qui pourrait pourtant, si elle était exprimée, les libérer de bien des façons. En réalité, cette culpabilité n'est rien d'autre qu'un outil de contrôle, l'un des plus grands moyens utilisés par le patriarcat pour contrôler l'expression et les sentiments des femmes. Nous ressentons de la culpabilité lorsque nous transgressons cette règle séculaire qui nous imposait de garder le silence au sujet de nos ressentis pour conserver des relations harmonieuses. Nous exprimer, c'est refuser d'être contrôlées, et c'est une bonne chose. Pour composer avec cette peur, je conseille aux femmes d'accepter de ressentir cette culpabilité sans s'empêcher pour autant d'avancer dans la direction choisie. Voir cette culpabilité non pas comme un véritable obstacle, mais comme un vieux sentiment qu'on doit savoir ignorer quand vient pour nous le temps d'exprimer notre vérité et d'agir selon ce qui est juste pour nous.

La pression précédant la rupture de ce tabou de la remise en question de la mère est propre à l'évolution des femmes.

Ce tabou doit être brisé pour que l'ensemble des femmes puisse guérir. Aux yeux des anciennes générations ayant appris, sous tous les angles vus par la société, à honorer père et mère, c'est un blasphème total. D'un point de vue religieux, si nous enfreignons ce commandement, nous pourrions bien nous retrouver à brûler en enfer pour l'éternité. Les parents ne pouvaient pas soutenir leurs enfants dans ce processus de croissance-là dans la mesure où il remettait en question leur pouvoir, leur capacité de refoulement ainsi que le déni qui leur a permis de traverser leur propre existence.

Cela risquerait de faire sauter les verrous et de libérer tous ces sentiments qu'on leur avait dit de ne pas ressentir. Mais aujourd'hui, ce mode de vie n'est plus une option. Plus nous nions, refoulons et esquivons la vérité de notre expérience, plus nous rendons nos vies étroites et limitées, et plus nous perdrons en flexibilité avec le temps.

Tant de tabous doivent être brisés :

— L'interdiction de nous écouter nous-même et de décider pour nous.
— L'interdiction de nous autoriser à ressentir ce qu'on ressent.
— L'interdiction de nous sentir pleinement méritante et digne de grandes choses.

— L'interdiction de nous aimer et de nous valoriser nous-même.
— L'interdiction de prendre notre temps et d'accueillir la gestation des processus.
— L'interdiction d'être imparfaite, de faire des erreurs ou de changer d'avis.
— L'interdiction de connaître la véritable histoire de notre enfance.
— L'interdiction d'être vulnérable.
— L'interdiction de nous concentrer sur nous-même en explorant notre être (perçu comme de l'égoïsme pur et dur, surtout quand on est une femme).

Guérir la blessure maternelle est une façon d'honorer l'ensemble de notre lignée féminine : les générations de femmes qui nous ont précédées et les générations des femmes à venir.

En raison de cette tendance culturelle à opprimer les femmes, nous nous sentons souvent dans une impasse lorsqu'il s'agit d'honorer notre mère, ce qui nous apparaît alors comme incompatible avec notre besoin de nous émanciper. Et de la même façon, le fait que nous nous responsabilisions peut donner l'impression que nous n'honorons pas pleinement notre mère.

Ce « soit l'une/soit l'autre » a posé un vrai problème dans l'autonomisation des femmes. Les femmes issues du patriarcat, qui se transmettaient le pouvoir de génération en génération, ont généré à travers leurs manques un sentiment de pénurie qui a rendu jusqu'à présent le double *nourrissage* compliqué à instaurer au sein des relations mère/fille.

Or, honorer notre mère est pourtant dans la suite logique de nous honorer nous-même.

Plus des générations de femmes s'individualiseront et vivront selon leur vérité, plus les filles pourront questionner cette blessure maternelle et partir en quête de leur guérison. On comprendra alors que guérir la blessure maternelle est essentiel pour nous responsabiliser et vivre notre vie en conscience et avec intégrité. Et cela sera même considéré comme une étape cruciale pour parvenir à la pleine possession de notre propre rayonnement et de notre puissance.

Nous devons résister à la pression culturelle qui nous encourage à éviter ce genre de questionnement en niant les émotions douloureuses ou les habitudes malsaines au sein de nos relations. Ce travail de résistance est essentiel à la réalisation de notre complétude.

En niant cette douleur de la blessure maternelle, nous prenons le risque de vivre une vie remplie de sentiments de honte profonde, d'autosabotage, de compétition, de comparaison, une vie dans laquelle nous doutons sans cesse de nous-mêmes et nous nous diminuons en permanence. Sans parler du risque de tout transmettre à nos filles et à nos fils. Ce modèle hérité de nos mères (avec ses distorsions patriarcales) reste intact tant que nous n'agissons pas consciemment pour le transformer, afin de vivre en alignement avec notre vérité la plus profonde et ainsi faire l'expérience d'un véritable accomplissement.

Dans ce processus de guérison, nous sommes amenées à ressentir envers notre mère des émotions telles que la tristesse, la rage et le désespoir. Ce sont des phases temporaires propres au cycle de guérison.

Si nous restons fidèles au processus de guérison, ces émotions finissent par se transformer en sentiments de paix et d'acceptation.

Nous devons croire que nous méritons autant que nous sommes capables d'atteindre l'autre rive de cette blessure.

Guérir la plaie maternelle est un cheminement personnel qui n'exige pas nécessairement que notre mère se soigne à nos côtés. En revanche, cela nous oblige à remettre en question tout ce que nous croyons savoir de notre relation mère-fille. C'est un travail d'investigation qui nous oblige à nous concentrer sur *nous* et notre propre guérison et transformation. Néanmoins, il arrive que notre propre processus de guérison perturbe notre mère d'une façon ou d'une autre. Ce déclencheur s'avère une occasion précieuse pour la mère et la fille d'accéder à une compréhension mutuelle plus profonde, tout comme il peut entraîner chez la mère, si elle est prête à évoluer, une réflexion sur elle-même et sa propre vie.

Quelques caractéristiques propres à la guérison de cette blessure :

— Observer notre relation mère-fille dans une intention de clarification en vue d'amorcer un changement positif dans notre propre vie.
— Transformer les croyances limitantes dont nous sommes l'héritière dans l'intention d'adopter de nouvelles croyances porteuses de soutien et propices à notre épanouissement personnel et authentique.

— Prendre la responsabilité de notre propre chemin en devenant consciente des habitudes toxiques et faire de nouveaux choix qui reflètent nos vrais désirs.

Guérir la blessure maternelle ne consiste pas à rejeter sa mère, mais bien à nous affirmer de façon puissante en tant que personne à part entière.

Parce que c'est à partir de cette relation à notre mère que nous construisons notre relation à nous-même, ce processus de guérison offre un énorme potentiel de croissance et de transformation. Remettre en question cette relation en est le point de départ. Il ne s'agit pas de faire des reproches, ni de juger ou de rejeter notre mère, mais de goûter à la paix et à la liberté de l'accomplissement de soi, qui est un droit de naissance pour chaque femme.

Bien que notre mère puisse tenter de nous humilier ou de nous culpabiliser lorsque nous entamons ce travail de guérison en brisant ce tabou, nous devons savoir rester ferme. Nous avons le droit d'être différente et d'incarner la femme que nous sommes indépendamment d'elle.

Sachons que c'est justement lorsque nous prenons nos responsabilités en choisissant d'emprunter ce chemin de guérison que nous honorons vraiment à la fois nos parents et nos enfants.

Si nous sommes suffisamment nombreuses à entreprendre ce travail intérieur, et à exclure enfin ces voix culturelles humiliantes autant que les injonctions lancées par l'archétype de Mère la Mort visant à ce que nous restions cloîtrées dans le silence et dans la peur, nous arriverons à transformer de manière collective cette Mère la Mort en Mère Apocalyptique, inaugurant précisément cette nouvelle terre dans laquelle nous n'aurons plus honte du changement, comme nous le dictaient auparavant nos mémoires inconscientes, que nous percevrons plutôt de façon salutaire, au travers de ce prisme vivifiant de « la mort au service de la vie ».

.... Questions pour réfléchir : ....

— Quels mythes, stéréotypes ou messages culturels vous ont conduite à éprouver toute forme de culpabilité ou de honte envers vos vrais ressentis ou expériences vécues avec votre mère ?
— Quels sont les interdits auxquels vous êtes confrontée dans votre vie quotidienne, qui vous empêchent d'être plus authentique ? Quelles expériences au début de votre vie ont pu renforcer ces tabous ?
— À quoi ressemblerait votre vie et qu'est-ce qui deviendrait possible pour vous si vous cessiez d'obéir à ces interdictions et que vous avanciez selon vos vrais désirs ?

....

10

Abandonner le rêve impossible

Après l'audience du tribunal réclamant une ordonnance restrictive à l'encontre de ma mère, je me suis intérieurement retrouvée brutalement secouée par de turbulentes émotions. Maintenant que j'étais hors du système familial et de son chaos, je devais affronter mon propre chaos intérieur. J'avais l'impression que le sol se dérobait constamment sous moi dès que j'essayais de marcher en ligne droite. Une part de moi se sentait vivifiée et fière d'avoir su faire preuve de fermeté face à ma mère et établi des limites solides à l'égard des membres de ma famille. Un sentiment d'émancipation m'envahissait par à-coups, ponctué par de plus longues périodes de deuil intense, de nostalgie et d'anxiété. Je me réveillais en sursaut, avec le sentiment de devoir encore tendre la main à ma mère et me rapprocher d'elle, animée par ce vieil espoir familier de continuer à croire que si je lui réexpliquais encore mieux une dernière fois, elle comprendrait peut-être que je reviens de loin. Heureusement, je parvenais systématiquement à me souvenir de toutes ces vaines tentatives où j'avais déjà essayé de le lui expliquer.

Des mois passaient sans que personne dans ma famille dise un mot. J'avais constaté par instants l'émergence de ce vieux refrain qui, tout en me donnant un sentiment de contrôle, m'amenait à me dire : « Si j'arrive à changer pour les rencontrer là où ils sont, ils me considéreront enfin et les choses s'amélioreront. » J'ai commencé à comprendre que cette croyance avait été l'étoile Polaire de mon enfance, la ligne directrice qui m'avait guidée jusque-là. Et j'ai commencé à comprendre que je ne recevrai jamais de récompense ni pour ce soutien indéfectible ni pour ma gratitude face aux miettes de respect que je recevais. Cette aspiration représentait le « rêve impossible » de mon enfance, et je parvenais maintenant à le reconnaître, opérant dans toute sa force.

J'avais appris en travaillant avec ma thérapeute Nicole et en m'immergeant avec elle dans un travail de thérapie profonde autour des systèmes familiaux, que cultiver ce rêve impossible est une stratégie de survie courante pour survivre aux traumatismes infantiles ; une stratégie qui m'avait protégée de la vérité insupportable que représentait pour moi l'indisponibilité émotionnelle de mes parents. Les victimes d'abus, de négligence ou de traumatisme familial, une fois devenues adultes, continuent souvent d'investir ce rêve de la petite enfance en s'efforçant d'être parfaites, le plus possible, agréables aux gens, appréciées de tous et prenant soin des autres, motivées par cette volonté inconsciente de recevoir enfin cet amour qu'elles n'ont jamais reçu enfant. Il faut un temps incroyablement long pour défaire cette adaptation de la personnalité à la douleur traumatique.

Je me souviens m'être allongée dans l'herbe dans le parc près de la West Side Highway à New York, un dimanche après-midi, et dire à mon enfant intérieure : « Petite Bethany, maman ne deviendra jamais la mère dont nous avons besoin. Il est temps pour nous d'abandonner ce rêve maintenant. Cette mère n'est pas capable de nous donner ce dont nous avons besoin. Je suis là pour toi aujourd'hui, c'est à moi de prendre soin de toi et de t'aimer maintenant. »

Et quel choc j'ai eu, lorsque j'ai senti mon enfant intérieure me répondre : « C'est OK pour moi d'attendre maman pour toujours. Je veux qu'elle me voie moi plus que tout dans le monde entier. J'attendrai sans problème jusqu'au jour de ma mort. Son amour est tout ce que je désire dans ce monde, peu importe ce qu'il faut pour l'obtenir. J'en ai besoin. J'ai besoin de son amour à elle pour aller bien. » C'est à ce moment-là que je me suis aperçue à quel point ce rêve impossible était profondément ancré en moi et qu'aider mon enfant intérieure à lâcher prise allait certainement prendre beaucoup de temps. J'ai aussi commencé à voir de quelle façon cette même énergie d'attachement unilatéral s'était rejouée dans bien d'autres domaines de ma vie. Toutes les relations, les emplois et amitiés auxquels je m'accrochais désespérément n'étaient que des « puits secs », sans rien à m'offrir, à l'intérieur desquels je restais enfermée et toujours en attente. Je pouvais désormais sentir combien mon enfant intérieure me guidait à travers ces tentatives désespérées d'obtenir l'amour de ma mère et de quelle manière ce comportement s'était répercuté sur d'autres personnes durant la plus grande partie de ma vie.

Au fil du temps, ce rêve impossible issu de ces attentes vis-à-vis de ma mère a commencé à se dissoudre progressivement, couche après couche, tout comme les autres rêves impossibles de ma vie. C'était comme si ce rêve impossible avec ma mère avait nourri tous les autres en parallèle. Alors que le brouillard se levait autour de cette problématique initiale, je percevais beaucoup plus clairement toutes mes autres relations, y compris celles avec David, mon père et mon frère. J'ai commencé à concentrer davantage mon attention sur mes projets personnels, tel que le militantisme communautaire et mes projets d'écriture. Plus je guérissais, et plus des choses aussi simples que voyager et avoir du temps et de l'espace pour écrire ou me reposer me procuraient une joie immense.

Alors que le rêve impossible s'évaporait, je me retrouvais traversée par des vagues de chagrin, tout en ayant par moments l'impression que le sol se solidifiait sous mes pieds.

Ma thérapie m'aidait à intégrer tous ces changements. J'avais l'impression de vivre une sorte d'initiation au cours de laquelle mes sens s'affinaient et s'harmonisaient encore plus. C'était comme si, à travers ma volonté d'accueillir consciemment l'immense douleur liée au fait d'avoir dû rompre avec ma famille, quelque chose de nouveau s'ouvrait à l'intérieur de moi, comme si une part de moi était en train de mourir et qu'une nouvelle était en train de naître.

Pour faire face à la douleur émotionnelle et à la confusion qui règne dans nos familles, beaucoup d'entre nous écrasons notre force vitale en cultivant toujours et encore ce vieux rêve secret qui continue inconsciemment à l'âge adulte de nous échapper et de nous contraindre. Tant que nous ne l'avons pas reconnu, nous continuons à projeter ce rêve sur d'autres personnes, situations et choses, en leur demandant de nous donner ce qu'elles sont incapables de nous apporter, ce qui nous maintient dans un état perpétuel d'insatisfaction et de dégoût de nous-même. Poursuivre ce rêve impossible est un mécanisme d'adaptation dans lequel un enfant espère qu'un jour, lorsqu'elle deviendra « suffisamment bonne », sa mère le reconnaîtra enfin et lui donnera l'amour dont il a toujours rêvé. À son niveau le plus élémentaire, l'enfant se dit intérieurement : « Lorsque je serai ceci ou cela, quand je ferai ceci ou cela, ma mère me verra enfin et m'aimera pour la vraie personne que je suis. » Ce rêve impossible confère à l'enfant d'une famille dysfonctionnelle une forme d'espoir puissante qui le soutient au milieu de la confusion ou de la douleur qu'il éprouve au sein de sa famille. Ce rêve donne également à l'enfant le sentiment de contrôler son environnement, apaisant ainsi ses peurs et le protégeant de la douloureuse vérité quant à son impuissance à changer la dynamique familiale.

Ce rêve impossible nous protège de la douleur de reconnaître qu'en tant qu'enfant, nous n'avions pas les capacités cognitives pour nous en sortir autrement.

À bien des égards, le rêve impossible est une brillante stratégie de survie pour passer au travers de plusieurs formes de traumatismes. Comme un refuge sécurisant, il détourne l'attention portée sur la mère (qui est ressentie comme dangereuse ou inaccessible par l'enfant), tout en mettant l'accent sur l'enfant lui-même, ce qui lui donne ainsi un sentiment de contrôle qui lui permet de se concentrer sur un avenir où tout ira bien, et de survivre à la douleur et à la confusion qu'il ressent au quotidien.

Inconsciemment, la petite fille croit que quelque chose ne tourne pas rond en elle et sa façon leurrée de contrôler la situation l'amène à vouloir se transformer en ce que sa mère voudrait qu'elle soit.

C'est un leurre, car, quelle que soit la façon dont nous nous serions comportée, cela n'aurait rien changé dans notre famille. Même si nous avions été l'enfant parfaite qui plaisait à sa mère à tous points de vue, cela n'aurait pas changé la dynamique douloureuse et dysfonctionnelle de notre enfance. Et pour cause, car la douleur que nous ressentions dans notre famille n'avait rien à voir avec nous, mais provenait de la façon dont nos parents géraient leurs propres conflits, à la fois individuellement et en tant que couple. En tant qu'enfant de notre mère, nous avons très bien pu être utilisée comme catalyseur de sa douleur, mais en aucun cas nous n'étions responsable de cette douleur.

Abandonner le rêve impossible, c'est reconnaître et accepter que la douleur de notre mère n'a rien à voir avec nous. Nous n'en sommes pas responsable. Pas plus que nous ne devons l'aider à la guérir.

À l'âge adulte, le rêve impossible devient une protection contre la douleur du présent. C'est une barrière entre nous et ce qui se passe réellement. Cela continue de nous donner un sentiment de contrôle illusoire et un sentiment d'espoir leurré, qui se retrouvent souvent projetés dans d'autres domaines de notre vie d'adulte.

En tant que femmes, ce rêve impossible peut se manifester de plusieurs manières :

— La volonté constante de toujours nous améliorer, motivée par ce sentiment profond que quelque chose en nous ne tourne pas rond, et avancer avec cette pression permanente de devoir travailler dur pour retrouver notre dignité.
— « Peux-tu être ma mère, s'il te plaît ? » : projeter notre besoin inconscient d'être maternée sur d'autres personnes telles que notre conjoint, nos partenaires et nos enfants. Cela peut se manifester par une quête effrénée d'amour, une idéalisation des autres ou un sentiment de redevabilité.
— La sécurité dans l'avenir : projeter l'espoir que les circonstances extérieures futures nous apporteront enfin le calme, la reconnaissance et l'aboutissement, avec ce sentiment d'être toujours en attente de quelque chose à venir.
— Autosabotage, incluant souvent un sentiment inconscient d'hésitation à propos du « jamais sans ma mère ».
— Esprit hyperactif : pensée constante, élaboration de stratégies et de planification agissant comme une sorte de tampon visant à nous protéger des sentiments douloureux qui surgissent dans le moment présent.

Effort, fatigue, lutte et acharnement : le prix que nous coûte la quête de ce rêve impossible

Maintenir ce rêve impossible vivant nous demande une énergie incroyable. Mais nous ne sommes pas consciente de cet effort que nous fournissons depuis si longtemps. Comme lorsqu'un moteur qui fonctionnait de manière continue en arrière-fond s'arrête d'un coup, ce n'est que lorsqu'il s'éteint que nous réalisons à quel point il était bruyant.

« Je suis celle que j'attendais. » Je n'oublierai jamais cette femme qui participait à un atelier que j'animais dans le Colorado. Elle m'avait dit : « Je me souviens avoir pensé, quand j'étais petite fille que "cette femme" ne pouvait pas être ma vraie mère parce que ma vraie mère ne me traiterait jamais de cette façon. Un jour, ma vraie mère viendra me chercher ! » Et elle avait ajouté, s'adressant en larmes à notre groupe : « Je me rends compte maintenant que je suis la bonne mère que mon enfant intérieure a toujours attendue. Je suis là pour elle maintenant. Je suis celle qui suis capable de lui donner ce dont elle a besoin. C'est le moment que mon enfant intérieure a toujours attendu ! »

Quand on se libère de notre attachement à l'espoir que notre mère change, on libère aussi nos autres relations de ce même espoir. Parce que la relation avec notre mère est le modèle à partir duquel se calquent toutes nos relations. Voilà pourquoi tout changement effectué au sein de cette relation à notre mère se répercute automatiquement sur toutes les autres, parfois de façon immédiate, parfois sur un laps de temps plus long.

Abandonner le rêve impossible, c'est reprendre contact avec la réalité telle qu'elle est.

Intellectuellement, nous pouvons être tout à fait consciente que notre mère est comme elle est et qu'elle ne changera jamais. Mais inconsciemment, se cache peut-être encore en nous cette petite fille qui attend et espère toujours que sa mère lui donne un jour ce dont elle a tant besoin.

Ce rêve impossible se manifeste toutes les fois où nous nous sentons frustrée après avoir passé du temps avec notre mère, ou lorsque nous lui rendons visite le cœur plein d'espoir et que cette visite ne nous laisse finalement que ce sentiment de déception tant redouté, nous plongeant dans le doute plusieurs heures, voire plusieurs jours après… Mais aussi :

— Lorsque nous avons tendance à idéaliser les gens dans notre vie, et à nous retrouver systématiquement déçue.
— Lorsque nous avons l'impression d'être perpétuellement en attente d'une manière ou d'une autre, et particulièrement en attente d'une autorisation pour pouvoir agir selon nos envies.
— Lorsque nous nous autosabotons sitôt que nous nous approchons d'une victoire, et que nous nous écroulons à la dernière minute.
— Lorsque nous tombons amoureuse du potentiel d'une personne au lieu de la personne elle-même.

Le rêve impossible nous fige en quelque sorte dans un état permanent d'enfant.

Lorsque nous comprenons que nous pouvons renoncer en toute sécurité à cette loyauté envers les anciens modèles desquels nous attendions le maternage tant espéré, un changement majeur pourra se produire.

Voici quelques exemples parmi ces anciens modèles de comportement auxquels nous nous accrochions, croyant qu'ils nous garantiraient ce maternage dont nous avions besoin :

— Faire profil bas.
— Éprouver de la culpabilité et de la honte.
— Vivre dans la peur et l'hypervigilance.
— Être obnubilée par le manque.
— Vivre dans la privation.
— Jouer à la victime.
— Résoudre les problèmes des autres.
— Nier nos véritables ressentis et intuitions.

Ces schémas peuvent nous avoir été transmis soit ouvertement par notre mère, l'ayant elle-même hérité de sa mère et/ou de sa culture, et/ou simplement par l'observation de son comportement. Nous sommes toutes, à différentes échelles, porteuses de ces croyances véhiculées par le système patriarcal qui nous laisse penser que les femmes seraient des êtres inférieurs (croyances renforcées si notre mère était en mauvaise santé ou mentalement instable). Ces croyances peuvent être très difficiles à abandonner car, à un certain niveau, y renoncer peut nous donner l'impression d'abandonner notre mère, ce que notre enfant inconsciente et intérieure peut littéralement assimiler à une forme de mort. Par exemple, si notre mère vivait constamment dans la peur, adopter inconsciemment ses croyances au sujet de la peur nous permet d'une certaine manière de nous sentir proche d'elle. Laisser tomber ces peurs peut s'apparenter pour notre inconscient à abandonner notre mère. Un autre exemple : lorsqu'elle nous a appris à nous autocritiquer et que nous avons même été récompensée de l'avoir fait, renoncer à continuer de nous autoblâmer de la sorte peut très bien nous donner l'impression de la trahir.

Comme nous avons intérieurement associé ces schémas au fait d'être maternée, ils ont pu représenter inconsciemment pour nous une forme de présence maternelle « rassurante ». Bien que ces schémas nous aient peut-être temporairement permis d'être approuvée, validée et acceptée en tant qu'enfant, ils ne font aujourd'hui que diminuer la femme adulte que nous sommes. Du fait qu'ils se soient formés très tôt dans notre développement, ces croyances et schémas ont plutôt tendance à être inconscients et il arrive que nous mettions des années avant de nous rendre compte de leur existence. D'autant plus si ces modèles nous ont malgré tout servi d'une façon ou d'une autre. Par exemple, il est possible que nous efforcer d'obtenir l'amour de notre mère nous ait tout de même permis d'accomplir beaucoup de choses dans le monde. Le fait de prendre en charge les autres émotionnellement nous a peut-être aidée à affiner la justesse de notre perception des gens. Faire preuve d'un comportement autoritaire ou rigide nous a peut-être rendue efficacement productive. Néanmoins, la chose la plus importante reste de saisir de quelle manière ces stratégies ou comportements ne nous ont finalement jamais apporté ce que nous désirions le plus : que notre mère nous donne ce dont nous avions réellement besoin. Tout en pleurant cette perte, nous accédons à une vraie libération, grâce à laquelle, enfin, nous vivons et agissons de façon nouvelle.

Accepter à quel point nous étions impuissante étant enfant reste une étape majeure vers la réappropriation de notre véritable pouvoir en tant qu'adulte. L'incapacité de nos parents à nous donner ce dont nous avions besoin n'a, en réalité, jamais rien eu à voir avec nous. Pour permettre pleinement à cette prise de conscience de faire son chemin en nous, il est primordial d'accueillir la tristesse de ce deuil tout en recevant du soutien dans ce processus. Le vrai lâcher-prise ne pouvant s'opérer que dans l'acceptation profonde de ce deuil douloureux, c'est la seule action vraiment capable de faire de la place à de nouvelles façons plus nourrissantes et plus enrichissantes d'être au monde.

Il est important d'identifier les anciens comportements négatifs en vue de leur substituer de nouvelles croyances ou attitudes positives, avant de nous engager ensuite à agir à partir de ces nouvelles croyances bénéfiques en place.

Voici des exemples :

— Dépasser notre peur et croire en nous est sans danger. (Étape d'action : apaiser nous-même nos peurs, alors que nous prenons le risque de nous lancer dans un nouveau projet qui implique que nous soyons visible pour les autres.)
— Nous autoriser à honorer nos besoins et exprimer notre vérité. (Étape d'action : parler en notre nom propre dans une situation où nos limites ne sont pas respectées.)

— Honorer notre vérité, même lorsque ceux qui nous entourent ne sont pas d'accord (Étape d'action : accomplir quelque chose que nous savons être vrai pour nous, au risque de se faire rejeter par les autres.)

L'étape d'action nous donne une nouvelle expérience qui envoie un message puissant à notre subconscient : il est sûr d'agir à l'encontre de ce que nous avons appris en tant qu'enfant. En d'autres termes, nous pouvons désormais choisir de ne pas suivre les modèles imposés sans pour autant nous faire rejeter, humilier ou abandonner, comme nous pouvions l'être dans notre enfance. D'une certaine manière, c'est comme si nous ramenions notre enfant intérieure dans le moment présent, là où elle peut enfin vivre l'expérience de se sentir soutenue dans son être, parce que nous, en tant qu'adulte, sommes là pour elle d'une manière dont notre mère n'a pas été capable. Cela crée une unification plus profonde en nous-même et plus de détachement et de distance par rapport à ces comportements toxiques que nous avions inconsciemment adoptés dans l'enfance. La cohérence est la clé. Au fil du temps, ce sont toutes ces petites étapes cohérentes qui conduisent à de plus grandes transformations.

Il est aussi important de reconnaître que les stratégies de l'enfance n'ont pas fonctionné.

Exemples :

— Me tenir tranquille n'a pas encouragé les gens à m'accepter davantage.

— Résoudre les problèmes de ma famille n'a ni favorisé une paix durable ni permis de me protéger du rejet.
— Être d'accord avec cette famille n'a pas conduit ses membres à voir la personne unique et différente que je suis.
— Absorber les croyances cousues de peurs de ma mère ne m'a pas aidée à me sentir en sécurité.
— Rester silencieuse et en retrait ne m'a pas permis de recevoir l'approbation et la validation de ma mère.
— Me concentrer sur ma mère et ses problèmes ne m'a pas apporté plus d'écoute ou de soutien de sa part.

Il est plus facile de décrocher de l'emprise inconsciente que ces stratégies ont sur nous lorsqu'on se rend clairement compte qu'elles n'ont jamais fonctionné.

Quand on comprend que « la bonne mère ne viendra jamais », on devient alors capable de laisser aller notre tristesse et de nous autoriser à choisir de nouvelles façons d'être et d'agir dans le monde, de celles qui nous apporteront vraiment épanouissement et joie. Nos vies vont petit à petit s'orienter automatiquement en direction de cette prise de conscience. Rejeter ces schémas négatifs ne signifie pas rejeter notre mère. Au-delà de ces schémas primitifs, il est avant tout question de notre choix de guérir et de créer de nouvelles façons plus saines de vivre et d'être au monde. Plus notre mère s'identifie de façon étroite à ces comportements, plus elle risque en effet d'interpréter ce changement en nous comme une trahison personnelle. Encore une fois, son interprétation n'a rien à voir avec nous, mais provient essentiellement de l'endroit où elle-même se situe intérieurement. Bien que nous sachions ces vieilles croyances délétères dans notre propre vie, il est possible que ce ne soit pas le cas de notre mère qui continue de les cautionner comme si ces repères étaient des valeurs sûres sur lesquelles s'appuyer pour agir. Pour autant, ses opinions ne dictent pas notre réalité. La laisser libre de faire sa propre expérience sans nous précipiter pour lui expliquer ou la prendre en charge émotionnellement est une vraie forme de respect mutuel.

Depuis des générations, les mères blessées réclament inconsciemment à leurs filles de leur donner ce que le patriarcat et leur famille leur ont refusé : un sens à leur vie, de la reconnaissance et une autonomie personnelle. Or, aucun enfant ni personne en réalité ne peut le leur offrir, car cela ne se donne pas, c'est à nos mères elles-mêmes de le trouver en s'engageant en faveur de leurs propres guérison et transformation. Refuser de nous plier au message tacite que notre mère blessée nous lance – « Ne m'abandonne pas en devenant pleinement toi-même ! » – est le seul moyen de briser ce cycle toxique. En tant que femme, nous avons le droit de mener notre propre vie. Laisser notre mère vivre sa propre expérience et son processus de guérison n'est pas cruel (comme essaie de nous faire croire le patriarcat), c'est en réalité sain et nécessaire. Lorsque notre intégrité passe avant l'opinion que notre mère a de nous, un changement majeur se produit : nous nous révélons puissantes et pouvons offrir aux autres de nouveaux modèles de façons d'être.

Une seule chose est capable de nous apporter la satisfaction que nous recherchons : vivre de façon authentique selon la vérité qui émane du centre de notre être, quel qu'en soit le prix.

Le fait que la quête de notre vérité intérieure soit proscrite avec force depuis des générations nous confronte toutes à ce dilemme : continuons-nous de cautionner ce système en fonctionnant selon nos habitudes, malgré cette douleur persistante en arrière-plan, tout en restant dans cette illusion de paix et de sécurité ? Ou choisissons-nous plutôt d'affronter notre douleur, dans le but de la dépasser, jusqu'à atteindre cette vérité, cette clarté authentique et cet épanouissement profond vers lesquels ce processus nous conduit ?

Dans le nouveau paradigme vers lequel nous nous dirigeons, l'honneur de la famille découlera de l'honnêteté, de l'intégrité et de l'authenticité plutôt que du silence, et ce, quels que soient la douleur des situations et l'inconfort des ressentis auxquels nous serons confrontés. Nous ne pourrons pas éviter les sentiments inconfortables liés à la peur car ils sont inhérents au processus de guérison de nos blessures émotionnelles. En revanche, nous pourrons les percevoir de façon plus réaliste comme faisant partie intégrante d'un processus sain, qui, en fin de compte, nous mènera à plus de clarté, de sagesse profonde et de compassion.

Notre soif de vérité se met à dépasser notre désir d'approbation culturelle et familiale.

Le fait que notre culture ait assimilé l'introspection honnête de notre histoire à de la trahison ou du blasphème illustre à quel point l'honneur apparent est une forme d'exercice de contrôle, et non pas d'amour véritable. L'amour, lorsqu'il est exigé, n'est pas de l'amour. Examiner notre histoire, tant que nous sommes fidèles au processus, peut finalement très bien nous amener à honorer sincèrement et à aimer véritablement nos parents. Aucun ordre n'est nécessaire. « Maman ne vient pas et pourtant tu es en sécurité » : continuer à informer notre enfant intérieure de cette vérité douloureuse est un acte d'amour.

Remettre la douleur émotionnelle dans son véritable contexte nous libère en nous permettant d'incarner plus pleinement notre individualité avec confiance. Notre enfant intérieure cesse l'autocritique. Ce processus consiste à nous éviter de projeter une mère démissionnaire ou envahissante sur nos situations actuelles pour nous permettre de vivre davantage dans le présent, percevant ce qui nous arrive de façon juste et non plus à travers la lentille déformante de notre passé. Ce processus est lent et peut prendre de nombreuses années, mais à chaque couche que nous enlevons, une plus grande partie de notre être véritable devient accessible et notre vie nous appartient encore un peu plus. Notre enfant intérieure se sent soutenue en étant « notre propre fille » et par conséquent, nous avons la certitude profonde, en tant que femme, que nous sommes en pleine possession de nous-même. Être aimée et nous affirmer dans nos différences en tant qu'individu ne sont plus des besoins qui s'opposent, mais plutôt des pierres angulaires qui s'entremêlent en nous. Paradoxalement, cette singularité intérieure engendre une expérience toujours plus profonde d'interconnexion avec tout.

Questions pour réfléchir

— De quelles manières avez-vous vu le rêve impossible se déployer dans votre enfance, et aujourd'hui, dans votre vie de femme adulte ?
— Quelles stratégies inconscientes avez-vous mises en place dans votre enfance pour vous sentir plus en sécurité et acceptée ?
— Par quelles nouvelles croyances pourriez-vous remplacer les croyances négatives de votre enfance pour favoriser un changement significatif dans votre vie en vous permettant de sortir des mémoires héritées de votre famille ?

11

Responsabilité

Aussi dévastatrice et choquante qu'avait été la rupture avec ma mère, elle m'avait toutefois permis d'aiguiser ma compréhension et validé mes premiers ressentis et observations sur ce qui m'avait poussée à renier l'enfant que j'étais pour survivre dans ma famille. J'avais l'impression d'assembler un puzzle. Bien qu'entière à ma naissance, la nécessité de devoir m'adapter à la dynamique dysfonctionnelle de ma famille, et plus largement au culte patriarcal autour, m'a petit à petit fragmentée et démembrée, jusqu'à me séparer de moi-même. En parvenant à nommer l'expérience que j'avais vécue dans mon enfance, j'étais maintenant en train de me reconstruire. Je découvrais une plénitude plus profonde qui avait toujours été en moi, mais que je n'avais jamais reconnue auparavant. Ce n'est qu'en m'abandonnant aux émotions liées à ces prises de conscience que j'ai pu vraiment saisir cela de façon viscérale. Ce fut comme une seconde naissance, un véritable retour en moi-même, m'appartenir enfin, m'exprimer, dire non et découvrir que mon intégrité est de loin la force la plus nourrissante de ma vie.

Alors que je réfléchissais à l'incapacité évidente de mes parents à avoir de l'empathie à l'égard de ma douleur ou à assumer leur part de responsabilité dans la dynamique familiale, j'en suis arrivée à la conclusion que cela provenait probablement de leur conviction que, selon eux, ils étaient déjà de bien meilleurs parents que leurs propres parents. Mon père ne m'avait pas réduite en bouillie, alors que son propre père le battait (cela dit, il frappait mon frère, mais pas aussi violemment). Ma mère ne s'endormait pas ivre des jours entiers en me laissant m'occuper de toute la maison comme sa mère le faisait avec elle, ce qui ne l'a pas empêchée de me charger émotionnellement bien au-delà de ce qu'une petite fille est capable d'endurer. J'ai compris de quelle façon, à leurs yeux et selon eux, ils pensaient avoir progressé, au vu de là d'où ils venaient. Mais le fait qu'ils n'aient jamais travaillé intérieurement autour de leur propre enfance les rendait agressivement résistants à toute preuve que je pouvais leur apporter du tort qu'ils m'avaient fait. Ils prenaient mes demandes de responsabilisation comme des attaques. De mon point de vue, c'est bien leur déni qui a été à l'origine des abus que j'ai subis. Malheureusement, ce déni était à leurs yeux un acte d'amour et de loyauté envers leurs propres parents. Chercher la vérité n'était pas synonyme de guérison, mais plutôt une trahison blasphématoire à l'encontre de la famille. Selon moi, l'effort requis pour sortir du déni symbolisait l'expression la plus puissante de l'amour de soi et de ses enfants. Se sentir responsable est indispensable au changement. Quand chaque génération est au service de ce déni protecteur envers ses parents au lieu de servir le bien-être de ses enfants, on se retrouve avec une société traumatisée.

Au stade où j'en étais, c'est-à-dire forte de plus d'une décennie de thérapie à mon actif, j'avais construit sur du long terme une relation thérapeutique qui m'a apporté ce qui m'avait manqué dans mon enfance. J'ai pu voir ces schémas, et c'est la raison pour laquelle je me suis sentie en mesure d'exprimer mon désir de les changer. Le fait que mes parents n'aient pas accompli de travail intérieur – j'en suis fermement convaincue – les rendait incapables de reconnaître le chemin que j'avais parcouru et d'en être fiers. En réalité, ils ne pouvaient se sentir que menacés par ma démarche. Le système familial, ne réussissant pas s'adapter à ma démarche d'émancipation, m'a donc exclue. Toutes les familles recherchent l'équilibre et l'homéostasie, et pour certaines familles, la personne la plus autonome doit être exclue, car son attitude représente un danger pour l'équilibre du groupe.

Découvrir que je pouvais survivre au fait que ma mère m'ait rejetée m'a permis de reconnaître et de dénoncer la toxicité chaque fois que je l'identifiais. Et chaque couche de responsabilité faisait émerger encore plus de couches de colère et de chagrin. Je remarquais que toutes les fois où j'étais en mesure d'accueillir ma tristesse et ma rage, de saisir l'ampleur réelle de ce que j'avais vécu enfant tout en évitant de trop me focaliser sur les relectures qui avaient déclenché ces ressentis, cela me procurait une énergie et un élan intérieur immenses. Accueillir mes ressentis depuis l'origine de la cause me faisait entrevoir avec clarté de quelle façon je pouvais avancer au quotidien.

Me réapproprier mon histoire, parallèlement à la dissolution croissante de mon « rêve impossible » m'incitait de plus en plus à dire la vérité et à dénoncer ce qui n'allait pas, aussi bien dans ma vie personnelle que dans les communautés que j'avais intégrées. Je flairais de mieux en mieux la toxicité et les dysfonctionnements dans les interactions quotidiennes et utilisais ces expériences pour renforcer mon intégrité. Ma mère était sortie de ma vie, mais la blessure maternelle continuait de se manifester. J'accueillais chaque nouvelle manifestation comme une occasion d'être fidèle à moi-même comme je n'aurais jamais pu l'être vis-à-vis de ma propre mère, m'entraînant à être authentique, à me réappartenir, fixant respectueusement des limites fermes, restant indifférente aux projections des autres tout en étant centrée et en prenant soin de mon enfant intérieure. Le changement que je ressentais à chaque fois que j'agissais de la sorte était presque viscéral, comme si mes cellules se réorganisaient d'une nouvelle manière.

« La principale institution du patriarcat est la famille. »

KATE MILLETT

« Rien n'est plus important
pour l'avenir de notre culture que la façon
dont les enfants grandissent. »

GABOR MATÉ

À propos des blessures de l'enfance, la stricte vérité consiste à admettre que l'amour ne suffit pas. Aimer leurs enfants n'empêche pas les parents de les blesser inconsciemment. Et aimer nos parents ne nous dispense pas de guérir nos blessures d'enfance. C'est également vrai entre amis, partenaires et collègues. Même si nous avons les meilleures intentions, tant que notre blessure maternelle n'est pas guérie, elle déterminera l'impact que nous avons sur les autres. Et tôt ou tard, elle nous confrontera à notre impuissance. Le traumatisme l'emportera sur l'amour.

Ce qui ne veut pas dire que l'amour ou les bonnes intentions n'ont pas d'importance, mais plutôt qu'aimer quelqu'un et cultiver les meilleures intentions à son égard ne sera jamais aussi puissant que nous responsabiliser face à la vérité de notre propre histoire. Notre inconscient l'emportera sur nos intentions conscientes, à moins que nous n'y ayons pris garde. Tout ce que nous refusons de voir ou préférons ignorer autour de la douleur de notre enfance se rejouera dans nos relations d'adultes et déterminera le niveau de douleur et de dysfonctionnement au sein de ces relations. Sans connaître notre histoire, nous percevrons nos problèmes relationnels comme étant des mystères insolubles, nous nous sentirons victimes de schémas répétitifs et nous nous tournerons sans cesse vers l'extérieur pour y trouver des coupables tout en continuant d'éprouver ce sentiment de honte.

Protéger nos parents en les dispensant de prendre leurs responsabilités n'est pas de l'amour. Choisir de rester aveugles à la façon dont ils nous ont blessées revient à cautionner la maltraitance pour la génération à venir. Il est temps d'élargir notre définition de l'amour pour y inclure la responsabilisation.

Prendre nos responsabilités consiste à regarder avec clarté la façon dont nous avons été blessées dans notre enfance, les multiples manières dont cette souffrance continue de nous affecter aujourd'hui dans notre vie d'adultes et ce que nous pouvons mettre en place maintenant dans notre vie pour avancer vers notre guérison, tout en prenant soin des autres et de l'enfant à l'intérieur de nous-mêmes. Pour les anciennes générations, aimer signifiait entre autres taire ce qui nous fait mal. Il est temps d'élargir cette définition en y incluant ce principe de responsabilisation. Apporter une autre définition de l'amour consisterait à dire : « Consciente que mon comportement actuel est influencé par mes blessures d'enfance, je m'engage à emprunter le chemin de ma guérison et à grandir pour arrêter de projeter inconsciemment cette douleur sur les autres. »

« Ma mère a fait de son mieux » est souvent le propos de nombreuses femmes qui souffrent de la blessure maternelle et préfèrent éviter de regarder la vérité en face. Leur douleur persiste tant que leur vision reste partielle.

Une vision complète de la situation leur permettrait d'affirmer : « Ma mère a fait de son mieux, ET j'ai souffert en tant qu'enfant. » Je vois des femmes tenter inconsciemment de contourner cette deuxième réalité. Mais c'est précisément cette part-là qui nous permet de pleurer, de guérir et, finalement, d'avancer et de grandir en faveur de la femme que nous sommes censée être.

Il est presque impossible d'être tout à fait présentes émotionnellement à nos enfants, si nous n'avons pas suffisamment guéri notre propre enfant intérieure. En d'autres termes, nous ne pouvons être à l'écoute ou capables d'empathie envers eux que dans la mesure de ce qu'on a pu dépasser et guérir au niveau de notre propre enfant intérieure. Plus nous serons capables de prendre soin de cette enfant intérieure, plus nous parviendrons à prendre soin de nos enfants extérieurs.

Néanmoins, personne n'est à blâmer car dans une société patriarcale, les enfants autant que les parents sont des victimes. Tous sont les victimes de cette loi du silence qui nous oblige à taire nos sentiments et la vérité de ce que l'on vit. Seul le fait d'assumer la responsabilité de ce que nous vivons réellement permet d'acquérir une plus grande conscience du sort des enfants dans notre société et pourra changer la donne pour les générations futures. La principale responsabilisation vraiment utile et nécessaire conseillée aux adultes consiste en l'engagement de chacun à guérir son propre enfant intérieur. Autrement, nous continuerons à regarder les problèmes de ce monde sans les percevoir pour ce qu'ils sont réellement : des symptômes d'une souffrance collective à vif, présente en chacun de nous. Tous les enfants sont innocents. L'enfant en nous est innocent, et nos enfants extérieurs sont innocents. Faire le constat de la façon dont nous avons été maltraitées dans notre enfance et du mal que nous avons aussi pu causer à nos enfants peut être déchirant. Mais cette volonté d'accepter de voir la douloureuse vérité sur la façon dont nous avons été blessées est le seul moyen de ne plus la transmettre. Cette détermination à devenir conscientes, et capables d'accueillir la douleur liée à cette conscience, est la clé. Lorsque nous commençons à prendre la responsabilité de notre histoire de vie, nous apportons un puissant élan à notre guérison.

Se responsabiliser en plusieurs étapes :

— Accueillir la vérité de ce que nous avons vécu en tant qu'enfant et faire preuve d'empathie à l'égard de notre enfant intérieure. Soyons triste et en colère au nom de cette petite fille. De cette façon, nous devenons le témoin compatissant dont elle avait besoin dans le passé.
— Observer comment ces expériences douloureuses ont eu un impact sur notre vie d'enfant et de quelle façon nous cherchons à les compenser aujourd'hui dans notre vie d'adulte.
— Tenir compte du fait qu'en tant qu'enfant, nous n'avions aucun pouvoir sur la situation. Les seules personnes responsables à l'époque étaient les adultes.
— Enfin, nous parvenons à faire le deuil des couches à mesure qu'elles surgissent, et nous sentons cette bonté incorruptible en nous au moment où nous retrouvons notre pouvoir personnel.

La forme la plus puissante de responsabilisation se situe en nous-mêmes pour nous-mêmes, et s'établit sur la base de toutes les expériences que nous avons traversées. Nous ne sommes pas responsables de ce qui nous est arrivé quand nous étions enfants. Le comprendre nous permet de nous débarrasser de la honte et de réparer l'enfant en nous. Cela dit, la compréhension doit s'ancrer dans notre ressenti et ne pas rester uniquement un concept intellectuel. Nous devons le sentir dans notre corps. C'est précisément ce qui nous reconnecte à la part authentique de nous-mêmes, à nos vrais instincts, nos vrais ressentis, nos vraies observations.

Confronter notre père et/ou notre mère n'est pas indispensable.

Faire en sorte que nos parents prennent leurs responsabilités en allant leur parler directement est un choix personnel. Cela peut être très guérissant, à condition que le moment soit bien choisi et la déclaration prudemment élaborée. Selon les situations, ne pas les affronter directement s'avère être le choix le plus judicieux. Ce qui est primordial, c'est que nous, dans notre cœur, nous arrêtions de nous reprocher cette souffrance vécue en tant qu'enfants. Il n'est pas nécessaire que notre mère ou nos parents nous comprennent pour que nous avancions. Entretenir une relation harmonieuse avec eux n'est pas non plus indispensable à notre guérison.

Tout cela n'a jamais été notre faute. Cette compréhension simple et profonde nous rend le pouvoir que notre blessure maternelle nous avait confisqué, tout en nous replaçant au centre de nous-mêmes. C'est l'antidote face à cette croyance inconsciente qui nous amène à penser que plus nous endosserons leur souffrance et leur honte, plus les membres de notre famille nous accepteront.

Il arrive qu'un enfant ait l'impression que ses sentiments douloureux auraient le pouvoir de le tuer. Cette douleur lui apparaît si menaçante qu'il doit absolument trouver un moyen de la supprimer. En tant qu'enfants, bien souvent, nous nous coupons de nos ressentis pour pouvoir survivre. En tant qu'adultes, nous avons les ressources pour sortir de cette dichotomie, en accueillant pleinement nos émotions et en intégrant que ces émotions douloureuses ne peuvent *pas* nous tuer. On découvre alors que nous sommes en réalité plus puissantes et plus vastes que n'importe quelle émotion douloureuse, et qu'avoir mal ne signifie pas que nous soyons « mauvaises ». En fait, nous avons besoin d'apprendre qu'avoir accès à ce qui est véritablement douloureux en nous et le traiter fait partie de notre valeur, de notre réalité et de notre vérité.

Il est impossible de guérir de plaies que l'on refuse de reconnaître.

Ne pas tenir compte des blessures de l'enfance coûte très cher. À cause des limitations de son développement cognitif, un enfant maltraité ne peut faire autrement que se croire à l'origine de sa propre blessure. Ce manque de conscience empêche le deuil nécessaire que seule une introspection honnête de l'adulte à propos de l'origine réelle de sa souffrance d'enfant rend accessible. Sans ce deuil, l'enfant non guérie en nous continuera à vivre dans notre corps d'adulte, projetant sa douleur sur les autres et reproduisant sans cesse les situations douloureuses tout en se culpabilisant. Pourquoi avons-nous aussi peur de prendre nos responsabilités ?

Beaucoup craignent de faire face à ce qu'elles ont traversé, croyant que cela revient à accuser leurs parents, sans voir la différence entre ces deux actions. Cette confusion erronée n'est qu'un symptôme du méli-mélo dysfonctionnel encouragé par le patriarcat. Il est important de dissocier les deux. Cette croyance autorise les abus à perdurer à travers les générations. Plus il y aura d'adultes capables d'accueillir pleinement la tristesse de leurs blessures d'enfance, moins notre société percevra cette notion de responsabilisation comme une menace pour le pouvoir parental. Au lieu de cela, les parents (qui auront accompli le travail de deuil nécessaire par rapport à leur propre enfance) vivront le fait de se responsabiliser comme un honneur et une fierté.

La responsabilisation représente la prise de conscience la plus nécessaire pour qu'un changement significatif se produise.

Nous avons les capacités de vraiment nous rendre compte et d'accueillir cette tristesse en voyant à quel point nos douleurs inconscientes et non guéries peuvent nous conduire de façon aveugle à blesser les autres alentour. Nous devons avoir le courage d'examiner clairement de quelle façon la douleur non guérie des autres nous a, nous aussi, blessée et comment la nôtre nous a conduite à nuire aux autres. Reconnaître et inclure ces faits dans une vue d'ensemble représente la base de la compassion, du pardon et d'un changement significatif. En tant que fruit d'un deuil accompli au niveau de notre propre douleur, cette reconnaissance nous fait comprendre que le comportement des autres n'a rien à voir avec nous. La façon dont les autres nous traitent ne fait que refléter leur propre état intérieur. Cela crée un espace psychique dans lequel nous ne nous sentons plus obligée de répondre de façon réactive ou hostile aux autres qui agissent à partir de leur souffrance. Cependant, tant que nous n'aurons pas libéré la tristesse de nos propres blessures d'enfance, nous prendrons systématiquement le comportement des autres personnellement, coincée que nous serons dans cette perspective étroite de l'enfant non guérie qui ne peut s'empêcher de croire qu'elle est la cause de tous les problèmes.

Tant que nous ne l'aurons pas pleurée suffisamment, cette douleur ne pourra que se répéter dans notre vie. Faire le deuil complet des blessures de notre enfance est un acte de maturité puissant qui ouvre la voie à un monde nouveau. Certaines reconnaissent que même si les blessures de l'enfance sont douloureuses, elles ont l'impression que l'angoisse ou la douleur qu'elles ressentent les aide à être créatives, excentriques et passionnées. Certaines ont peur que leur guérison leur fasse perdre leur originalité ou ce qui les mène au succès et les motive en tant qu'adultes.

En guérissant ces blessures, une chose est sûre, c'est que nous ne perdons pas ce qui nous rend uniques. Bien au contraire, car en guérissant, notre véritable énergie créative se libère, nous permettant ainsi de devenir vraiment innovantes et originales, de gagner plus d'espace psychologique pour voir au-delà des limites de la culture familiale et de jouir de nouvelles potentialités, qui dépassent cette vision étriquée par nos blessures d'enfant.

Comprendre que me reposer et me relaxer étaient sans danger pour moi a constitué l'un des défis de mon parcours de guérison. Cela venait d'une fausse croyance que j'avais développée enfant, selon laquelle je devais toujours être dans l'hypervigilance mentale et avoir l'ambition d'atteindre le prochain objectif pour être en sécurité. Me détendre, c'était très dangereux, quand j'étais enfant. En tant qu'adulte, j'ai dû envisager le repos de façon différente et le voir plutôt comme un partenaire dans ma créativité et ma productivité, et non plus comme un obstacle. Je me souviens d'un jour où j'étais particulièrement épuisée et où je devais me faire violence pour respecter une deadline. Au lieu de m'infliger cette pression, j'avais finalement opté pour une mesure radicale en m'accordant un jour de congé. Je n'avais rien fait de productif de toute la journée. Je ne m'étais plongée ni dans Netflix ni sur les réseaux sociaux. J'avais tenu à me reposer consciemment et profondément. J'ai observé pendant un moment par la fenêtre les écureuils jouer dans les arbres à côté de ma maison. J'ai simplement regardé aussi, pendant un moment, les minutes défiler sur l'horloge numérique. Puis j'ai senti de la tristesse monter, et j'ai pleuré pendant un moment. Je suivais mon propre rythme d'instant en instant. Tout cela était incroyablement apaisant et réconfortant. Je me suis juste permise d'être. J'ai été très surprise de constater que dès le lendemain de cette journée de repos total, je me suis retrouvée incroyablement productive et organisée, et aucun des travaux que j'accomplissais ne m'apparaissait comme un fardeau ou une corvée. En fait, je me sentais tellement reposée que même les tâches banales me semblaient amusantes et énergisantes.

Forte de cette expérience, je continue à prendre une journée complète de repos chaque semaine, ce qui booste énormément ma créativité et ma productivité. Voilà comment le fait d'avoir eu conscience de l'hypervigilance dans laquelle j'ai grandi m'a aidée à sortir du cercle vicieux de l'épuisement professionnel. À moins d'avoir le courage de regarder ces choses-là en face, nous restons indéfiniment prisonnières de schémas qui ne fonctionnent pas.

Pourquoi est-il nécessaire de se responsabiliser ?

Aucun deuil n'est possible tant que nous ne sommes pas conscientes de la vérité de ce que nous avons vécu. Et libérer notre tristesse est précisément ce qui nous reconnecte à la part profonde de notre être, en élargissant cet espàce entre le stimulus et la réponse, ce qui démultiplie au passage nos choix et nos possibilités.

Guérir notre division intérieure

Accomplir ce travail, c'est apporter une validation à la petite fille en nous qui a été forcée de ravaler ses ressentis, de se méfier d'elle-même, de nier ses instincts et de rejeter son cœur. Cette dissociation est ce qui l'a aidée à survivre à l'insupportable vérité. Lorsque nous devenons conscientes, nous revenons aussi dans la réalité. Autant nous abstraire de cette insupportable vérité nous a permis d'y survivre enfant, autant nous avons aujourd'hui tout intérêt à renouer avec cette vérité en tant qu'adultes, si l'on veut vivre vraiment.

Plus nous témoignerons de l'empathie envers cette enfant maltraitée en chacune de nous, plus les choses s'amélioreront sur les plans personnels et sociétaux.

En créant un monde où une enfant n'a pas à choisir entre son pouvoir personnel et l'amour de sa mère, nous permettrons aux femmes de se révéler pleinement dans leur puissance.

Nous automaterner correspond à la forme la plus haute de responsabilisation. Ce qui nous permet d'arrêter de demander aux autres de le faire pour nous. Nous cessons de demander à nos enfants, partenaires et amis de nous donner ce qu'ils ne peuvent pas nous donner. La compulsion à reproduire inconsciemment la douleur se dissout progressivement. Pour nous automaterner efficacement, saisir la vérité de ce que nous avons vécu est essentiel. Pour ce faire, nous devons nous connecter avec notre enfant intérieure, l'écouter, la valider et lui permettre de faire son deuil. Ce processus ouvre la voie à la joie et à la bonté indestructible en nous qui s'écoulera naturellement dans tout ce que nous entreprendrons.

Questions pour réfléchir

— Y a-t-il des souvenirs ou des expériences de votre enfance qui, selon vous, nécessiteraient une exploration et une guérison plus approfondies ? Quelle part de votre enfance n'avez-vous pas encore assumée, laquelle, accueillie et reconnue, pourrait apporter un profond soulagement et un nouvel élan dans votre vie actuelle ?

— De quelles parties ou aspects de vous-même avez-vous dû vous couper, ou quelles parties ou aspects avez-vous dû restreindre pour être mieux acceptée par votre famille ?

— De quelles façons nourrissantes pouvez-vous accueillir ou donner vie à ces traits enfouis en vous aujourd'hui ? Quelles sont les étapes que vous pouvez entreprendre pour commencer à accueillir ces qualités dans votre vie ?

12

En deuil

Alors que je gérais la séparation au niveau de ma famille et ce qui commençait à ressembler à la dissolution probable de mon mariage, j'avais par moments l'impression d'avoir été réduite en poussière.

Tout en continuant à fonctionner dans ma vie de tous les jours, j'avais la sensation que mes structures internes s'étaient désintégrées d'un coup, comme du sable qui glissait de mes mains. Toutes les stratégies et tous les mécanismes d'adaptation sur lesquels je m'étais toujours appuyée me semblaient désormais inutiles. Même les outils qui m'avaient servi à donner un sens à ma personne et au monde étaient devenus soit trop douloureux à employer, soit carrément obsolètes. Le rôle de « bonne fille » sonnait creux.

Une soif de vérité pure avait remplacé mon souci d'être aimée et approuvée. Le moteur de la performeuse « en quête d'excellence » avait disparu. C'était comme s'il n'y avait plus aucune raison de se battre. Et dans le sillon de ces masques en train de pourrir et de ces stratégies, la colère et le chagrin des premières fois où j'avais cru être une mauvaise personne, incapable d'être aimée et jamais assez bien, remontaient couche par couche, jusqu'à la surface.

J'avais la sensation de vivre un instant après l'autre, une respiration après l'autre.

La thérapie était particulièrement intense à cette époque. Accompagnée par Nicole, j'avais commencé à approcher ce que j'avais surnommé le « trou noir », qui n'était en fait ni plus ni moins que le cœur brûlant de la blessure maternelle. À l'intérieur de moi, je ressentais quelque chose qui s'apparentait à une désorganisation totale et à un profond désespoir. En signes avant-coureurs, j'avais reconnu cette mélodie du désastre faite de confusion, de doute et d'épuisement qui m'avait hantée discrètement, en arrière-plan, tout au long de ma vie. Habituellement, soit j'esquivais ces signes, soit je m'arrangeais pour les neutraliser. Mais récemment, ces sensations s'affirmaient de plus en plus dans ma vie de tous les jours. Je me sentais déboussolée par cette progression : moi qui avais connu des moments de clarté et de liberté intenses, voilà que je me retrouvais maintenant plongée dans un profond désespoir.

Nicole m'avait expliqué que plus on guérissait, plus on était en mesure de traiter les traumatismes. Ce n'est certes pas la façon dont on envisage habituellement le progrès. On imagine généralement avancer en ligne droite en direction du « mieux », alors que la guérison des traumatismes correspond plutôt à une spirale ou une vague.

Cette spirale implique de fréquentes régressions au cours desquelles on se confronte de façon répétée à des résonances traumatiques, tout en développant très progressivement une capacité à digérer, à intégrer et à évoluer au-delà de toutes les histoires traumatisantes, des croyances, des émotions, des comportements, des façons d'être et d'établir des liens.

Lors d'une séance de thérapie, je me souviens avoir dit à Nicole : « Je sens le trou noir approcher, et cette sensation d'être traquée par une force malveillante.

— Eh bien, examinons ça au grand jour, et regardons-le en face pour de bon. Je suis là, avec vous. Vous êtes en sécurité. Allons l'observer ensemble, m'avait répondu Nicole.

— Êtes-vous sûre ? lui avais-je demandé. J'ai l'impression que si je le regarde, il me tuera. Si je m'ouvre à lui, ce trou noir risque de m'anéantir !

— Bien sûr qu'on y va ! Je suis là. Vous êtes en sécurité, avait-elle répété. »

OK, alors allons-y, m'étais-je dit.

Je m'étais autorisée à me laisser submerger par mes sensations. J'avais l'impression de sombrer dans un abîme. Nicole m'avait interrogée sur ce que je ressentais pendant que je pleurais. Depuis cet abîme, j'avais déclaré : « Je suis si mauvaise. Je veux mourir. Je suis l'être le plus atroce, le plus mauvais, je suis horrible, hideuse. » Puis, je suis descendue plus en profondeur, en m'exprimant comme si je m'adressais réellement à ma mère : « Je ne peux pas faire disparaître mes besoins. S'il te plaît, ne me quitte pas. Malgré mes tentatives, je n'arrive pas à ne pas avoir de besoins. Je suis prête à me tuer pour que tu m'aimes ! Je suis si mauvaise. Je me déteste. » Je me rendais compte à quel point je m'étais abandonnée, de quelle façon j'avais réprimé mon âme pour maintenir coûte que coûte le lien entre ma mère et moi.

L'isolement traumatisant, la terreur, l'impuissance, le drame sans fin, le sentiment de haine de soi, le désir envers ma mère. Tandis que je parlais et pleurais, je me sentais plus impuissante que jamais et en totale perte d'espoir, comme si chaque cellule de mon être était imprégnée de désespoir. D'une certaine manière, sentir la présence d'une autre personne à côté de moi à ce moment-là m'avait aidée à accueillir tout ça en restant présente à moi-même aussi.

Nicole m'avait rassurée plusieurs fois, en me répétant que j'étais en sécurité, qu'elle était avec moi. « Vous n'êtes pas seule. Vous êtes en sécurité. » Mes jambes n'avaient pas arrêté de trembler tout du long. Je permettais juste aux ressentis, aux mots, de sortir comme ils venaient et à mon corps de trembler autant qu'il en avait besoin. Tout arrivait comme par vagues. Soudainement, des sanglots intenses, des mots, des tremblements, puis le silence profond pendant une minute ou deux, puis ça recommençait... Il n'y avait pas d'images ; ce qui ressortait provenait d'une époque où je ne parlais pas encore, en tout cas des premières années de ma vie, comme une ombre qui avait été incrustée dans les profondeurs de mon être depuis longtemps.

Alors que j'étais en train d'inspirer profondément lors d'une des brèves accalmies, j'avais soudain pris conscience d'une présence palpable et bienveillante autour de la douleur ; une conscience pure, claire et aimante qui était témoin de cette douleur sans que celle-ci la dérange et sans l'entraver pour autant.

J'ai alors pu voir que cette présence bienveillance était ma propre essence, mon être profond, qui comprenait autant la douleur atroce que la vaste conscience, tendre et aimante qui l'entourait. Cette reconnaissance viscérale a été profondément libératrice.

Ce ressenti de désespoir total ne m'avait finalement pas tuée comme je l'avais craint. J'étais debout, en lien avec ma douleur la plus profonde... et j'étais en vie ! Ce moment a représenté un puissant tournant dans mon cheminement intérieur.

« La douleur a de l'importance :
la façon dont nous l'évitons, dont nous y cédons,
dont nous la traitons, la manière dont nous la dépassons. »

AUDRE LORDE

S'asseoir au cœur de sa douleur est une action à la fois si simple, et en même temps l'une des choses les plus difficiles à faire.

Ressentir notre douleur sans nous précipiter pour la soigner, la neutraliser, l'éviter ou l'étouffer demande un courage énorme. C'est là que le principe d'abandon entre en jeu. Nous arrivons à un moment de notre guérison où nous avons lu tous les livres, consulté tous les gourous ou essayé toutes sortes de techniques fantaisistes et tout ce qui nous reste à faire est la dernière chose dont nous ayons envie : ressentir ce qui est douloureux. Ironiquement, accueillir notre douleur est précisément ce qui finira par nous apporter tout ce que nous recherchions en l'évitant.

Accepter de subir cet inconfort au profit de notre transformation est une clé majeure pour guérir nos blessures émotionnelles. Cette volonté est essentielle pour véritablement sortir des blessures de notre enfance.

L'inconfort se manifeste sous différentes formes :

— Être incomprise par les membres de notre famille.

— Accueillir notre douleur, accepter de la ressentir et lui permettre d'être là.

— Passer par des périodes de colère et d'indignation sitôt que nous nous éveillons à la réelle souffrance que nous avons subie en tant qu'enfant.

— Laisser sortir notre chagrin sans savoir combien de temps cela va durer.

— Avoir peu d'énergie ou nous sentir perdue et remplie de doutes.

— Nous autoriser à être vulnérable et à recevoir le soutien des autres.

— Nous éloigner de certaines personnes auparavant proches.

Dans une culture qui encourage l'idée de récompense immédiate et de résultats instantanés, accueillir au mieux un processus de guérison pas vraiment glamour et hors de contrôle demande énormément de courage et de force intérieure. En plus de cet aspect culturel, il y a aussi notre instinct de survie qui nous incite à nous battre ou à prendre la fuite sitôt que nous nous sentons menacée. C'est pourquoi recevoir du soutien dans ce processus de guérison est essentiel.

Le seul moyen que notre enfant intérieure en souffrance connaît pour s'apaiser consiste à se conformer aux façons d'agir transmises par sa famille d'origine – ces mêmes comportements qui se trouvent justement être à l'origine de sa douleur. Voilà ce qui nous retient prisonnière dans la boucle infernale. Faire grandir en nous cette capacité à nous automaterner et rassurer notre enfant intérieure, tandis que nous choisissons en conscience ce qui correspond le mieux à nos aspirations profondes et à nos besoins réels, nous permet de sortir de l'impasse. Cet engagement intérieur nous aide efficacement à quitter les schémas familiaux à l'origine de cette souffrance.

Pour beaucoup d'entre nous, grandir impliquait une forme d'autotrahison, en nous obligeant à séparer notre être en deux parties dans le but de survivre. Alors que cette scission interne nous amenait à taire nos ressentis et à rejeter une part de nous-même, en vue d'être acceptée par notre famille, notre guérison nous demande de récupérer notre aptitude à ressentir pleinement ce que nous éprouvons et à exprimer sans honte la femme que nous sommes réellement.

Finalement, ce désir de vivre selon notre vérité surpasse tous les autres, y compris celui de ne plus souffrir.

On peut vraiment faire confiance à cette soif de vérité qui nous conduit à chaque instant vers tout ce dont nous avons besoin. Et parfois, ce dont nous avons besoin, c'est d'accueillir encore un peu plus profondément notre douleur intérieure. Les moments de soulagement et de béatitude qui suivent ce travail d'acceptation en valent la peine. Au fur et à mesure, nous comprenons que cette action d'embrasser notre douleur et d'y être présente permet de nous connecter à la véritable grandeur de notre être.

Un nouvel espace intérieur dans lequel nous sommes autorisée à vivre réellement se crée.

Parallèlement à l'accomplissement de ce travail, nous devenons de plus en plus convaincue de l'intérêt de nous engager avec ferveur à vivre notre vérité.

Plus nous faisons face à la vérité de ce que nous avons vécu en tant qu'enfants et de l'impact sur notre vie, plus se manifeste en nous ce désir ardent de vivre chaque instant dans le feu de notre être originel.

Chaque instant devient une nouvelle occasion de vivre à partir d'une conscience simple et ouverte à ce qui est.

Nous comprenons que la conscience elle-même est une étreinte.

On commence à aborder la douleur en périphérie. Puis, alors que nous devenons de plus en plus capables de supporter l'inconfort et l'incertitude, on se rend compte de la fusion possible avec la sainte présence qui vit au cœur même de notre douleur, tout en prenant conscience qu'il s'agit de notre être véritable.

Beaucoup parmi nous éprouvent au plus profond d'elles une sorte de nostalgie, une tristesse sans nom, ardente et douloureuse. Beaucoup d'entre nous ont éprouvé en tant qu'enfants ce sentiment d'être déracinées et sans ancrage dans leur relation à leur mère. Accueillir cette sensation de mal du pays inhérente à la blessure maternelle nous permet finalement de parvenir à comprendre que nous ne sommes jamais vraiment abandonnées. Tout devient possible lorsque nous incarnons en nous cette mère aimante pour notre enfant intérieure tout en accueillant son désespoir le plus profond.

Au fond de ce désespoir il y a une porte qui nous conduit à la source, vers cette conscience dans laquelle nous ne faisons plus qu'un avec tous.

En ce sens, notre douleur est une messagère qui nous rappelle qu'il est temps de rentrer à la maison, ce lieu originel à l'intérieur de nous, dans lequel nous réalisons notre véritable identité en tant que conscience et accédons à la connaissance que nous sommes esprit et que nous ne pouvons jamais vraiment être blessées ou abandonnées, en tant que partie intégrante d'un tout.

Notre douleur : la ressentir est ce qui nous permet de nous en libérer.

En nous asseyant au cœur de ce qui nous fait mal et en nous accompagnant avec tendresse et acceptation dans cette action, nous comprenons petit à petit que cette douleur que nous avons ressentie n'est pas l'être véritable que nous sommes. Nous commençons à voir que nous sommes cette présence ouverte et aimante que nous incarnons en embrassant notre propre douleur, et qu'il s'agit là de notre véritable identité, sous-jacente à toutes les autres. L'aboutissement de la vie en tant que « soi », c'est de vivre en tant que « non soi », à travers cet espace vaste et généreux, témoin de notre douleur et capable de l'accueillir totalement.

À travers cette blessure primaire et sacrée, nous sommes appelée à devenir cette mère aimante pour nous-même… et pour tout ce qui est vivant.

En incarnant l'amour inconditionnel de la mère intérieure, c'est à la vie elle-même que nous nous reconnectons. Nous nous reconnectons à cette part éternelle de nous, sans naissance et sans mort, qui constamment meurt et renaît sous d'innombrables formes. C'est l'étape évolutive qui se trouve au cœur de la douleur de la blessure maternelle.

En tant que femmes, nous grandissons dans la croyance qu'un pouvoir sacré existerait en dehors de nous-mêmes, et dans le processus de guérison, nous comprenons que ce que nous désirons le plus, ce qui est le plus saint, le plus éternel et pur, se trouve bien à l'intérieur de nous et a toujours été là. Nous sommes tout ça. Et cela ne concerne pas que quelques personnes, ce trésor est au cœur de chaque être vivant, en nous comme dans tout ce qui vit.

Chaque fois que nous embrassons avec amour notre propre douleur, nous activons ce pouvoir de l'unité en tout, car nous sommes toutes et tous connectés.

Le processus de deuil nous permet de traiter émotionnellement nos expériences et d'avancer. Dans une culture obsédée par la productivité et la perfection, l'expérience du deuil, la tristesse, la colère et le sentiment de perte qui l'accompagnent peuvent nous sembler être une impasse ou un retour en arrière. Mais c'est une illusion. Le deuil est un grand accélérateur.

Selon le physicien et auteur Gabor Maté, nous avons, en tant qu'êtres humains, deux besoins primaires : le besoin d'attachement et le besoin d'authenticité.

Dans les familles dysfonctionnelles, une petite fille préférera taire son besoin d'authenticité au profit de son besoin d'attachement auprès de la personne qui est censée prendre soin d'elle, en général la mère.

Le premier besoin humain est l'attachement. Non traitées, nos blessures d'attachement persisteront dans notre vie d'adulte jusqu'à nous pousser à organiser inconsciemment nos vies de façon à éviter de déclencher le souvenir émotionnel de cet isolement traumatisant. C'est ce qui bien souvent nous empêche de quitter des relations, des emplois ou des situations qui ne nous conviennent plus.

L'obligation de négliger l'authenticité au profit de l'attachement nous amène à fonctionner en mode « soit l'un, soit l'autre », un état d'esprit qui nous colle à la peau et qui s'applique dans plusieurs domaines de notre vie.

La guérison est la conséquence de la réparation de cette scission afin que nos besoins d'authenticité et d'attachement puissent être abondamment comblés en nous-mêmes d'abord, puis dans nos relations. Cette réunification au soi nous ouvre à la possibilité de percevoir à la place du « ou » un « et » bien plus grand, le lien d'amour et d'appartenance propre à toute vie.

Nos besoins d'authenticité consistent à faire l'expérience d'être vue, acceptée et validée telle que nous sommes, incluant aussi :

— nos défauts et nos limites.
— nos échecs et nos erreurs.
— nos bizarreries et nos idiosyncrasies.
— nos dons et nos talents.
— notre grandeur et notre unicité.

Nos besoins d'attachement, ce sont nos besoins d'amour, de sécurité et d'appartenance, et ils réclament :

— d'être accueillie et traitée avec gentillesse.
— d'être cadrée émotionnellement.
— d'éprouver un sentiment d'appartenance aussi bien dans nos relations intimes qu'au sein de groupes plus larges.
— d'être touchée physiquement et de recevoir de l'affection.
— d'être soutenue et comprise.
— de nous sentir émotionnellement en sécurité.

Nous n'avons pas beaucoup de modèles pour savoir à quoi ressemble le fait de persévérer dans cette voie de guérison, et beaucoup s'arrêtent prématurément. Cultiver la détermination à être présente à notre propre douleur représente un aspect décisif du chemin. En tant qu'êtres humains, il est naturel de vouloir éviter la douleur, mais généralement le fait de la fuir est plus douloureux que la douleur elle-même. C'est pourquoi le soutien dans ce genre de démarche est si important. La blessure autant que la guérison finale surviennent toutes deux au sein de nos relations.

Lorsqu'elle n'est pas accompagnée par la résistance d'un scénario mental, la douleur émotionnelle peut être profondément purificatrice, éclairante et libératrice.

Quand nous avons accès à la douleur liée aux premières sensations d'isolement de notre enfance, émerge parallèlement en nous un sentiment d'ancrage puissant. Lorsque nous parvenons à faire face à notre propre douleur émotionnelle tout en restant consciente, nous nous trouvons aux fondements même de notre être. Prendre conscience de la douleur profonde du cœur de notre blessure, tout en étant toujours vivante, nous procure un immense soulagement. Au lieu de nous détruire comme nous le craignions, cette douleur émotionnelle nous fait naître à notre grandeur, et permet de sentir que nous sommes bien plus grande que n'importe quelle émotion douloureuse.

Le désespoir est différent du chagrin. Nous ressentons du désespoir lorsque nous projetons la douleur de notre passé sur une situation présente. Cette douleur est celle de notre enfant intérieure en mal de présence d'adulte aimant à ses côtés. Nous en devenons consciente en observant le récit mental qui accompagne notre douleur émotionnelle dans ces moments-là. En plein désespoir, ce récit est généralement négatif, axé sur la gravité des choses et sur l'idée qu'il n'y aurait pas d'issue. L'histoire que nous nous racontons est celle d'une enfant en souffrance, seule et sans soutien. Lorsque nous sommes désespérée, notre enfant intérieure est à nouveau abandonnée et nous ne faisons qu'alimenter toujours et encore ce vieux schéma enfantin.

Faire le deuil est un processus différent. Notre tristesse émerge lorsqu'une conscience adulte aimante est présente aux côtés de la douleur, avec une histoire de présence aimante, la sensation d'être accompagnée, de ne pas être seule face à tout ça. Cette douleur vient de notre passé. Nous pouvons la ressentir désormais en toute sécurité. Nous sommes là pour nous aujourd'hui. Et nous nous sentons si désolée que cette part de nous ait tant souffert et se soit sentie si seule face à cette souffrance. Nous pouvons à présent la ressentir et nous en libérer en toute sécurité. À travers cet acte d'empathie à l'égard de notre part souffrante, la présence de cette conscience intérieure nous permet de la digérer et de la traverser pour aller vers plus de légèreté et de liberté.

Nous souvenons-nous de la petite fille que nous étions ? Celle qui discutait avec les abeilles, les fleurs et les papillons ? Faire face à la douleur en nous, c'est prendre en compte cette petite fille qui nous attend à l'intérieur. Le fait que nous soyons présente à la douleur lui ouvre une porte pour que son innocence, sa vitalité, sa joie, sa créativité, son rire et sa sagesse circulent à nouveau dans notre vie.

Dans ces moments de conscience face à notre propre douleur, nous entrevoyons cette part de nous plus grande, qui fait partie de toutes choses, et ressentons cette compassion bouleversante, capable depuis toujours d'aimer notre existence dans ses moindres recoins. Nous comprenons alors que rien n'a jamais été séparé de cet amour.

La blessure maternelle est un portail capable de nous conduire vers la réalisation de ce lien d'attachement plus profond et indestructible qui connecte toute vie.

Le fait d'être disposée à rester consciente de la douleur permet de lever le voile.

Chaque parcelle de douleur émotionnelle à laquelle nous faisons courageusement face nous permet de renaître à une expression du réel encore plus solide.

Avec le temps, on se rend compte que la seule véritable sécurité ne vient pas de ce que notre cerveau nous raconte, mais bien du fait de vivre à partir de ce noyau brut, du cœur ouvert et réel de cette présence en nous, ce socle central qui se révèle au centre de notre propre douleur. Il nous faut du temps, peut-être même toute une vie pour accepter que ni la lutte ni l'activité mentale ne sont en mesure de nous sécuriser comme peut le faire cet instinct brut, ce « non-sachant » capable de nous guider instant après instant. Grâce à cela, nous accédons autant à cette capacité d'émerveillement propre aux enfants qu'à la profondeur et à la sagesse creusées par l'intégrité fondamentale de la rencontre avec notre propre douleur.

Cette intégrité totale représente le fondement de toute vie authentique, au service de l'ensemble.

Paradoxalement, c'est en entrant dans notre solitude la plus profonde, dans cet isolement traumatisant de notre enfance que nous avons la chance de voir à quel point nous n'avons jamais été séparée du divin. Le monde entier devient alors pour nous une base sûre d'exploration. Cette sécurité est vaste et cette étreinte est éternelle.

Capable d'identifier ce volet de notre être, nous pouvons commencer à nous entraîner à accueillir tout ce qui surgit intérieurement, empreinte de curiosité douce et aimante.

La vie devient alors une succession infinie de délestages jusqu'au réel. Métaboliser notre propre douleur nous permet d'incarner notre vérité de façon plus puissante, ce qui, en plus de servir notre évolution, va aussi aider en profondeur les autres.

Notre authenticité, notre originalité, nos différences sont les plus puissantes et vivifiantes expressions du divin. Ironiquement, tout ce que nous avons cru devoir faire taire en nous dans notre enfance rejoint souvent les moyens par lesquels le divin cherche à s'exprimer à travers nous.

En réalité, notre propre présence ne fait qu'un avec celle du divin. Et nous n'avons pas besoin de faire ou d'être quoi que ce soit de particulier pour que cela se produise. Nous sommes déjà, et avons toujours été, profondément acceptée et aimée du divin. Une réalité qui devient, au fil du temps, évidente de façon viscérale à travers notre expérience directe. Au début, nous n'en avons qu'un aperçu, lequel, petit à petit, prend de l'ampleur, avant de finir par devenir notre principale manière d'être.

Nous sentir en sécurité dans notre originalité, et au cœur de notre souveraineté

Les émotions douloureuses liées à notre blessure maternelle nous servent à nous débarrasser des couches d'adaptations dysfonctionnelles de notre enfance, à atteindre le noyau vivant de notre feu intérieur… et à marcher de plus en plus dans le monde comme la lumière qui rend libre.

En ce sens, la blessure mère est une sorte de maître spirituel. Alors que nous guérissons, la source de notre douleur se transforme en source de sagesse. Au lieu de nous tuer, comme le prétend notre ego, faire face à notre douleur nous permet de renaître à une toute nouvelle relation à la vie, de la séparation à l'unité.

Cette présence, cette partie aimante présente à l'intérieur de nous, nous invite à chaque instant à entrer en communion de plus en plus profonde avec elle, à ce que nous lui remettions nos masques, nos mensonges, notre dépendance au mental et nos armes pour que nous puissions vivre notre vie au plus proche de notre être sans défense.

Lorsqu'un nouveau degré de douleur se présente en nous pour être libéré, essayons de le percevoir de plus en plus comme cet amour intérieur qui nous suggère de tout faire fusionner dans le feu de la vérité, comme une occasion d'enlever une couche supplémentaire, afin de réaliser la vaste étreinte où absolument rien n'est laissé de côté.

Au fond, souffrir de cette blessure maternelle, c'est être meurtrie par la vie elle-même.

Et dès lors que nous la guérissons au niveau personnel, nous touchons quelque chose d'ordre universel.

Le fait de nous détoxifier progressivement des messages culturels et familiaux lave aussi notre force vitale de ses défenses douloureuses, créant ainsi un nouvel espace intérieur pour permettre aux puissantes énergies qui servent le vivant de rayonner à travers nous.

Comment le vivre au quotidien ?

La vérité est destructrice pour l'ego, et va à l'encontre de tout ce que notre culture nous apprend. En réalité, notre culture fait tout pour nous distraire des vraies investigations capables de nous permettre de l'expérimenter directement. Être en mesure de vivre cette vérité demande du courage et une intégrité sans faille. En même temps, je ne connais pas de voie plus exaltante et plus enrichissante que celle-ci.

Nous confronter à nos ressentis de chaque instant, à partir du réel, est à la fois le moyen d'avancer le plus puissant et le moins attractif.

— Accepter notre douleur, prendre le temps d'accueillir le processus, d'enquêter et de gagner en clarté.
— Voir notre système entrer en mode défense et choisir malgré tout de rester ouverte.
— Accueillir notre sentiment de honte et pratiquer activement l'amour de soi.
— En matière de productivité : agir uniquement quand on en ressent l'élan ; sinon, rester tranquille.
— Traquer nos mensonges et choisir d'être vraie.
— Veiller à chaque instant à ne pas fuir dans l'idée que nous serions arrivée à destination.

Guérir la blessure maternelle prend du temps. Il est fréquent de voir certaines personnes au sommet d'un inconfort intense se demander : « Qu'est-ce que j'ai bien pu faire de mal pour en arriver là ? Je croyais guérir, mais je me sens complètement malheureuse ! Quand vais-je sortir de cette douleur ? » À ce stade, il arrive que les personnes se dénigrent, décrochent ou doutent de leur capacité à guérir. Pourtant, c'est à cet instant-là qu'il est important de ne pas baisser les bras, de s'accrocher et de chercher le soutien qu'il nous manque pour continuer d'avancer.

Une fausse croyance très répandue consiste à penser que les personnes les plus « évoluées » ne ressentent plus les émotions difficiles telles que la rage, la colère, le chagrin ou encore la jalousie. Je dirais que c'est plutôt l'inverse. Être consciente, éveillée et centrée signifie être capable de créer en soi l'espace bienveillant nécessaire pour accueillir le spectre complet de tous les ressentis humains qui nous habitent, accueillir nos émotions sans les juger pour les libérer ensuite.

Faire preuve d'intelligence émotionnelle consiste justement à accueillir toutes sortes d'émotions sans nous identifier à celles-ci ni les laisser nous bloquer. Devenir « émotionnellement fluide ».

En tant qu'enfants, nous dépendions d'une approbation extérieure pour survivre, mais en tant qu'adultes, la validation dont nous avons besoin est la nôtre.

D'après mon ressenti, le vrai cadeau que nous apporte la douleur d'être invisible est de ne pas nous laisser d'autre choix que celui de revendiquer notre valeur en nous-même d'abord, sans attendre l'aval des autres.

C'est le moyen par lequel la singularité de notre esprit émerge. Cette force ne peut se révéler qu'à la suite d'un processus de deuil accompli ; ressentir une saine indignation au nom de l'enfant que nous étions, pleurer sur ce dont nous avions légitimement besoin et que nous n'avons pas reçu, reconnaître que ce n'était pas notre faute, voir que les blessures inconscientes de notre parent/tuteur en ont été à l'origine et ont toujours été complètement hors de notre contrôle.

Lorsque nous laissons notre chagrin nous guider, nos cœurs s'ouvrent à la compassion que nous arrivons à ressentir pour toute créature vivante. Laisser sortir notre chagrin ne nous affaiblit ni ne nous épuise. Bien au contraire, il nous restaure, nous fortifie et nous renouvelle.

Entamer ce processus de deuil est un signe de réappropriation de soi-même

Avez-vous déjà ressenti la joie et le soulagement que procure le fait de parvenir à ressentir une émotion difficile jusqu'au bout ? Sentir cette clarté retrouvée, ce poids en moins, ce sentiment de fraîcheur et de nouveauté ? Chaque émotion difficile nous offre cette transformation. Beaucoup d'entre nous n'ont jamais appris en grandissant que toutes les émotions poursuivent leur chemin jusqu'à leur achèvement. Parce qu'eux-mêmes avaient souvent peur des émotions, les adultes qui nous entouraient ont peut-être cherché à nous raisonner, nous distraire ou nous humilier face à ces émotions... La vérité est que toute émotion est temporaire. Lorsqu'on l'accueille et qu'on l'autorise à advenir, elle s'estompe toujours.

Nous devons comprendre que nous avons besoin qu'une déconstruction s'effectue en nous. Du fait de vivre dans une culture patriarcale, nous avons intériorisé des structures et des croyances créées pour empêcher notre autonomisation et notre épanouissement en tant que femmes. Donc sans cette déconstruction nécessaire et l'inconfort qu'elle apporte, aucune transformation authentique ne peut avoir lieu. C'est pourquoi j'appuie avec insistance sur le fait que ce travail prend du temps, en soulignant que chaque femme mérite le temps et les efforts nécessaires pour l'accomplir.

En persévérant sur le chemin de la guérison de la blessure maternelle, quelque chose de vraiment miraculeux et profond s'éveille en nous. Nous prenons conscience de notre propre présence de manière palpable, une présence qui peut-être nous semble familière. Cela peut ressembler à une aspiration divine, un sentiment de bonheur, une source en nous qui est toujours là, et qui a toujours été là depuis le début. Nous commençons à identifier son pouvoir en tant qu'émanation débordante de l'intérieur, le vrai cœur du Soi, la source de tout. À ce stade, nous savons. Nous reconnaissons notre nature divine qui progressivement point à l'horizon de notre être, et avec elle le sentiment qu'en nous se trouve une source d'amour qui est toujours là, toujours disponible.

Pour lâcher prise complètement, nous avons d'abord besoin de nous sentir pleinement soutenue. Il est nécessaire de nous assurer d'abord que notre environnement soit suffisamment sécure pour nous encourager dans ce travail. Selon moi, l'environnement idéal pour trouver du soutien se compose de trois éléments simultanés ;

cependant, bien qu'idéal, ce dispositif n'est pas nécessaire à tout le monde. Chacun de ces outils est en soi merveilleux, mais assemblés, ils forment une puissante base de soutien, capable de nous aider à outrepasser notre blessure maternelle. Parmi ces outils, il arrive que nous en expérimentions un ou plusieurs à différents moments de notre parcours.

La psychothérapie individuelle de longue durée auprès d'un thérapeute avec lequel nous créons une relation qui résonne en profondeur avec nous et qui soit expérimenté en matière de blessures d'attachement et traumatismes complexes du développement. Cette forme de thérapie nous aidera à explorer nos émotions pour changer les schémas précoces et les anciennes croyances de façon significative. Trouver le bon thérapeute peut prendre du temps, il est donc important de travailler aussi notre patience. (Et nous aurions besoin de plus de thérapeutes ayant eux-mêmes entrepris ce travail pour aider les autres à atteindre ce niveau de profondeur de guérison et de transformation.)

Le coaching auprès d'un mentor/coach compétent et compatissant, qui a déjà parcouru depuis de nombreuses années un chemin personnel de guérison et avance en continu sur sa propre route. Cette personne nous aidera à agir sur les changements et les idées qui se profilent au fur et à mesure que nous guérissons notre blessure maternelle. C'est le service que je propose à travers un accompagnement privé.

Une communauté solidaire et stable qui favorise un climat de sécurité, d'authenticité et de transparence. Il peut s'agir d'un groupe d'amies ou d'une communauté officielle se réunissant régulièrement dans le but de soutenir le développement des unes et des autres. L'important est que le groupe soit formé depuis un certain temps, qu'il soit fiable, informé sur les traumatismes et systématiquement disponible.

L'engagement courageux et continu que requiert ce chemin de guérison ne doit pas faire l'objet d'un autojugement, mais plutôt d'une profonde estime de soi. Ce processus de guérison s'accomplit dans la durée, étape par étape, avec tendresse, douceur et compassion.

La société moderne a tendance à considérer ceux qui suivent une thérapie longue ou qui se font coacher comme des gens imparfaits et inadaptés. Je vous encourage à renoncer à adhérer à ce genre de croyance. En vérité, guérir les blessures intergénérationnelles demande des années de travail intérieur, surtout si nos traumatismes d'enfance sont importants. Tout comme d'autres, j'ai essayé de le faire seule, et franchement, ça ne fait que repousser le travail nécessaire.

Désirer soulager sa douleur est naturel. C'est humain. Mais si nous voulons vraiment mûrir en tant qu'espèce et guérir, nous devons arrêter d'avoir pour objectif de ne plus souffrir et chercher plutôt à atteindre ce soulagement par le biais de notre propre transformation et le dépassement de nos blessures.

Nous ne grandirons pas, nous n'évoluerons pas en haïssant nos blessures ou en critiquant cette douleur qui est la nôtre. C'est en l'accueillant à bras ouverts et en comprenant qu'aucune émotion ne peut nous détruire que nous pouvons réellement grandir. Cette vision profonde n'est possible qu'en renonçant à l'idée de vouloir être accomplie, en s'abandonnant au processus de guérison en cours et en sollicitant l'aide d'un professionnel pour nous accompagner dans cette voie. Ce changement puissant d'état d'esprit à l'égard de notre propre parcours de guérison est crucial pour récolter les dons d'une vie vécue en conscience.

Notre désir de guérison en continu n'est pas pathologique ; il s'agit bien d'une impulsion saine et vivifiante. Cette tendance à nous juger dans nos blessures est profondément ancrée dans notre culture et au sein de nos familles. Il arrive que nous nous sentions étrangère à ce monde, ou comme si quelque chose en nous ne tournait pas rond. En vérité, les personnes qui cherchent à guérir et à grandir sont souvent les personnes les plus saines d'un système familial dysfonctionnel.

Afin de garder cet état d'esprit en ligne de mire, il est nécessaire d'obtenir un soutien spécialisé pour nous accompagner dans ce processus et dépasser ces blessures, afin de récolter pleinement les dons issus de cette croissance continue, une fois que nous serons de l'autre côté.

Arrêter de viser le soulagement de notre douleur comme objectif principal. Arrêter de pousser notre être à l'accomplissement forcé. Voir notre blessure comme une occasion de retrouver notre pouvoir.

Plus nous guérissons notre blessure maternelle, plus nous sommes en mesure d'incarner consciemment notre propre nature divine. Ce processus de guérison élimine tous les déchets limitants que nous avons accumulés dans nos familles et dans la culture. Et en nous clarifiant de cette manière, nous gagnons intérieurement plus d'espace pour contenir l'énergie de notre véritable essence et pour incarner notre identité divine, devenant ainsi capable d'offrir de nouvelles idées et solutions inédites à un monde actuel en pleine crise.

Quand bien même ce travail de guérison des blessures générationnelles est difficile, écrasant et parfois très solitaire, être consciente que nous sommes en train d'accomplir ce travail est un privilège. Tant de personnes, parmi nos ancêtres, ont réprimé leur douleur, ce qui les a paralysées à bien des égards. Aujourd'hui, nous sommes bénie d'avoir cette conscience et ces outils à notre disposition pour guérir nos blessures.

Questions pour réfléchir

— Quels ressentis avez-vous tendance à éviter ou à minimiser en vous-même, lesquels, si vous acceptiez de les accueillir et de les ressentir, allègeraient grandement votre charge émotionnelle ?

— Si vous vous sentez inspirée, la prochaine fois qu'une émotion difficile surgira, visualisez-vous en train d'accueillir tranquillement cette émotion avec sincérité et affection. Quels genres de soutiens pouvez-vous mettre en place pour vous encourager dans ce processus ?

— Quels étaient vos besoins d'authenticité quand vous étiez enfant ? Quels étaient vos besoins d'attachement ? De quelles manières avez-vous dû réprimer vos besoins d'authenticité pour sécuriser votre attachement avec votre mère/tuteur ? Par quels moyens pourriez-vous aider et soutenir ceux qui ont réprimé leur besoin d'authenticité aujourd'hui ?

13

Découvrir sa mère intérieure

David et moi ayant évolué séparément au fil des années, nous avions décidé de mettre fin à notre mariage, tout en choisissant de rester amis. Le fait que la procédure de divorce se fût relativement bien déroulée m'avait apporté un certain soulagement. Pendant ce temps, je continuais d'avancer dans ma thérapie en profondeur et me concentrais sur le deuil de mes illusions, de mes pertes et de la vieille version de l'histoire de mon enfance. Travailler sur mes plus anciens traumatismes devenait aussi plus facile. Les apaiser, les régler tout en prenant de plus en plus la responsabilité de mon système interne.

J'étais fière de la façon dont mes dix-sept années de thérapie m'avaient permis de m'aimer suffisamment pour être capable de faire des choix, bien qu'impopulaires et non conventionnels, reflétant l'être authentique que j'étais, ainsi que mes vrais désirs. Une fois mon mariage officiellement terminé, ma vie m'ouvrait grand les portes d'une multitude de possibilités.

À ce moment-là, ni ma mère, ni mon père, ni mon frère ni n'importe qui d'autre de ma famille n'avait tenté d'entrer en contact avec moi. Mes publications étaient de plus en plus en vue sur les plateformes à l'échelle mondiale, sur les podcasts et dans les revues. Je suivais une formation de coach et développais mon propre processus en sept étapes pour aider d'autres femmes à guérir de la blessure maternelle. Lorsque je ne voyageais pas, je passais du temps à la maison, à gérer mon entreprise et à passer du temps avec mes amis. J'avais commencé à organiser des repas partagés entre femmes sur le thème du « cercle de la nouvelle lune » pour me connecter avec d'autres femmes, ce qui me procurait une nourriture vitale.

J'étais sur le chemin d'apprentissage pour incarner ma propre mère intérieure, et cette nouvelle sécurité et cette résilience intérieures croissantes me donnaient la possibilité de trouver le genre de relation amoureuse que je méritais et auquel j'aspirais depuis toujours. Après environ un an de célibat à la suite de mon divorce, j'ai ressenti le désir d'entamer une relation avec une autre femme puissante, avec l'intuition que cela m'ouvrirait à toutes sortes de possibilités. Cela m'apparut comme étant naturellement la prochaine étape de mon parcours.

J'avais rencontré J., qui comptait déjà à ce jour parmi mes meilleures amies depuis quatre ans, au cours d'un projet d'activisme environnemental local. J. était une lesbienne assumée et une vieille âme qui, aux yeux de tous ceux qui la connaissaient, paraissait sage au-delà de son âge. Elle venait à mes repas partagés, et nous aimions nager, sortir, dîner et danser ensemble. Elle était célibataire depuis quelques années et, comme moi, déterminée à ne pas se satisfaire d'autre chose que de la vérité.

Consciente d'être tombée amoureuse de J. depuis un certain temps, je craignais cependant de perdre cette amie de longue date dont je me sentais si proche. Une nuit, après avoir été nager dans un lac voisin, je lui avais avoué mes sentiments. Alors qu'elle avait aussi peur de compromettre notre amitié, nous avons finalement accepté de prendre le risque ensemble, en nous engageant dans une relation amoureuse sur la base d'une communication claire et ouverte.

La guérison de notre blessure maternelle et celle du patriarcat sont sur la bonne voie, sitôt que nous commençons à nous sentir suffisamment en sécurité pour ignorer les normes patriarcales dans lesquelles nous avons été élevée, pour incarner davantage notre authenticité, et que nos relations reflètent ce nouveau degré de sécurité, d'amour et d'ouverture que nous avons intégrées en nous-même.

Pour moi, cheminer en direction de la part authentique de mon être impliquait de renoncer aux anciennes habitudes héritées de mon système familial et de trouver une force et un courage nouveaux pour accueillir cette nouvelle façon d'être. Lors de notre première étreinte avec J., j'ai viscéralement senti une porte s'ouvrir en moi, sur un tout nouveau monde que mon ancien moi n'aurait jamais cru possible. Pendant la première année où J. et moi étions ensemble, je pleurais souvent. Tellement de choses se rejoignaient. Nouvelles idées, nouvelles réalisations et vérités profondes, sur moi-même, ma blessure maternelle et l'influence que la culture patriarcale exerçait sur les femmes, émergeaient en continu.

Alors que je vivais une relation saine, solidaire et romantique avec une femme, et avec cette femme particulière qu'est J., je découvrais mon pouvoir érotique, non pas comme quelque chose de purement sexuel, mais comme une partie essentielle de ma puissance en tant qu'être humain féminin. Une expérience éprouvée à la fois sur les plans intellectuel, spirituel, physique, qui incluait aussi l'humour, le jeu, ainsi qu'une transparence sans défense.

C'était comme si mon être s'étendait jusqu'à mon vrai moi, au-delà de ma famille et au-delà des normes patriarcales. J'avais l'impression d'expérimenter ce que serait la vie dans un monde non patriarcal. À travers le réservoir sécurisant de notre confiance, j'ai vu ma compréhension et l'expérience de moi-même fleurir de manière inédite. En supprimant les rôles hétéronormés, je me sentais plus libre d'être pleinement moi-même, composant avec fluidité entre les énergies masculine et féminine, un instant après l'autre, libérée des attentes stéréotypées et autres obligations qu'impliquent souvent les relations hétérosexuelles.

J'avais eu l'espace de réfléchir à la façon dont le patriarcat et les relations avec les hommes avaient affecté ma perception de moi-même tout au long de ma vie. Ce que j'avais considéré comme « normal » s'était révélé être de vieux vestiges purement enracinés dans les règles hétéronormées du patriarcat, et non pas dans les relations en général.

Cette nécessité que je ressentais de devoir sans cesse abattre des cloisons n'était pas uniquement liée au fait de vivre une relation amoureuse. Comprendre que ça faisait partie intégrante des relations de couple avec un homme, en tout cas ceux avec lesquels j'avais vécu l'expérience, a été l'une de mes plus grandes révélations.

Ce rôle-là était totalement inutile dans ma relation avec J., à tel point que j'en étais stupéfaite.

La contrainte de devoir déterminer la meilleure manière de se connecter émotionnellement à quelqu'un, de trouver le moyen de le faire sortir de sa grotte et de l'amener à communiquer – que je considérais comme inévitable dans un couple – avait disparu, laissant un grand espace libre à la place. La qualité de réciprocité, de communication claire et profonde et de compréhension émotionnelle avec J. allait au-delà de ce que j'imaginais possible dans une relation. J'ai beaucoup pleuré quand j'ai vu à quel point je me reprochais dans le passé de « ne pas faire les choses correctement », à quel point je m'épuisais à emprunter la voie la plus connue, et me persuadais qu'une relation me comblait, alors que ce n'était pas le cas...

De ma partenaire à mes collègues en passant par mes amies jusqu'aux autrices des livres que je lisais et aux musiciennes que j'écoutais, j'étais entrée dans un monde de femmes. Alors que j'entrais volontairement dans ce monde de femmes, cette distance prise avec les hommes m'a permis de reconnaître à quel point j'étais épuisée, après toutes ces années passées à les soutenir, à me battre en échange de quelques miettes de respect, sans compter les efforts constants fournis pour plaire, séduire, décoder, porter les fardeaux, me réduire et me contorsionner pour créer un minimum de lien – et, le plus douloureux de tout ça, croire que c'était mon rôle, ma place, le mieux que je pouvais espérer. Je n'avais pas pris conscience à quel point entretenir des relations avec les hommes de ma vie avait été éprouvant et fatigant. Enfin, j'étais assez forte psychologiquement pour reconnaître le mal que ça m'avait fait et en faire le deuil.

Toutes les relations amoureuses connaissent des périodes de lune de miel, suivies d'une étape de différenciation, un temps pour définir son individualité au sein de la relation. Le bonheur et l'expansion de ma lune de miel avec J. a commencé à laisser place à un moment inconfortable de tension croissante entre nous. Ce temps de différenciation m'exposait à des défis très particuliers, dus à mon modèle d'attachement issu de la dynamique avec ma mère.

Le fait que J. et moi ayons un lien émotionnel si fort m'a offert l'occasion de guérir encore plus ma blessure maternelle, et en particulier un aspect bien spécifique de celle-ci qui était jusqu'à présent resté dans l'ombre. J'avais effectué une quantité incroyable de pas de guérison autour de l'abandon lié à ma blessure maternelle, tout en développant en parallèle une mère intérieure aimante et soutenante, capable de consoler mon enfant intérieure de cet abandon dévastateur originel de mon enfance et des misères qui ont suivi à travers mes rencontres de partenaires émotionnellement indisponibles, ces derniers, jusque-là, ayant toujours été des hommes. Cependant, je n'avais pas encore abordé le côté invasif de ma blessure maternelle, en grande partie parce que je n'avais pas senti mes anciens partenaires suffisamment engagés émotionnellement envers moi pour que cet aspect de la blessure soit soulevé.

J. et moi nous étions engagées sur ce chemin pour nous aimer et considérions notre relation comme un sanctuaire pour notre propre guérison et transformation. N'ayant jamais été capable de me différencier émotionnellement de cette principale figure d'attachement qu'était ma mère, naviguer dans cette étape de différenciation avec J., qui représentait ma principale figure d'attachement féminine à l'âge adulte, était très difficile. J'avais appris dès mon plus jeune âge, au travers de ma relation avec ma mère, ce que j'appelle le « modèle de servitude émotionnelle » dans les relations. Pour préserver ce lien primordial, je voulais « plonger et fusionner », c'est-à-dire noyer mes propres sentiments et fusionner avec l'autre en faisant passer ses besoins et ses désirs avant les miens. J'avais appris que mon désir de séparation, d'autonomie et de limites était source de honte et de rejet, d'humiliation et de retrait. Avec le temps, j'avais commencé à voir comment cette dynamique automatique et quasi invisible œuvrait dans ma relation avec J. Parce que je ne me sentais souvent pas en droit de poser des limites à temps, je « plongeais et fusionnais » avec elle, nourrissant intérieurement de plus en plus de ressentiment à son égard, jusqu'à me sentir envahie et accablée, avant de sombrer dans l'épuisement. Grâce à tout ce travail intérieur et la thérapie de couple, j'avais compris que ma colère ne s'adressait pas vraiment à J., mais plus à ma mère et au patriarcat dans son ensemble, qui m'ont fait croire que je devais réprimer mon besoin de limites et m'oublier si je voulais préserver le lien avec ma principale figure d'attachement féminine.

Continuer à guérir ma propre enfant intérieure parentalisée impliquait d'accueillir cette colère légitime ET *de fixer des limites fermes, au bon moment et autant de fois que nécessaire, choses que ma mère n'aurait jamais acceptées venant de moi. L'encouragement affectueux que J. témoignait en faveur de mes limites m'apaisait énormément. Avec le temps, j'incarnais de plus en plus de plus cette mère intérieure « non patriarcale », qui non seulement réconforte et apaise mon enfant intérieure, mais la protège et accroît aussi sa liberté.*

Reconnaître la différence entre ce qui est de l'ordre de la véritable empathie et de ce qui ne l'est pas est l'une des prises de conscience les plus stimulantes que j'ai faites. Je l'ai découvert en me voyant devenir impatiente et sur la défensive dès lors que J. traversait une profonde douleur émotionnelle. Un jour, J. m'avait exprimé son désir de passer plus de temps de qualité ensemble, tout en me confiant se sentir loin de moi. Alors qu'elle expliquait cela dans toute sa vulnérabilité à travers ses larmes, je ressentais de plus en plus de colère et de honte monter en moi. J'ai compris alors que j'avais interprété sa tristesse et son besoin d'empathie comme l'exigence que je sois moins importante qu'elle, et ma colère représentait alors une forme d'autoprotection. Comme elle et moi avons pu cheminer, j'ai compris que cette réponse était liée à la façon dont, enfant, j'avais assimilé l'empathie pour ma mère au fait de devoir mettre mes émotions de côté.

Enfant, j'avais lié les exigences émotionnelles de ma mère à une sorte de défaut honteux chez moi, du fait de ne jamais pouvoir résoudre les choses pour elle, et donc, de ne jamais avoir d'empathie pour moi-même. Pour n'importe quel enfant, c'est une situation de totale impuissance. Je me souviens d'une fois où j'avais rendu visite à ma famille au retour de l'université, pendant une période où j'étais aux prises avec la dépression. Presque immédiatement après avoir franchi le seuil de la porte, ma mère avait commencé à parler d'elle, des choses qui la stressaient au travail et de comment elle envisageait de divorcer de mon père. Je me souviens être assise là à l'écouter, consciente que ma propre souffrance intérieure était sans importance pour elle, et comprenant que j'étais utilisée. J'avais vu de quelle façon elle m'utilisait comme un objet en faveur de son propre soulagement, à quel point elle n'était pas consciente de cela, et à quel point j'avais toujours été seule dans la relation. J'avais ressenti du désespoir, un épuisement, un accablement m'envahir. Sa demande d'empathie était comme des sables mouvants qui m'étouffaient sans fin, sans soulagement, sans aucune réciprocité en vue.

En maternant mon enfant intérieure et en pleurant la manière profonde dont j'avais dû m'oublier face aux demandes émotionnelles de ma mère, j'ai découvert que la véritable empathie n'est pas un lieu de soumission, de subordination ou de servitude, comme j'en avais fait l'expérience autrefois. Être dans l'empathie ne consiste pas à régler les problèmes des autres, porter leur douleur comme si c'était la nôtre, accueillir leurs illusions ou se taire.

La véritable empathie découle d'une force intérieure tranquille, d'une démarcation claire, d'un état de souveraineté intérieure et de sécurité en soi-même. Lorsque j'ai commencé à me sentir plus profondément stable dans ma différenciation intérieure au sein de ma relation avec J., j'ai pu faire preuve de beaucoup plus d'empathie à son égard, la voir vraiment et la soutenir dans sa douleur avec amour, assurance et acceptation. Et parce que je n'assimile plus le fait d'être empathique à une forme de perte de moi-même, je peux être présente à elle sans armure et sans défense. C'était incroyable de saisir que l'empathie n'alimente pas la dépendance à l'autre, mais crée un espace pour que l'autre sente sa puissance et sa force intérieure, éliminant ainsi ce qui pouvait faire obstacle à la qualité de la connexion dans la relation. De cette façon, les deux personnes se sentent vues et accueillies dans leurs différences, ensemble dans leur singularité respective.

La façon dont j'ai pu identifier et transformer tant de scénarios traumatisants de l'enfance dans le cadre de cette relation avec J. et faire en sorte que nous puissions continuer à guérir et à grandir en tant que couple me remplit de gratitude. Les relations représentent le socle à partir duquel nous créons ces nouvelles expériences vécues, nous conduisant au-delà de l'« horizon maternel », dans notre propre paysage d'adulte bien distinct et libre de toutes conventions sociales.

« Et la Grande Mère dit :
Viens mon enfant et donne-moi tout ce que tu es.
Je n'ai pas peur de ta force et de tes ténèbres,
de ta peur et de ta douleur.
Donne-moi tes larmes. Elles seront mes rivières
tumultueuses et mes océans rugissants.
Donne-moi ta rage.
Elle éclatera dans mes volcans en fusion
et mes roulements de tonnerre.
Donne-moi ton esprit fatigué. Je l'étendrai
pour qu'il se repose dans mes douces prairies.
Donne-moi tes espoirs et tes rêves.
Je planterai un champ de tournesols
et des arcs-en-ciel dans le ciel.
Tu n'es pas trop pour moi.
Mes bras et mon cœur
accueillent ta véritable plénitude.
Il y a de la place dans mon monde
pour vous tous, tout ce que vous êtes.
Je te bercerai dans les branches
de mes séquoias ancestraux
et les vallées de mes douces collines.
Mes vents doux te chanteront des berceuses
et apaiseront ton cœur lourd.
Libère-toi de ta douleur profonde.
Tu n'es pas seule et tu n'as jamais été seule. »

LINDA REUTHER, *Her Words*, « Homecoming »

La relation mère-fille continue de vivre en nous à l'âge adulte. La voix de notre mère peut être la voix du soutien et de l'encouragement, mais elle peut aussi être la voix de la critique dans notre tête, qui nous empêche d'avancer, nous décourage et nous laisse pleine de doutes.

Lorsque nous guérissons notre blessure maternelle, notre tâche consiste à transformer notre mère intérieure à partir du double de notre mère humaine – avec ses limites – en cette mère que nous avons toujours espérée : une mère intérieure capable de répondre à nos besoins avec précision et générosité de nous soutenir lorsque nous nous épanouissons et de nous aimer pour qui nous sommes vraiment.

C'est grâce au dialogue constant avec notre enfant intérieure, tout en développant notre capacité à prendre soin d'elle, à la nourrir et à la réconforter que nous créons cette mère inconditionnellement aimante à l'intérieur de nous.

Avec le temps, la mère intérieure et l'enfant intérieure forment un lien sécure en nous, capable de combler le manque maternel de tout ce que nous n'avons pas reçu de nos propres mères. De cette manière, le lien d'attachement primaire passe de notre « mère extérieure » à cette mère intérieure, nous conférant une liberté et une vitalité décuplées. Trouver cet amour essentiel en nous-même nous permet d'arrêter de le chercher à l'extérieur.

Une fois que la tension liée au fait de demander aux autres de remplir ce vide en nous, qu'il leur est impossible à combler, a disparu, nous sommes plus présentes et moins sur la défensive dans nos relations. Cette nouvelle sécurité intérieure nous permet aussi d'être plus pleinement expressives, inventives, courageusement originales, audacieusement vraies et honnêtes envers nous-mêmes et les autres.

Très peu de gens saisissent l'idée que l'amour que nous recherchons finalement, c'est le nôtre, qui est en vérité infini et sans limites. Sans doute parce que l'amour d'une mère est ce qui permet à un enfant de s'aimer lui-même, nous continuons de rechercher l'amour de notre mère même à l'âge adulte. Faire le deuil de cette chance d'obtenir cette permission de nos mères (parce que nous ne pouvons pas retourner en enfance) nous redonne notre pouvoir. Nous comprenons que ce n'est pas la faute de notre petite fille intérieure si sa mère n'a pas pu lui donner ce dont elle avait besoin. Croire que c'était notre faute était une façon de continuer à s'accrocher à ce faux espoir que notre mère deviendrait un jour la mère dont nous avions besoin. Comprendre cette vérité – que notre mère ne changera pas et que nous ne sommes pas à l'origine de ses blessures – déplace la mère principale de l'extérieur à l'intérieur et nous donne une seconde chance d'obtenir ce maternage qui nous a tant manqué.

Le maternage intérieur est une compétence qui s'apprend et qui, avec la pratique, peut créer une toute nouvelle relation intérieure. Grâce au maternage intérieur, nous ressentons personnellement que notre destin n'est pas de rester enfant, mais que notre enfance est simplement le terreau dans lequel nous sommes née, et qu'il peut être transformé. Le maternage intérieur nous aide à constituer une profonde source de sécurité intérieure qui nous permet d'accéder à notre plus grand potentiel.

Nous maternons notre enfant intérieure en faisant consciemment de nouveaux choix que nous ne pouvions pas faire dans le passé, à travers lesquels nous recevons la nourriture émotionnelle remplaçant les manques antérieurs. Par exemple, quelqu'un qui a eu honte d'avoir dit ce qu'elle pensait lorsqu'elle était enfant peut changer ce schéma en prenant le risque de dire ce qu'elle pense en tant qu'adulte, même si cela lui semble inconfortable, afin d'expérimenter un résultat différent. Lorsque nous agissons à l'encontre du modèle original et que nous vivons une expérience différente de celle que nous avons vécue dans notre enfance (peut-être en étant soutenue plutôt qu'humiliée d'avoir dit ce que nous pensions), notre enfant intérieure reçoit le message que les choses, à présent, sont différentes.

Si les autres réagissent de la même manière que nos parents dans le passé, avec peut-être du rejet ou du retrait, la part de notre mère intérieure nous montrera toujours la situation différemment, avec plus de soutien et d'affirmation. Ce qui fait de chaque expérience une occasion de réécrire le passé, et ouvre ainsi de nouvelles possibilités pour l'avenir. Ce nouveau résultat montre que nous ne sommes pas figée dans le passé, coincée dans un même schéma, mais que l'adulte que nous sommes devenue est capable de faire de nouvelles expériences de nous-même et de la vie.

Créer ce lien intérieur commence par vouloir entamer un dialogue régulier avec notre enfant intérieure. Selon le degré de traumatisme que nous avons vécu quand nous étions enfant, il arrive que notre petite fille intérieure soit réticente à nous faire confiance au début, et qu'elle mette du temps à s'ouvrir à nous. Même juste un peu de dialogue chaque jour, avec le temps, nous permet de récolter des effets conséquents sous la forme d'énergie physique, d'émotions positives et de bien-être général. Avec le temps, notre enfant intérieure commence à nous faire davantage confiance. À force de persévérance, les résultats sont étonnants.

Les perturbations émotionnelles et l'honnêteté envers soi-même comme sécurités

Notre réactivité émotionnelle est toujours l'émanation d'anciennes peurs ou habitudes qu'il nous arrive de projeter sur les autres. D'anciennes émotions remontent à la surface pour l'enfant intérieure, comme une poche de traumatisme prête à être traitée, assimilée et guérie. Ces facteurs déclencheurs nous offrent la possibilité de voir quel schéma non guéri du passé a été activé dans le but d'être guéri et libéré. Beaucoup d'entre nous craignent que le fait de devenir la femme puissante que nous sommes destinée à incarner menace ceux qui nous entourent. Il arrive que nous cachions notre lumière pour ne pas heurter les autres ou troubler leur insécurité. L'enfant en nous craint qu'oser exister par nous-même nous isole. Naturellement, être seule était dangereux pour nous quand nous étions enfant. Mais nous pouvons aujourd'hui, en tant qu'adulte, découvrir qu'il existe un autre type de solitude, nourrissante et bienfaisante.

Dans une certaine mesure, nous oscillons toujours dans la tension entre l'évolution et la sécurité ou l'individualité et l'appartenance. Le théoricien de l'attachement John Bowlby a étudié la façon dont les enfants utilisent leur mère comme appui sécurisant leur permettant d'explorer le monde. Si la mère transmet assez de sécurité à son enfant à travers son ajustement affectif, la petite fille se sentira suffisamment en sécurité pour s'aventurer et explorer l'environnement. Nous devons transférer cette source de sécurité que nous avons toujours cherchée à l'extérieur vers l'intérieur.

Le pouvoir miraculeux de la présence aux côtés de la douleur

En tant que mère intérieure, nous n'essayons pas de faire disparaître notre douleur. L'idée n'est pas de précipiter notre enfant intérieure en dehors de ses ressentis, comme notre mère ou d'autres adultes ont pu le faire dans le passé. Nous incarnons une présence aimante aux côtés de la douleur, et nous permettons aux ressentis qui sont là d'être là aussi longtemps que nécessaire. Les anciens circuits neuronaux doivent être activés pour être retravaillés. Nous ne pouvons pas tout faire depuis notre intellect ; nous devons les sentir pour les guérir. Guérir en refondant la réponse traumatique n'est possible qu'au travers de l'activation des émotions d'origine.

Sur le moment, la mère intérieure peut assurer une présence aimante et bienveillante qui nous dit : « Je te vois. Je suis avec toi dans cette douleur. Tu es en sécurité, quand bien même tu ressens cette douleur émotionnelle. Donnons le droit à cette douleur d'être là. Et faisons quelque chose d'apaisant. Et si nous allions faire une promenade ? Ou bien pourquoi pas nous mettre de la crème sur les mains ? Ou encore regarder les arbres par la fenêtre ? » Faire quelque chose de simple et de concret, tout en étant dans cette douleur, aide l'enfant intérieure à éprouver, de manière viscérale, qu'elle est en sécurité à présent.

Voilà ce que je considère comme les principaux piliers d'un maternage intérieur. Appliquées avec constance au fil du temps, ces actions comblent progressivement le manque maternel et établissent un lien de confiance entre la mère intérieure et l'enfant intérieure. Selon ce que nous traversons, certains de ces piliers peuvent être plus nécessaires que d'autres pendant que nous guérissons les différentes couches de notre blessure maternelle.

Les piliers du maternage intérieur :

— Acceptation des émotions : accepter les ressentis qui surviennent en nous et les accueillir avec le maximum d'empathie et de curiosité aimante.
— Consolation : réconforter constamment l'enfant intérieure, faire des choses qui l'aident à se sentir nourrie, apaisée et en sécurité, aussi bien sur le plan physique que sur le plan émotionnel.
— Liberté : donner à notre enfant intérieure le temps et l'espace nécessaires pour ressentir sa propre énergie, parvenir à ce qu'elle veut, suivre son propre rythme, à quel moment commencer et arrêter de faire quelque chose.
— Jeu : donner à notre petite fille intérieure le temps d'utiliser son imagination, de se sentir libre, de rire, de se réjouir et de profiter de la vie.
— Structure : donner à notre enfant intérieure le sentiment que nous sommes un soutien sûr, fiable et cohérent sur lequel elle peut s'appuyer. Entretenir des habitudes relativement prévisibles.
— Communication solide : vérifier régulièrement comment elle va et la rassurer, lui faire savoir qu'elle compte et l'écouter, lui poser des questions

et faire en sorte que nos actions rejoignent nos paroles.

— Les lacunes dans notre communication sont des occasions de réparer les ruptures passées de notre enfance.

— Écoute : écouter les peurs ou les inquiétudes qu'elle peut avoir, lui répondre rapidement avec assurance, empathie et lui prouver qu'elle est en sécurité. Exemple : « Dis-moi tout ce qui te met en colère. Je veux tout entendre à ce sujet. Je suis là pour toi. »

— Discipline : anticiper régulièrement en accomplissant des choses élémentaires qui profitent autant à l'enfant intérieure qu'à l'adulte en nous, comme par exemple prendre rendez-vous chez le médecin et dormir suffisamment.

Voici quelques exemples d'affirmations qu'on peut dire à notre enfant intérieure :

« Je suis tellement heureuse que tu sois née ! »

« Tu es tout à fait bien et merveilleuse. »

« Tu es adorable et unique. »

« Tu es en sécurité. »

« Je te respecte. »

« Je suis si fière de toi. »

« Je suis si heureuse que tu sois là ! »

« Tu peux le faire ! »

« Je suis là pour toi chaque fois que tu en as besoin. »

« C'est normal d'avoir des besoins. J'adore répondre à tes besoins ! »

« J'adore prendre soin de toi. »

« C'est normal de faire des erreurs. »

« J'accueille tous tes ressentis. »

« Tu peux te reposer en moi. »

« Rien de ce que tu pourras dire ou faire ne m'empêchera de continuer à t'aimer. »

« Tu n'as pas à travailler ou à gérer quoi que ce soit. Juste à être une enfant et apprendre, jouer, explorer et grandir. Tu peux te détendre et compter en toute sécurité sur moi pour gérer ces choses. »

« Tu n'as pas à t'occuper de moi. Je suis une adulte et j'ai tout le soutien dont j'ai besoin. Sois juste une enfant et reçois tout mon soutien. Tu ne me dois rien. »

« Je t'aime comme tu es, quoi qu'il arrive. »

Quelques exemples de questions à poser à notre enfant intérieure :

« Comment te sens-tu aujourd'hui ? »

« De quoi aurais-tu besoin en ce moment ? »

« Que puis-je faire pour toi maintenant ? »

« J'ai l'impression que tu te sens… Aurais-tu envie d'en parler ? »

« Qu'est-ce que tu aimerais faire maintenant ? »

Notre mère intérieure

Notre mère intérieure est la partie adulte en nous, celle qui détient la connaissance et le pouvoir, soutenue par des forces supérieures, telles que l'Univers, Dieu/Déesse, et notre moi supérieur.

En tant que mère intérieure, nous aidons notre enfant intérieure à comprendre que le passé est vraiment passé. Nous l'aidons en devenant consciente de l'état émotionnel de notre enfant intérieure et en faisant de nouveaux choix qui démontrent que les dangers auxquels elle a été confrontée dans la petite enfance ne sont plus d'actualité.

En tant que notre propre mère intérieure, nous avons la capacité de prendre soin de notre petite fille intérieure et de lui apporter des choses que notre mère extérieure n'a peut-être pas été en mesure de nous donner.

Quelques exemples :

— L'apaiser quand elle a peur.
— La rassurer lorsqu'on prend une nouvelle direction qui lui semble risquée.
— La soutenir en affirmant sa valeur, son importance et son mérite.
— Protéger et défendre ses limites.
— La soutenir dans ses élans de jouer, d'apprendre, d'explorer et de grandir.
— Affirmer sa valeur indestructible, quoi qu'il se passe dans sa vie.

Ce lien intérieur qui changera profondément notre vie

En faisant des allers-retours entre la mère intérieure et l'enfant intérieure, nous comblons notre désir d'aujourd'hui et devenons le réceptacle sécurisant dont nous avions besoin quand nous étions enfant. On pourrait dire qu'à travers cette relation, nous créons un axe d'intégrité et de sécurité qui nous fait prospérer et nous épanouir dans le monde. En continuant de s'approfondir avec le temps, cette relation enrichit grandement notre vie. En ce qui concerne les femmes qui ont été des enfants parentalisées, cela vient nécessairement rappeler à leur enfant intérieure qu'elle n'a pas à travailler ou à gérer n'importe quoi comme elle devait le faire quand elle était petite ; cette petite fille intérieure peut se reposer, joüer et être une enfant, car elle a maintenant une adulte capable de la protéger et de prendre soin d'elle.

Quand notre enfant intérieure comprend, avec notre aide, que sa douleur n'a en vérité jamais été sa faute, un changement majeur se produit :

— Le lien d'attachement primaire commence à passer du lien limité à notre mère extérieure à cette mère intérieure inconditionnellement aimante.
— Nous sommes de plus en plus en mesure de ressentir la réalité de notre propre amabilité et de nous réjouir de notre propre bonté et de notre valeur, quelles que soient les circonstances extérieures.
— Du fait que nous alimentions de moins en moins cette loyauté envers notre mère (en attendant indéfiniment qu'elle se révèle comme on l'espérait) en entretenant une image réductrice de nous-même, nous sommes plus à même de recevoir l'amour des autres.
— Nous sommes capable de nous percevoir avec plus d'objectivité, accueillant nos défauts et nos erreurs, tout en restant fermement ancrée dans notre bonté et notre valeur. Nous n'avons plus besoin d'approbation extérieure pour nous sentir bien.

Les différentes manières de cultiver une mère intérieure suffisamment bonne

En cultivant une mère intérieure suffisamment bonne, nous développons une nouvelle relation en nous-même. Nous n'avons pas besoin d'être parfaite ; nous allons faire des erreurs. L'important est que nous soyons déterminée à continuer d'avancer. Et chaque long voyage est fait de petits pas.

Qu'aurions-nous aimé recevoir, enfant, que nous n'avons jamais eu ?

Petite fille, aurions-nous aimé que notre mère :

— Nous brosse les cheveux avec amour ?

— Prépare nos vêtements d'école la veille ?

— Nous lise une histoire tous les soirs ?

— Écoute profondément ce que nous avions à dire et nous réponde avec empathie ?

— Nous console et nous aide à réfléchir à des solutions lorsque nous étions contrariée ?

— Soutienne notre intérêt pour la musique, l'art ou la danse ?

— Nous fasse beaucoup de câlins et soit physiquement affectueuse envers nous ?

— Soutienne notre indépendance, nous permettant de jouer pendant des heures, plongée dans notre propre imagination ?

— Que chacun de nos succès et de nos avancées la remplisse de joie, et qu'elle nous célèbre avec enthousiasme à chaque occasion ?

Il y a quelque chose de si pur dans notre cœur…

L'enfant que nous étions n'est pas seulement une photo instantanée tirée de notre histoire ; elle est l'énergie vitale qui vit en nous en ce moment même. Notre enfant intérieure fait partie de notre être authentique, celle que nous étions avant de devoir porter des masques et d'arborer ce faux *moi* pour survivre dans nos familles et dans nos cultures. Lorsque nous prenons soin de cette enfant intérieure, nous commençons à récupérer cet être authentique et naturel. Nous commençons à restaurer la bonté et la dignité de tout ce que nous avons dû cacher dans l'ombre.

Accueillir à nouveau ces parties de nous-même est incroyablement libérateur !

Nous pouvons embrasser ces parties rejetées à partir de l'être véritable que nous sommes et agir de façon nouvelle pour montrer à notre enfant intérieure que le passé est révolu et que nous pouvons aujourd'hui être pleinement nous-même, en toute sécurité.

Quelques exemples d'actions qui guérissent et libèrent :

— Poser des limites là où c'était interdit auparavant.
— Utiliser notre voix pour exprimer une vérité qui nous a valu d'être rejetée dans le passé.
— Nous octroyer le temps de jouer ou de ne rien faire bien, qu'on nous ait appris que notre valeur intrinsèque ne pouvait venir que de l'effort.

Guérir implique que nous soyons rebelles. La guérison exige d'avoir le courage de nous défaire des schémas dysfonctionnels qui ont été instaurés au début de notre vie. C'est un long chemin, qui peut être très difficile, mais cela en vaut la peine.

Car finalement, tout cela ne contribue qu'à élargir notre capacité à atteindre de nouveaux niveaux de joie, de plaisir, de créativité et de connexion.

Un amour illimité se trouve à l'intérieur de nous. Dans notre culture, on encourage les enfants à grandir, et donc à sortir de l'enfance le plus vite possible, et ils ne sont pas si facilement accompagnés avec amour dans les étapes par lesquelles ils passent. C'est pourquoi beaucoup d'entre nous ont grandi en se sentant punies ou abandonnées, au simple motif d'avoir eu des besoins : le besoin de manger, le besoin d'être prises en charge, le besoin d'être vues, le besoin d'être écoutées, le besoin de nous reposer, le besoin d'être comprises, etc. Beaucoup parmi nous ont appris à détester ces besoins et à se haïr d'en avoir. Et même si nous l'avons tourné en autodérision, tout cela continue de nous bloquer.

Travailler avec l'enfant intérieure restaure notre vitalité et notre sécurité intérieure.

Nous avons toutes besoin de nous sentir adorées, chéries, réconfortées, nourries et honorées pour la personne unique que nous sommes. Quand on aide notre enfant intérieure à éprouver ces sentiments, une nouvelle énergie et une nouvelle vitalité irriguent tous les domaines de notre existence, du fait que nous nous libérons de la honte pour nous enduire de bonté et de béatitude. Ce qui nous donne une confiance nouvelle, tout en nous apportant de la légèreté et de la joie.

Créer un environnement intérieur sécurisant pour que notre enfant intérieure s'épanouisse

Écouter ce que notre petite fille intérieure a à nous dire et ressentir l'énergie changer dans notre corps et nos émotions. Peindre, dessiner, tenir un journal, écrire des lettres, dialoguer avec une chaise vide et sortir nos vieux jouets préférés. Amusons-nous avec le processus. Créons un sanctuaire dans lequel tout va bien, quoi qu'il arrive. Un sanctuaire sécurisant pour l'enfant en nous, où on peut ressentir les choses, être désordonnée, traîner en pyjama, se permettre de pleurer, de jouer et de s'amuser en toute sécurité !

Découvrir et incarner notre bonté indestructible

J'avais une photo de renard sur mon bureau, et je me souviens d'un jour où chaque fois que je la regardais, je ressentais le besoin de pleurer. Pressentant qu'il y avait quelque chose de puissant là-dessous, je me suis assise avec la photo et me suis permise de ressentir ce qui se passait. En observant les yeux du renard, j'ai ressenti sa présence innocente et pure. J'ai commencé à pleurer tout en prenant conscience que je pleurais sur la présence innocente et pure de ma propre petite fille intérieure. Et pendant que je pleurais, je prenais conscience d'un élément majeur. Je m'apercevais qu'aucun de mes traumatismes d'enfance, comme je l'avais craint, n'avait détruit en moi l'innocence et la pureté, qui étaient en réalité toujours présentes à l'intérieur à ce moment-là. En fait, mon innocence et ma pureté ne pourront jamais être entièrement détruites, et je ne pourrai jamais en être totalement séparée, du fait qu'elles représentent l'essence même de mon être et une partie de ce qui me relie avec la vie elle-même.

Aimer notre enfant intérieure nous donne accès à notre essence, notre vérité et notre vitalité, comme rien d'autre ne parviendrait à le faire.

Le lien indestructible que nous créons entre notre moi adulte et notre enfant intérieure comble les failles de notre petite enfance à travers une nourriture émotionnelle capable de générer la force nécessaire pour alimenter notre être authentique, complet et rayonnant. Un processus qui nous amène à construire de nouvelles fondations qui soutiennent l'immensité de celle que nous sommes vraiment.

« S'automaterner jusqu'à la maîtrise » est l'une de mes phrases préférées. À chaque nouveau niveau d'autonomisation, notre enfant intérieure a besoin d'être rassurée sur le fait qu'aller plus loin que nos familles ou nos amis n'est pas dangereux, qu'elle ne sera pas seule, ce qui est au cœur de tant de peurs que nous portons. Toutes les fois où nous passerons à un niveau supérieur, la petite fille à l'intérieur de nous aura besoin de plus de réconfort et de soutien.

Les énergies profondes de guérison de ce maternage intérieur impliquent :

— D'apporter douceur et gentillesse à nos peurs et à nos angoisses.
— De nous octroyer plus d'espace pour accueillir nos émotions.
— De prendre le temps de faire la différence entre la douleur du passé et la sécurité du présent.

— De fournir chaque jour des preuves de toutes les bonnes et belles choses de notre vie.
— De nous permettre d'avancer plus lentement dans la journée, une heure après l'autre.
— De créer de nouvelles limites non négociables pour préserver notre espace vital.
— D'agir calmement et clairement en tant qu'adulte, tout en apaisant les peurs de notre enfant intérieure.
— De célébrer nos victoires et de reconnaître notre splendeur, indépendamment de toute approbation extérieure.
— D'avoir le courage de mettre fin à des relations qui nous épuisent ou qui nous manquent de respect sans culpabilité.
— De créer et de caler de nouveaux rituels de soins personnels et nourrissants dans notre planning.

Devenir de plus en plus apte au maternage intérieur à chaque niveau est porteur de changements étonnants dans la vie d'une femme.
Elle y gagne entre autres :

— Des perspectives d'avenir élargies en termes de possibilités et d'enthousiasme.
— Un amour-propre à toute épreuve, prêt à faire face à tout ce qui tenterait de la diminuer.
— L'assurance qu'elle est capable de créer tout ce qu'elle veut.
— La sensation qu'elle mérite un soutien illimité et d'être en contact avec les autres.
— Le sens de l'abondance et de l'espace nécessaire à ce que tous les êtres obtiennent ce qu'ils désirent.

— Le sentiment d'avoir une place spéciale dans le monde, la sienne, qui ne pourra jamais lui être enlevée.
— Une générosité joyeuse et l'envie d'accompagner d'autres femmes dans leur rêve.
— Une volonté d'entrer dans l'inconfort de l'inconnu au profit de ce qui est vrai et réel.

Le maternage intérieur n'est pas une promenade de santé. Oui, il implique beaucoup de douceur et de gentillesse, mais aussi d'être prête à accueillir des moments inconfortables, de faire preuve de fermeté et de patience, ainsi que :
— Ressentir volontairement les émotions inconfortables, souvent douloureuses, dont nous étions coupée dans notre enfance.
— S'engager à entretenir une communication constante avec notre enfant intérieure et dialoguer avec elle régulièrement.
— Avoir le courage de demander de l'aide et du soutien et de ne pas entreprendre ce chemin seule.
— Essayer volontairement de nouvelles choses dans lesquelles nous ne serons pas toujours à l'aise et prendre le temps.
— Accepter de renoncer à une gratification immédiate et envisager les choses sur du long terme.
— Être déterminée à faire de notre vie intérieure une priorité absolue et à écouter notre corps et nos émotions, en agissant à partir de nos perceptions.

Quelques indices qui révèlent qu'entreprendre ce maternage intérieur serait bénéfique pour nous :

— Lorsque nous nous retrouvons en train de régresser au stade de l'enfant, dès qu'une situation nous met en stress.
— Lorsque nous nous sentons impuissante et incapable plus que d'habitude.
— Lorsque notre travail nous mène à l'épuisement.
— Lorsque nous nous figeons sur place quand il s'agit de faire face à une situation.
— Lorsque les schémas de notre enfance se rejouent de manière répétée dans nos relations.
— Lorsque nous luttons contre la peur d'être isolée à cause d'un rejet ou d'un abandon.
— Lorsque nous laissons la honte, la culpabilité ou les obligations nous paralyser dès qu'il s'agit d'apporter du changement dans notre vie.

Voici un paradoxe qui est d'une puissante vérité : en ralentissant pour nourrir la petite fille à l'intérieur de nous, notre vie de femme reçoit un coup d'accélérateur en termes d'élan et de dynamisme.

Questions pour réfléchir

— Parmi les indices listés ci-avant, lequel ou lesquels vous interpellent ?
— Prenez une photo de vous en tant que petite fille et regardez-la attentivement. Observez les détails, appréciez son innocence et constatez à quel point vous étiez unique.
— En tant qu'adulte, envoyez à cette petite fille une énergie d'amour, de gentillesse et d'acceptation. « Je t'aime et je suis là pour toi maintenant. » Mettez la photo à un endroit où vous pouvez la voir tous les jours.

— Qu'est-ce que vous pourriez faire pour nourrir votre enfant intérieure aujourd'hui ? Qu'est-ce qui vous aiderait à vous sentir plus nourrie, aimée et soutenue ?
— Pensez-y et faites-le réellement. Observez comment vous vous sentez après.

Exercice : Six étapes pour dialoguer avec votre enfant intérieure

1. **Établissez le contact** : parlez à votre enfant intérieure en vous, à voix haute ou par écrit ; saluez-la avec des mots comme « Bonjour ! Je suis là avec toi ». Dites-lui que vous êtes présente et disponible pour elle. (Si vous commencez ce processus, le simple fait de franchir l'étape 1 tout au long de la journée est déjà extrêmement réconfortant.)

2. **Renseignez-vous** : posez des questions à votre enfant intérieure telles que « Que se passe-t-il pour toi en ce moment ? Comment te sens-tu ? De quoi as-tu besoin maintenant ? Aurais-tu envie de me parler de ce qui te dérange ? ».

3. **Écoutez** : créez réellement l'espace pour écouter et observer attentivement ce qui émerge. Soyez attentive aux mots, aux images et aux sensations que votre enfant intérieure vous envoie.

4. **Faites preuve d'empathie** : validez l'expérience émotionnelle de votre enfant intérieure en lui reformulant d'un ton doux ce que vous l'avez entendue vous dire. Puis répondez-lui avec empathie : « Je vois. Oui, ça a du sens que tu te sentes comme ça, c'est tout à fait logique, compte tenu de ce que tu as traversé. »

5. **S'appartenir intérieurement** : imaginez-vous en train de la soutenir et de l'apaiser physiquement, tenant doucement et respectueusement sa main dans la vôtre, établissant un contact visuel, la portant, lui caressant le front, la traitant de façon nourrissante et maternelle, etc.

6. **La redéfinir positivement** : créez une lecture stimulante de son/votre histoire pour l'aider à donner un sens à ce qui s'est déroulé dans le passé et à ce qui se déroule maintenant. Expliquez-lui en douceur que le passé est révolu et qu'elle est en sécurité désormais. Ce récit positif doit être honnête, encourageant et doit venir du cœur. Apportez-lui des preuves concrètes qui valident le nouveau récit et confirment la valeur et la sécurité de votre petite fille intérieure dans le moment présent.

....

14

La vie après la blessure maternelle

J. avait emménagé chez moi, dans les bois. Vivre enfin ensemble était tellement excitant, préparer les repas, nous asseoir près de notre poêle à bois et marcher sur les sentiers environnants. Nous passions aussi du temps à imaginer le genre de maison que nous voulions acheter ensemble, dans laquelle on aurait un jardin, où on pourrait accueillir nos amis et nos proches, et offrir un espace pour agrandir nos réunions, renforcer notre communauté et le lien entre les femmes. Nous visualisions cette maison comme un lieu où les gens viendraient ensemble découvrir leur vérité.

En quelques mois seulement, nous avions miraculeusement trouvé la maison idéale, noué des liens avec un groupe de femmes que nous avions commencé à héberger et qui sont rapidement devenues nos amies et notre « famille de choix ». En emménageant dans notre nouvelle maison, nous plaisantions en disant que nous étions en train de transformer une maison de l'époque victorienne, construite au moment de la répression féminine, en une maison de liberté d'expression féminine.

J. et moi avions fusionné nos bibliothèques respectives. Nous nous lisions les unes aux autres à haute voix des livres d'Audre Lorde, d'Adrienne Rich, d'Alice Walker, de Judy Grahn, de Mary Daly, d'Andrea Dworkin, de Denise Levertov, de Muriel Rukeyser, de Leslie Feinberg, etc. Par moments, je regardais en arrière et me rendais compte à quel point j'avais été ignorante, aveugle à la profondeur, la puissance et la résilience de mes prédécesseures féministes. Je ressentais de l'humilité, du chagrin, ainsi qu'une immense gratitude pour tout ce que j'apprenais et tout ce que je vivais. Je me sentais fière de me retrouver parmi ces autres femmes révolutionnaires.

Aimer une femme représentait pour moi la chose la plus naturelle, la plus sacrée et la plus libératrice que j'aie jamais vécue. Contrairement à beaucoup de gens, je n'avais pas eu à passer par l'expérience du « coming out » auprès de ma famille, car je n'avais alors plus aucun contact avec elle depuis environ quatre ans. J'ai compris que j'avais été mise au ban et excommuniée, non pas parce que j'étais devenue lesbienne, mais parce que je m'étais révélée en tant qu'individu ; cet acte de désobéissance patriarcale et d'autoproclamation en tant qu'être à part entière fut le signe avant-coureur de la découverte de ma sexualité, et donc une étape importante dans mon évolution.

Avec le temps, j'ai fini par accepter que, même si ma famille croyait m'aimer, elle n'était pas en mesure d'aimer la femme libre que je devenais. Je me ramenais sans cesse à cette vérité qu'entre nous c'était vraiment fini, et que je n'allais jamais les revoir. Qu'en dépit de l'amour que je ressentais pour eux, en dépit de la bonté de mes intentions à leur égard, les membres de ma famille n'étaient pas en mesure de le comprendre. Bien que me répéter en boucle intérieurement ce refrain ait été douloureux, c'était important, et cela m'aidait surtout à éviter que le rêve impossible refasse surface. Plus je pleurais et acceptais cette réalité, plus je m'appropriais ma nouvelle vie avec ma partenaire dans notre nouvelle maison et au sein de notre communauté. En repensant à toutes ces pertes si douloureuses dans ma vie et en voyant à quel point mon existence actuelle était devenue authentique, nourrissante et bien réelle, j'ai commencé à ressentir une grande fierté. Même si je continue à traiter les traumatismes liés à ce que j'ai vécu, la vie que je mène aujourd'hui est vraiment la mienne, et je me sens vivante et reconnaissante. Ce qui avait été un vide autrefois était aujourd'hui une nouvelle communauté locale d'amies, une relation saine avec J., une famille d'âmes et un réseau mondial de collaboratrices. De cette douleur a émergé plus d'amour et d'abondance que je n'aurais jamais pu l'imaginer.

La vie ressemble à un exercice spirituel au travers duquel toujours plus de couches apparaissent pour guérir, nous apportant chaque fois encore plus de clarté et de liberté. Chaque couche nous invite à accueillir l'inconfort émotionnel qui surgit, à materner l'enfant en nous, à distinguer le passé du présent et à rencontrer la vie plus pleinement, dans la confiance de savoir que tout ce qui arrive est pour le mieux, même si notre esprit n'en comprend pas encore le sens. Mon esprit hyperactif ne fonctionne plus en mode « gestion », mais plutôt à partir du socle calme de mon être profond. Chaque couche m'a rendue à la fois plus tendre et plus intensément présente. Je me sens plus unifiée, au sein de cette alliance intérieure entre l'enfant innocente et la vieille sage, et cette énergie s'exprime à travers la femme adulte que je suis.

Avec le temps, j'en suis arrivée à ce que j'appelle une « défaite bienveillante », c'est-à-dire au point de reconnaissance et d'acceptation que toutes les stratégies qui m'ont aidée à survivre à ma famille biologique ne me servent plus. Enfant, je pensais devoir contrôler la vie à l'aide de mon mental pour survivre. J'avais besoin de comprendre les règles de la vie et de les maîtriser à travers l'effort, la lutte, l'élaboration de stratégies, le rôle de la bonne fille, l'hypervigilance et le surmenage. Je croyais que ces stratégies mentales créeraient des circonstances propices à ce que je puisse enfin me reposer. Mais tous ces combats et ces efforts mentaux ont échoué : ils ne m'ont jamais permis d'atteindre mon objectif premier, à savoir que ma mère et ma famille m'aiment et me voient comme je l'avais si douloureusement espéré.

Faire le deuil de ces attentes-là m'a conduite vers une profondeur et une clarté qui m'ont donné à réfléchir. Au fond, se reposer et juste ÊTRE, *voilà ce que mon enfant intérieure a toujours souhaité. Et pendant longtemps, j'ai cru que j'avais besoin de l'amour de ma famille pour me le permettre. Le soulagement est venu du renoncement à des niveaux toujours plus profonds, de l'acceptation que, quels que soient mes efforts, je ne puisse pas contrôler la vie, ou encore les circonstances. La nourriture qui vient de l'Être ne peut être acquise par le travail ; elle ne peut qu'être ressentie et expérimentée dans l'instant. La véritable créativité et la connaissance ne sont disponibles, accessibles que dans le moment présent.*

Ma soif de vérité et d'intégrité me ramène toujours à ce constat que rien ni personne dans ce monde, quelles que soient ses qualités, ne pourra jamais effacer le traumatisme que j'ai enduré et m'enlever la responsabilité de soigner ma douleur intérieure. Chercher du confort dans des stratégies mentales qui promettent un sauvetage, une récompense future ou qui donnent l'espoir de contrôler les circonstances ne me satisfait plus. Seul le pouvoir d'être dans le moment présent, où réside cet amour qui n'a pas besoin de stratégies mentales, est réellement nourrissant. C'est comme si ma mère intérieure me suggérait à chaque instant d'accepter cette défaite bienveillante et de rester là, tranquillement avec elle : « Tu n'as pas besoin de courir ou de te protéger, ou encore de chercher quoi que ce soit. Je suis toujours là maintenant, en train de te porter, en train de tout porter. »

Tout dans ce monde va changer ou disparaître. L'effort mental ne nous aide pas à obtenir ce que nous voulons, au contraire, il nous en éloigne. En accueillant courageusement notre douleur, en incarnant cette mère intérieure, en étant présente à notre propre blessure, nous trouvons la nourriture que nous recherchions. C'est ce qui nous met au cœur de la vie, sans l'isolement de la fuite ou du déni. Ce rapport direct avec la vie, avec la vérité, me semble être ce que nous recherchons vraiment.

En guérissant la blessure maternelle, nous découvrons ce qu'est la vraie puissance et commençons à la manifester. Cette puissance n'a rien à voir avec le pouvoir dominateur propre au patriarcat, il s'agit de la puissance de l'Être, cette puissance qui nous invite non pas à être « dessous », mais plutôt à être « avec ». Ici, nous ne nous confions ni ne nous conformons plus à une autorité externe, mais agissons en accord avec notre autorité intérieure fondée sur notre vérité ; nous trouvons cette source en nous, à partir de laquelle vivre chaque instant.

Guérir la blessure maternelle ne consiste pas à envisager la transformation comme un moyen de nous débarrasser de la douleur de notre passé, mais plutôt comme une manière d'accueillir la vie ici et maintenant. Il n'y a pas de chemin facile. Et nous engager dans cette guérison nous demande du courage et de la résilience, mais le jeu en vaut la chandelle. Dans ce processus, chacun a son propre timing. C'est un chemin sans fin, mais qui, en nous débarrassant de nos illusions, nous offre toujours plus de possibilités d'évolution, ainsi qu'une aptitude à manifester l'être que nous sommes vraiment, en augmentant notre vitalité, notre joie et notre liberté.

« Tu pensais que l'harmonie était une voie
que tu pouvais décider d'emprunter.
Or, l'âme poursuit ce qui a été rejeté
et presque oublié. Ton véritable guide
s'abreuve à une source continue. »

RÛMÎ

Au fur et à mesure que nous guérissons notre blessure maternelle, nous nous rendons compte qu'il n'y a jamais rien eu de mauvais en nous. Une énergie incroyable nous est restituée. Lentement, avec le temps, nous ressentons clairement, viscéralement et de façon directe à quel point nous sommes un être divin connecté au vivant. Le médicament se trouve au cœur de la blessure. Au fur et à mesure que nous guérissons, la blessure maternelle ne se contente pas de disparaître. Elle transforme ce qui est source de douleur en une source de sagesse, qui nourrit chaque partie de notre vie. La plaie elle-même, lorsqu'elle tend vers la guérison, dévoile dans un timing parfait tous les progrès, les changements et les idées propices à l'ensemencement d'une nouvelle vie et d'un monde nouveau.

Tandis que nous évoluons à travers cette blessure et que nous nous dirigeons de l'autre côté, nous nous transformons, tout comme notre perception de nous-même et de notre vie, souvent de façon inattendue et magique, car notre connexion à la vie est progressivement restaurée. Nous commençons à saisir notre véritable appartenance. Ce qui nous offre plus d'espace pour le jeu, le plaisir et la créativité. Nous continuons à traverser des moments de tristesse et à faire face à des restes de traumatismes, qui ne font que nous libérer encore davantage, favorisant au passage l'exploration de notre objectif et de notre potentiel.

Surfer sur les vagues de la guérison

La meilleure métaphore que j'ai trouvée pour évoquer la vie au-delà de la blessure maternelle, c'est le surf. J'ai commencé à surfer avec un groupe d'amis quand j'avais dix-sept ans. J'ai passé tout l'été sans même me mettre debout sur ma planche, mais à la place, j'apprenais à lire les vagues, j'affermissais le haut de mon corps, j'apprenais à reconnaître les vagues qu'il fallait attraper et celles à laisser passer. Au début, elles me percutaient et me tiraient vers le bas, je me raclais parfois le visage sur le sable du fond de la mer ; parfois la planche surgissait d'un coup et me cognait la tête. Mais j'ai persévéré. Avec le temps, j'ai appris à les anticiper, à maîtriser le mouvement vers l'avant, à bondir sur ma planche au bon moment et à surfer sur les vagues avec joie, au lieu de les laisser me dominer et me menacer. C'est le même processus que celui de la guérison de la blessure maternelle : apprendre à surfer sur les vagues de la guérison, les utiliser, leur permettre de nous faire avancer, apprendre à diriger leur puissance, les accueillir.

Avec le temps, nous parvenons à ressentir une vraie gratitude et une véritable compassion pour notre mère et son parcours. Nous pouvons ressentir de la gratitude pour tout ce que notre mère a pu nous donner et de la compassion pour ce qu'elle n'a pas pu nous offrir. C'est progressif. C'est une évolution. Nous guérissons sur une spirale. C'est un processus sans fin, au sein duquel, avec le temps, nous parvenons de plus en plus à renoncer à une destination. Au contraire, nous apprécions le gain d'autonomie et la liberté que nous expérimentons au fur et à mesure que nous traversons chaque couche. Parce que nous nous déplaçons constamment vers l'inconnu et trouvons soutien et trésors en cours de route, surfer sur les vagues de la guérison ressemble finalement plus à une aventure qu'à une corvée.

La permission d'être authentique

Nous donner le droit d'être qui nous sommes vraiment est quelque chose qui se joue intimement entre nous-même et nous-même. En guérissant la blessure maternelle, nous développons un socle sécurisant à partir duquel nous allons pouvoir explorer l'être authentique que nous sommes. Comme la mère intérieure l'est pour notre enfant intérieure, nous devenons cet espace profond capable de tout accueillir. Ce lien intérieur induit un puissant cercle d'amour, qui nous aide de plus en plus à quitter les anciens schémas hérités de notre famille biologique et de la culture patriarcale. Les explorations, les expérimentations et les erreurs sont les bienvenues. Ici, il n'y a pas d'échec, seulement des apprentissages. Nous sentir de plus en plus intérieurement en sécurité nous encourage à prendre des risques, à envisager de nouveaux territoires, pour prendre le temps de redécouvrir notre paysage intérieur, sans la peur habituelle de « Qu'est-ce qu'on va penser de moi ? ». Cette peur peut toujours surgir, mais son pouvoir de nous bloquer diminue.

Le patriarcat a exigé que les femmes restent limitées et donnent leur pouvoir pour être acceptées. Tandis que nous devenons des femmes éveillées, nous reconnaissons notre limitation, en nous soumettant non pas à une autorité extérieure, mais à la vérité présente au centre de notre être, au divin, à la source intérieure. Voici ce qui guide désormais notre vie. Notre vie est au service du divin. Accueillir notre petitesse dans ce processus-là est l'exaltation ultime, car nous devenons l'instrument d'une puissance supérieure. À partir de là, tout ce que nous entreprenons peut être vécu comme une expression de cette vérité-là. Notre véritable autorité est intérieure. Face à une société patriarcale qui nous incite à nous diviser et à nous trahir dans le but d'être acceptées, savoir où se trouve notre vraie puissance est tellement guérissant. Notre autorité est carrément placée au centre de nous-mêmes. Ici, nous appréhendons le caractère inné de notre intégrité.

Dans son livre *L'Acceptation radicale*, Tara Brach nous encourage à laisser notre souffrance être la porte d'entrée de notre cœur éveillé. Vue sous cet angle, notre souffrance n'est pas quelque chose dont on aurait intérêt à vite nous débarrasser, mais une porte qui nous offre l'accès à des vérités plus profondes. Brach parle de voir notre douleur comme quelque chose qui nous serait confié, dont nous serions responsables. Pour faire grandir ce sentiment de sécurité intérieure, nous maternons mieux notre propre enfant intérieure que notre mère extérieure ne pourra jamais le faire. C'est en les ressentant d'abord pleinement que nous pouvons ensuite combler ces manques d'origine. La première étape pour incarner notre authenticité consiste à accepter de ressentir les émotions qui nous étaient interdites dans notre enfance.

Tandis que nous vivons de plus en plus à partir de notre être originel, nous sommes appelée à nous éloigner de temps en temps du connu et à chercher appui dans l'inconnu. Nous sommes invitée à nous lier d'amitié avec notre solitude suprême et à trouver notre sécurité dans notre propre présence. Au cœur de cette simplicité austère réside une plénitude profonde qui n'est pas de ce monde. L'ego s'apaise et se met au service du mystère naturel de notre propre évolution. Il y a un lien commun entre le désir pour la mère et le désir pour la part aimée intérieure. On pourrait dire que ce désir passe par le même canal, le désir de l'enfant pour sa mère et le désir de l'adulte pour cette suprême vérité, qu'on pourrait aussi appeler Dieu/Déesse. C'est pourquoi lorsque nous guérissons la blessure maternelle, incarner la puissance spirituelle qui cherche à s'exprimer à travers nous devient une évidence.

Lorsque nous rencontrons suffisamment en profondeur notre propre douleur et notre solitude existentielle, nous découvrons que nous n'avons jamais été seule. Là, au cœur de notre propre douleur et de nos sentiments chaotiques, se trouve une présence aimante qui a toujours été à nos côtés, dans tout ce que nous avons expérimenté. Tandis que nous nous sentons de plus en plus en sécurité à l'intérieur, notre loyauté passe des croyances héritées de nos familles et de notre culture à notre propre vérité et intégrité intérieures. Au fil du temps, notre capacité à être honnête avec nous-même et sur ce que nous ressentons devient notre véritable source de sécurité. Cette sécurité innée surpasse les sécurités illusoires que nous pensions obtenir grâce aux anciennes protections que nous avions développées dans notre enfance.

L'intégration de cette enfant intérieure de plus en plus guérie et de l'adulte consciente et avisée aboutit à une nouvelle façon d'être, créant un pont entre l'esprit et la matière, la nouvelle terre elle-même. Quand nous maternons la petite fille traumatisée en nous, nous incarnons la Déesse. Lorsque nous nous automaternons, un plus grand sentiment de paix et de liberté se propage, et nous nous libérons de plus en plus du besoin que les autres changent pour que nous nous sentions bien. Nous parvenons à laisser les autres être comme ils sont et à nous libérer de cette attente qu'ils voient qui nous sommes. Lorsque nous savons et que nous apprécions suffisamment la femme que nous sommes, lâcher prise sur ce genre d'attente devient possible. Nous maternons dans la sécurité de l'instant présent notre enfant intérieure traumatisée. En acceptant de ressentir aussi bien la douleur de nos traumatismes passés que toute douleur issue d'une situation actuelle, nous agissons sur deux niveaux en même temps. Vivre en étant consciente de plusieurs niveaux à la fois, c'est dépasser un cap très puissant. Être dans l'instant présent à la fois en tant qu'adulte et en tant qu'enfant intérieure, mais aussi en tant que cette part divine informelle lotie au niveau le plus profond de notre être.

Utiliser les défauts de notre famille pour grandir est la meilleure façon de rendre féconde une enfance traumatisante. Grandir, c'est simplement incarner celle que nous sommes au fond de nous. Notre don le plus précieux est disponible dans la douleur issue des abus que nous avons vécus. C'est une vraie résurrection. Lorsque nous découvrons la lumière au cœur de notre douleur la plus profonde, nous sommes à même de la voir partout et en tout. La conscience de notre unité et de notre appartenance à l'existence devient une réalité concrète. Incarner le féminin souverain, c'est être à la fois tendre et féroce. Autorisons-nous à incarner notre grandeur. Permettons-nous de prendre de la place. Avec le temps, lorsque notre enfant intérieure se sent suffisamment en sécurité, nous parvenons à laisser tomber nos premières croyances selon lesquelles nous devrions rester petite pour être aimée. Et agir de la sorte nous rend encore plus en mesure de ressentir vitalité, émerveillement, créativité, joie, bonheur, enthousiasme, bien-être et réceptivité. Ce lien intérieur nous permet de nous détacher émotionnellement des messages toxiques qui nous encouragent à nous déprécier et à « nous faire toute petite pour être acceptée », transmis aux femmes par notre culture.

Nous sommes nombreuses à souhaiter être pleinement authentiques, vraies, perçues et aimées telles que nous sommes vraiment. Nous aspirons collectivement à expérimenter viscéralement notre vraie créativité, notre véritable puissance et beauté, non diluée et atténuée par les structures limitatives de notre culture. Chacune de nous a le potentiel d'exprimer son être originel d'une manière capable de transformer notre monde. Le temps est venu pour nous d'avancer et de mettre en avant ce que nous avons à accomplir.

Serons-nous au rendez-vous ?

Quelles que soient nos attentes, nous ne recevrons pas d'autorisations de l'extérieur. La seule permission qui pourra nous libérer, c'est la nôtre.

Notre puissance se déploie à partir de notre indiscutable valeur et de notre talent.

Nous manquons d'intégrité lorsque nous nous dévalorisons et nous dévaluons. Il est temps de nous débarrasser enfin de l'idée que le fait de nous rabaisser est noble. Le plus grand cadeau que nous puissions faire aux autres est de leur montrer l'exemple que notre vie fonctionne, que nous avançons dans notre pouvoir et incarnons celle que nous sommes vraiment, sans excuses et sans honte, mais plutôt habitée par cette sensation de ravissement intérieur et de célébration.

La puissance est la fleur de la légitimité. Revendiquons notre légitimité et notre droit de prendre de la place.

Nous ne pouvons pas incarner notre puissance si nous ne nous sentons pas d'abord vraiment légitimes. Personne ni rien de l'extérieur ne peut nous accorder la légitimité à laquelle nous aspirons ; pourtant, c'est le fondement de tout le reste. Se sentir légitime, c'est reconnaître sa valeur fondamentale et sa bonté. Ce sentiment est censé se développer dans la petite enfance par la transmission de notre mère, à travers son propre sentiment d'appartenance au monde. Le fait qu'elle n'ait pas senti qu'elle avait sa place a compromis notre sentiment de légitimité et de valeur de base. Comme revenir en arrière et récupérer ce sentiment de légitimité nous est impossible, nous avons à faire le deuil de cette chance perdue et établir à l'intérieur de nous-même cette légitimité à laquelle nous prétendons.

Le fait que nos mères aient grandi dans des cultures patriarcales nous confère à chacune le sentiment d'être, à un certain niveau, perdue. Une fois que la blessure maternelle est accueillie, elle se transforme en réalité en cadeau, nous menant à ce sentiment de légitimité auquel nous aspirons. La légitimité, c'est le droit d'exister, le droit de s'épanouir et d'agir en tant qu'entité dotée d'autorité et de pouvoir. Bien que les messages culturels nous disent le contraire, nous sommes toutes légitimes par le fait que nous existons, que nous sommes. La vie elle-même nous a accordé une légitimité, puisque nous sommes nées. Plus nous dissipons les couches de nos croyances limitantes et les reliquats traumatiques qui recouvrent notre essence, plus nous parvenons à le ressentir.

Osons reconnaître notre puissance.

Notre essence, notre esprit, notre être, voilà le germe de notre puissance. Plus nous lui faisons confiance, plus elle rayonne à travers notre forme humaine, plus sa guidance devient claire, et plus notre transformation profite à ceux qui nous entourent lorsque nous dégageons cette puissance.

Ressentir solidement cette légitimité est à la fois ce qui contient et préserve le germe de notre puissance intérieure. Ce qui englobe notre légitimité soutient notre puissance tout en lui permettant de s'épanouir.

On pourrait même dire que ce sentiment élémentaire de légitimité est ce qui nous relie à la puissance de notre part divine.

Reconnaître notre puissance, c'est avoir le courage de vivre en baissant les armes et d'incarner la vérité brute de notre être, quel qu'en soit le prix.

Reconnaître notre puissance, c'est vivre en tant qu'essence, au-delà de notre ego. Nous abandonner à notre vérité la plus profonde et lui faire confiance, quel que soit l'endroit où elle nous conduit, et même si notre mental imagine un autre scénario. Agir ainsi implique d'avoir du courage et de la détermination.

En fin de compte, le travail consiste à démanteler les cloisons internes de notre part égotique qui pense devoir se défendre contre tout dans la vie. Quand ces murs disparaissent, notre volonté personnelle se fond dans la volonté divine comme un ruisseau rejoignant l'océan. Soudain, un pouvoir vivant en nous nous procure une énergie incroyable, du soutien et de l'inspiration. Nous ne sommes plus un simple ruisseau, nous sommes l'océan lui-même. L'objectif quotidien devient alors de trouver ce flux et de lui permettre de nous porter vers tout ce dont nous avons besoin, tout ce que nous sommes censée savoir et tout ce que ce flux souhaite exprimer à travers nous.

Qu'est-ce qui nous empêche de vivre en alignement avec ce qui est vrai pour nous ? Qu'est-ce que cela nous coûte ?

Nous avons besoin de voir de quelle façon nous avons subi ce lavage de cerveau jusqu'à l'autoflagellation et de récupérer notre force vitale en optant pour de nouvelles pensées et croyances qui refléteront et exprimeront avec précision notre vérité. Nombreuses sont celles qui se heurtent à un plafond de verre, juste avant une avancée majeure. Nous avons tendance à d'abord attendre une permission de l'extérieur pour grandir, réussir, exceller. Le patriarcat a encouragé les femmes à croire en leur manque de valeur ou de pouvoir. L'héritage est ancien et les croyances profondément ancrées. Nos mères et nos grands-mères n'avaient pas d'autre choix que de croire et de nous transmettre ces croyances. Contrairement à nos ancêtres féminines qui n'en avaient pas la possibilité, nous devons trouver le moyen de nous légitimer. Il n'y a pas d'autre chemin. Comme dit le proverbe, nous sommes celle que nous attendons.

Nous n'avons aucune excuse pour ne pas suivre nos rêves. Le moment est venu. Ne sous-estimons pas l'impact que représente le simple fait de prendre la puissante décision d'agir en ce sens. Faisons confiance au fait que tout ce qui suivra cette décision correspondra exactement à ce dont nous avons besoin pour y parvenir. Ce n'est pas facile, mais ça vaut le coup. Rien n'est comparable au bonheur de vivre à partir de notre être profond.

Notre premier réflexe est de nous rabaisser, de nous cacher, de nous rendre invisibles. L'autodévalorisation apparaît comme l'une des blessures centrales que nous subissons en tant que femmes dans ce monde. Dès le début, on nous apprend à avoir honte de nous, alors nous apprenons à nous cacher, à nous déformer et à nous automanipuler pour que le monde nous accepte. Nous avons dû croire en notre prétendue imperfection pour survivre. Nous avons dû nous accommoder de notre propre oppression.

Or nous sommes capables de transformer la honte en un amour ardent.

Le fait que nous n'ayons pas été acceptées – par nos familles et par la société – ne signifie pas que nous ne sommes pas légitimes. Cela ne veut pas dire que quelque chose ne tournait pas rond chez nous. Cela signifie juste que quelque chose dans notre société et dans nos familles était profondément blessé. Admettre ce fait, ce n'est pas le juger, c'est accéder à la vérité pour que la guérison ait lieu.

Lorsque nous acceptons d'être mal vues, lorsque nous acceptons de prendre le risque de blesser les autres en faveur du réel et de ce qui est vrai pour nous-mêmes et dans le monde, cela signifie que le processus d'autodénigrement touche à sa fin. Nous devons accepter d'être mal à l'aise et d'être considérées comme gênantes.

Nous avons besoin de contacter une certaine brutalité en nous, une détermination, un « Je ne lâcherai rien jusqu'à ce que je m'approprie pleinement celle que je suis ».

Dans notre culture, nous avons tendance à nous précipiter vers le pardon, la compassion et les solutions. Et en tant que femmes, nous avons si bien appris à édulcorer les choses qui nous mettent, nous et les autres, mal à l'aise et à les glisser sous le tapis… Ce qui nous conduisait à accepter, au nom de la paix, moins que ce que nous méritions.

Le temps de l'obéissance est révolu. Nous devons être déterminées à reprendre possession de nous-mêmes, savoir jusque dans nos os que nous nous appartenons.

En tant que petites filles, nous avions à dire oui à un monde et à des familles blessées, des blessures qui nous ont coûté des années de notre vie. En tant que porteuses actuelles de la douleur générationnelle et collective, nous avons la capacité de transformer consciemment cette douleur en conscience. En tant qu'enfants, nous n'avions pas d'autre choix que de donner notre pouvoir. Il est maintenant temps de rectifier le tir en changeant ce « oui » en un « non » puissant face à ce qui continue de nous opprimer – à commencer par les façons dont nous nous enchaînons nous-mêmes.

Pour nous libérer, nous devons d'abord repérer les façons dont nous sommes divisées à l'intérieur de nous-mêmes. Ces conflits en nous doivent être identifiés et reconnus. Sinon, ils continueront à nous contrôler et nous limiteront. L'obéissance coûte très cher.

De quelle manière obéissons-nous ? Comment est-ce que nous nous rabaissons ?

Le chemin du retour à soi peut être long et semé d'embûches, car il implique de nous retrouver face à tout le chagrin, la douleur et la rage qui bloquent notre être véritable.

Nous devons accueillir ces sentiments effrayants. L'amour que nous sommes n'a pas peur des situations morcelées que nous avons accumulées. C'est pourquoi il fait naître en nous le courage d'accueillir notre douleur et de la traverser.

L'amour que nous sommes métabolise la douleur et la transforme en lui-même… en amour.

Nous avons appris à nous détourner des choses qui nous font peur et nous mettent mal à l'aise. C'est une manière de gaspiller notre pouvoir. En incarnant une conscience plus grande, nous comprenons que nous avons besoin d'évoluer et de nous tourner vers ce qui nous met mal à l'aise pour l'éclairer de la lumière de la conscience au bénéfice de notre propre transformation.

Guérir la blessure maternelle est impossible sans le concours d'un thérapeute compétent en matière d'attachement et de traumatisme, en particulier pour celles d'entre nous qui ont subi de graves abus et de sévères traumatismes. La blessure s'est produite dans la relation et la guérison a lieu finalement dans la relation. Nous materner, c'est aussi trouver le soutien adapté à notre besoin. À la fin de ce livre, dans les annexes, se trouvent quelques recommandations sur ce sujet.

Notre sécurité réside en cette volonté de nous tourner vers les zones où nous sommes intérieurement divisées.

L'amour que nous sommes en réalité n'a pas peur des fractures.

Quand notre cassure est accueillie, elle se transforme en un tout incassable dont nous comprenons qu'il était là depuis toujours – une complétude éternelle et intemporelle qui n'est autre que celle que nous sommes vraiment, instaurée par notre consentement à sortir de notre zone de confort, à accueillir les ténèbres en nous-mêmes, et nourrie par notre loyauté face à ce qui est réel et vrai, quel qu'en soit le prix.

Marcher sur le fil du rasoir entre force et tendresse

En agissant sur nos divisions intérieures, nous dissolvons littéralement les couches qui obscurcissaient notre lumière. Au fur et à mesure que ces couches disparaissent, un aspect plus profond de notre véritable identité émerge – une conscience de pur amour, un amour resté vierge et intact tout au long de notre douleur. Nous en devenons conscientes lorsque nous nous retrouvons confrontées à toutes ces croyances qui nous disent que nous ne sommes pas assez bonnes ou assez puissantes dans notre propre vie. Ce message n'apporte pas de solution miracle, mais évoque un chemin purement réaliste. Quels que soient l'inconfort et les obstacles que cette guérison implique, reprendre possession de nous-mêmes et parvenir à nous aimer, ça n'a pas de prix.

Le fait qu'aucune émotion ou expérience n'arrivent à nous séparer de nous-mêmes est le signe d'une relation intime intérieure puissante. C'est la vraie sécurité et la vraie liberté. C'est le cadeau que nous réserve la blessure maternelle.

Questions pour réfléchir

— En tant qu'enfant de sexe féminin, nombreuses parmi nous avons été forcées de dire oui à des choses auxquelles nous aurions voulu dire non. Nous avons peut-être été obligées d'endurer des expériences insupportables ou difficiles sans pouvoir exprimer notre souffrance. À quelles sortes d'expérience de ce genre avez-vous été confrontée ?

— Imaginez-vous entrer en contact avec votre petite fille intérieure. Exprimez-lui avec empathie à quel point s'être sentie seule, impuissante ou sans voix dans ces moments a été difficile. Imaginez-vous lui dire que, maintenant, vous êtes là pour elle en tant qu'adulte pour protéger son droit à dire non et pour respecter ses besoins et ses limites.

— De quelles manières pourriez-vous aujourd'hui affirmer dans votre quotidien votre souveraineté en tant que femme adulte, défendre votre droit de dire non tout en rassurant aussi votre enfant intérieure et en lui faisant ressentir qu'elle est protégée et entendue ?

Conclusion

Femme émergente : Nous libérer du « plaire » et faire la paix avec notre puissance

> « Les liens entre et parmi les femmes
> sont les plus redoutés, les plus problématiques,
> et la force peut-être la plus transformatrice
> sur la planète. »
>
> ADRIENNE RICH

Le principe d'émancipation des femmes est resté aveugle à la blessure maternelle jusqu'à présent. Même les plus évoluées d'entre nous avaient éludé cette question. Guérir cette blessure est la prochaine étape du féminisme, agissant comme un levier révélateur des formes d'autolimitation les plus insidieuses, des manières très subtiles et invisibles au travers desquelles nous nous freinons pour nous garantir l'amour, la sécurité et l'appartenance. Ces schémas insidieux d'autolimitation ont été transmis de mère en fille pendant des siècles. Aujourd'hui, le moment est venu d'arrêter ce cycle.

Historiquement, les garçons ne dépendaient de leur père que jusqu'à ce qu'ils deviennent les chefs de leur propre famille, mais pour les filles, les mères et les épouses vis-à-vis de leurs pères/maris, la dépendance durait toute la vie. Il y a un vieil adage anglais qui dit : « Un homme est un fils jusqu'à ce qu'il prenne une femme, une fille est une fille pour la vie. » L'organisation familiale à travers l'histoire, selon laquelle les femmes n'avaient de pouvoir que par l'intermédiaire de protecteurs masculins, a limité le développement d'une solidarité féminine renforcée et d'une cohésion de groupe au fil du temps, et entretenu l'illusion que les privilèges de classe et de race préserveraient les femmes blanches de la misogynie.

Tout au long de l'histoire et des différentes étapes de la vie, de nombreuses femmes ont trouvé la sécurité grâce à une certaine forme de « protection » masculine, qui les empêchait de dépasser le stade de l'enfant sous tutelle dans lequel elles vivaient toute leur vie. C'est ainsi que la famille dictait les rôles à tenir et les obligations auxquelles une fille adulte devait obéir durant son existence, auprès de son père, puis son mari, et de son fils, auprès de sa mère et/ou de sa belle-mère souvent là pour veiller à ce que cet endoctrinement soit conduit dans les règles. Combiné à l'absence de tradition proclamant l'autonomie et l'indépendance des femmes, rendant les plus influentes invisibles, tout cela a longtemps empêché les femmes d'imaginer quoi que ce soit au-delà de cette organisation, dans laquelle elles vivaient de leur naissance à leur mort, subordonnées à la domination familiale. Dans de nombreux cas, une fois qu'une femme devenait mère, la maison devenait son territoire ; ce qui avait été sa prison en tant que fille devenait son lieu de pouvoir en tant que mère, lui permettant d'y faire la loi à sa façon. Compte tenu du peu d'occasions qu'elles avaient de se rendre en dehors du foyer, ce genre de vie fut le lot d'une majorité de femmes durant une grande partie de l'histoire de la civilisation occidentale. Si une femme se rebellait contre les normes familiales ou sociétales, elle pouvait être chassée, laissée pour compte ou connaître la calomnie, la torture ou la mort. Pour certaines, leur mère ou leur belle-mère était celle qui leur avait jeté la première pierre ou bien qui les avait chassées de la maison. Dans certains endroits, ces incidents font encore partie du quotidien.

Nous nous retrouvons aujourd'hui à un moment particulier où bon nombre de ces organisations patriarcales ont changé au cours des dernières décennies : les femmes représentent désormais la plupart des diplômés universitaires, elles choisissent d'avoir moins d'enfants, si tant est qu'elles choisissent d'en avoir, et occupent plus de fonctions politiques que jamais auparavant. Pour autant, les droits reproductifs des femmes restent continuellement menacés, des nombres records de femmes noires meurent encore en couches, des femmes indigènes continuent d'être portées disparues et la majorité des pauvres ne sont pas des femmes blanches.

À l'ère numérique du féminisme, nous avons plus que jamais accès à un nombre considérable d'informations, et les femmes se retrouvent entre elles, ce qui ouvre un réel potentiel pour que de grands groupes de femmes puissent se libérer de la subordination patriarcale. Mais pour que cela se produise à grande échelle et de façon durable, nous devons nous engager dans ce travail intérieur de guérison de notre blessure maternelle et nommer la façon dont l'environnement culturel toxique du patriarcat s'est servi de nos besoins humains d'amour, de sécurité et d'appartenance pour nous faire croire que nous étions inférieures, ce qui est à l'origine de la manière insidieuse dont nous nous soumettons nous-mêmes et tyrannisons les autres. Pour les femmes blanches en particulier, au lieu de fondre de honte ou de culpabilité devant le legs de la suprématie blanche dont nous sommes les héritières, retirons-nous plutôt avec une grande humilité en comprenant que ce recul nécessaire pour écouter et apprendre des femmes noires et des autres femmes de couleur est un acte essentiel pour reprendre notre humanité des griffes de la suprématie blanche et du patriarcat.

Guérir la blessure maternelle nous aide à prendre conscience de notre histoire, à la fois personnelle et culturelle, afin que nous puissions élaborer un vrai avenir féministe post-patriarcal pour tous. C'est un travail de longue haleine qui s'accomplira probablement sur plusieurs générations. C'est un travail qui nous aide aussi à développer la conscience d'un maternage sain à l'intérieur de nous, une mère intérieure transpersonnelle, une intelligence bienveillante vers laquelle nous pouvons à tout moment nous tourner pour y puiser force, réconfort et guidance.

Nous sommes à un moment où de nombreuses femmes en train de se guérir développent une intolérance face aux systèmes toxiques qu'elles choisissent de quitter, que ce soient leur famille d'origine, des organisations, des entreprises, des églises ou des communautés. Au fur et à mesure que nous guérissons cette blessure, nous avons de moins en moins peur de déranger l'ordre établi, d'entamer des conversations difficiles, de savoir à quel moment laisser tomber, de refuser de cautionner les dysfonctionnements et de créer nos propres systèmes de soutien, au sein desquels nous et les autres femmes sommes prioritaires. Face à la douleur en nous et ayant fait de la transformation notre mode de vie, nous commençons à cesser de projeter nos besoins d'attachement frustrés sur d'autres situations ou personnes. Nous gagnons en souveraineté, en indépendance et en singularité. Nous fonctionnons davantage à partir de la réalité, plus connectées à nous-mêmes et à cette énergie supérieure en nous qui nous dépasse. L'acharnement, la pression ou le forcing sont remplacés par l'écoute profonde de notre propre vérité, distinguant la sagesse supérieure en nous-mêmes des immondices patriarcales qu'on nous a fait croire à notre sujet.

Gerda Lerner, dans la conclusion de son livre *La Création du patriarcat*, recommande deux choses aux femmes pour y mettre fin : que nous nous concentrions sur la femme, au moins pour un temps, et que nous sortions de la pensée patriarcale. Elle explique que se centrer sur la femme signifie faire confiance à notre propre expérience féminine, cesser d'adhérer au mensonge d'infériorité dans lequel notre culture nous enferme. Cela implique que nous apprenions à identifier et à ignorer les commentaires masculins dans nos têtes et que nous cherchions plutôt notre validation en nous-mêmes, auprès des autres femmes et des ancêtres féministes.

Sortir de la pensée patriarcale signifie que nous devons nous méfier de tout système de pensée de valeur connu, comme celui de notre effacement, intégré par chacun. Elle nous invite à ce que nous soyons également critiques à l'égard des récits de notre mental, construits dans un contexte patriarcal. Et enfin elle explique que mettre fin au patriarcat nous oblige à faire preuve d'un grand courage : celui de nous remettre en question, le courage de nous tenir debout seules, de nous accepter et de définir nos expériences comme fondamentalement valables. Elle explique que le plus grand défi est peut-être celui de dépasser l'illusion d'une sécurité qui viendrait d'une validation extérieure à nous, et d'avoir l'audace de nous affirmer dans notre droit à transformer le monde depuis notre centre intérieur bien défini. Continuant d'accompagner les femmes dans la guérison de la blessure maternelle à travers des stages, des programmes de coaching et des retraites, j'ai précisément été témoin des avancées de ces deux développements. En guérissant notre blessure maternelle, nous commençons automatiquement à nous concentrer sur nous-mêmes et sur les autres femmes, tout en devenant de plus en plus conscientes que nous faisons partie d'un collectif qui traverse les époques. En éliminant individuellement les fardeaux de nos ancêtres à travers les schémas d'autodestruction, nous découvrons notre véritable énergie, notre force vitale, qui devient peu à peu notre étoile Polaire, guidant nos vies à travers la quête de sa propre expansion et expression. Naturellement, ce processus implique de nous relier et d'aider d'autres femmes à s'élever, les considérant de plus en plus comme des sœurs dans le renversement de cette même soumission que nos ancêtres et nous avons subie. Nous sommes également plus conscientes de la nécessité de récupérer notre humanité des mains du patriarcat en supprimant les malaises sociaux tels que la suprématie blanche, l'homophobie, le classisme et plus encore. Au cœur de cela se trouve une résilience grandissante, cultivée pour faire de la place à la douleur et à la souffrance d'autres femmes. On ne considère plus ce qui est douloureux comme une impasse, une faiblesse ou une menace pour notre propre puissance mais plutôt comme une porte d'accès à la connaissance de soi et la libération.

Au sujet du second point présenté par Lerner, je me suis aussi aperçue que guérir la blessure maternelle amenait les femmes à remettre en question la pensée patriarcale, à ne plus la voir comme quelque chose d'universel et de respectable, comme on nous l'a toujours appris, mais plutôt à l'étudier avec précision comme une relique historique obsolète du contrôle des femmes dans laquelle nous n'avons rien à gagner. Notre sécurité ne dépend plus de notre soumission aux institutions familiales ou aux chemins de pensées masculins. Les femmes commencent à trouver leur sécurité, leur dignité et leurs aspirations au sein de leur propre autorité, en elles-mêmes et en collaboration avec d'autres femmes. Par la guérison de la blessure mère, nous nous libérons des distorsions patriarcales du dehors que nous avions assimilées en nous et déclarons ne plus être redevables du système patriarcal qui nous est imposé depuis notre naissance.

Certaines relations ne survivront pas à l'émergence de notre être authentique.

Sur le plan personnel, en tant que femmes, nous sommes nombreuses à être en train de sortir du noyau de l'autorité patriarcale qui nous demande de rester soumises et de nous taire, d'accepter notre rôle de dominées, de « sexe faible ». L'une des principales façons dont cela se manifeste dans notre vie quotidienne est si banale et familière que nous la tenons pour acquise, et pourtant c'est à cet endroit-là que réside un pouvoir inexploité pour renverser le patriarcat. C'est au cœur de nos relations que nous pouvons le démasquer.

La révolution se produit sur le terrain de nos relations personnelles.

En tant que femmes, nous sommes conditionnées à croire que notre valeur réside dans le bon fonctionnement de nos relations ; que le domaine des émotions, c'est notre domaine, et que si nos relations échouent, c'est toujours notre faute. Même quand nous savons qu'il est préférable de mettre un terme à une relation, un fond de culpabilité continue subtilement de nous préoccuper derrière les apparences, et même longtemps après la fin de cette relation. Les messages culturels genrés nous remercient d'être le sexe « émotionnel » et valorisent celles d'entre nous qui tentent de rééduquer les hommes immatures et consentent au manque de respect incessant de leurs amis, de leur famille et de leurs collègues. Cela se vérifie dans le sous-texte d'innombrables sitcoms et récits sentimentaux.

« Authenticité » est devenu un mot cliché à la mode dans le sens plus large de « complexe industriel d'émancipation des femmes » promouvant actuellement le coaching et le développement personnel. Mais l'authenticité à laquelle nous aspirons est beaucoup plus radicale et subversive que cet état de fait dont nous sommes conscientes. Cette authenticité que nous désirons incarner implique que nous restions inébranlablement fidèles à ce noyau de vérité intérieure dissimulé par nos expériences de croissance en tant que femmes, et que nous nous engagions à récupérer notre vérité pour l'incarner, même lorsque nous nous retrouvons face à la désapprobation et au rejet extérieur.

L'une des choses que j'entends le plus souvent de la part des femmes est la crainte que leur sincérité abîme leurs relations, qu'elles soient amoureuses, amicales, professionnelles ou familiales.

Certaines femmes s'interrogent :

« Mon mariage peut-il survivre à l'être véritable que je suis ? »

« Mon honnêteté ne risque-t-elle pas de froisser mon partenaire ? »

« Si je deviens qui je veux être, vais-je perdre mes amis proches ? »

« Si je fais mon coming out, est-ce que ma famille va me renier ? »

« Est-ce que je pourrai garder mon travail si je ne supporte plus certaines choses ? »

La peur de perdre nos relations est le moyen clé par lequel le patriarcat nous retient. On baisse le ton, on gonfle la vérité, on manipule pour parvenir à nos fins, on édulcore la réalité, on bloque notre croissance dans une forme de loyauté. Ces schémas ne sont pas des motifs d'autocritique ou d'autoaccusation. Ce sont des mécanismes de survie transmis de génération en génération, qui entretiennent la misogynie et favorisent l'autocomplaisance. Et il est devenu urgent aujourd'hui que nous grandissions en dehors de ces schémas pour établir une nouvelle relation avec notre vérité et notre puissance. L'honnêteté des femmes représente une énorme menace pour le patriarcat. C'est dans ces petites choses du quotidien, dans notre sphère privée, des choses sans éclat, des instants qui resteront invisibles aux yeux du monde extérieur, que nous détruisons le patriarcat :

— Quand on écoute cette petite voix intérieure qui nous dit que quelque chose ne va pas au sujet d'une situation ou d'une personne.
— Quand nous choisissons d'accueillir notre chagrin, plutôt que de nous forcer à afficher un air joyeux.
— Lorsque nous reconnaissons à quel point nous sommes en colère et que nous refusons de l'ignorer.
— Lorsque nous sommes assez courageuses pour reconnaître notre racisme, notre capacitisme, notre homophobie, etc.
— Lorsque nous choisissons de défendre ceux qui sont privés de leurs droits.
— Quand nous nous autorisons à gêner et à déplaire aux autres au profit de notre bien-être.
— Lorsque nous ralentissons le rythme effréné de nos journées et honorons notre besoin d'espace, de silence ou de repos.
— Lorsque nous ressentons avec clarté une vérité inconfortable et que nous décidons de l'exprimer au risque de décevoir l'autre.

Chaque fois que nous honorons sans culpabilité et avec respect notre propre vérité et que nous l'exprimons sans l'édulcorer pour préserver les autres, nous leur faisons un vrai cadeau. Lorsque nous sommes fermes, claires et respectueuses, nous responsabilisons les autres, au risque de les déranger. Les déclencheurs émotionnels rompent les statu quo, créant ainsi des ouvertures chaotiques capables de nous mener vers une nouvelle façon d'être, à condition d'être assez courageuses pour faire le travail intérieur nécessaire.

Les raisons pour lesquelles nous devons être prêtes à risquer de perdre certaines relations :

— Ne pas transmettre le traumatisme que nous avons vécu personnellement et collectivement.
— Être vraiment créative, originale et innovante.
— Changer les schémas intergénérationnels étouffants au profit des générations futures.
— Stopper la supériorité des Blancs, les inégalités raciales, le racisme et l'homophobie dans nos organisations et communautés.
— Sauver le vivant sur cette planète.
— Nous engager auprès de personnes dont les expériences sont différentes des nôtres (surtout si nous sommes une femme blanche, privilégiée, honnête, aisée et en bonne santé).

Certaines relations pourraient ne pas survivre à notre transformation :

— Les relations avec les membres de notre famille qui comptaient sur nous pour jouer un certain rôle qui les maintenait dans leurs propres insécurités et dénis.

— Les relations avec les membres de notre famille qui entretiennent une vision du monde limitée et des valeurs étriquées.
— Les relations avec des amis susceptibles de se sentir menacés par notre croissance.
— Les relations amoureuses dans lesquelles notre partenaire n'est pas engagé ou pas prêt à prendre de son côté la responsabilité de sa propre croissance.
— Les relations avec des collègues susceptibles de se sentir menacés par notre expression libre et franche et qui préféreraient qu'on ne fasse pas de vagues.

Faire la paix avec notre puissance implique d'accepter le fait que notre authenticité déclenchera inévitablement des réactions pénibles chez les autres, et de savoir aussi que nous pourrons y survivre.

Lorsque nous arrêtons de nous forcer dans nos relations, se libère en nous une très grande quantité d'énergie utile à notre propre évolution, tout en redonnant aux autres le pouvoir d'accueillir et d'utiliser leurs émotions au service de leur propre transformation. Les déclencheurs émotionnels représentent les clés de la guérison de la personne qui y réagit – les clés d'une porte qui se trouve à l'intérieur. Utiliser cette réactivité pour accéder à une plus grande liberté intérieure reste un choix. C'est une chance qu'on saisit, ou pas.

Accepter de faire des erreurs, d'être mal vue et détestée est en fait une sorte de délicieuse liberté.

C'est délicieux lorsqu'on sait que ces choses n'ont plus le pouvoir de réduire notre estime personnelle. Lorsque ce genre de chose arrive, nous pouvons toujours nous sentir mal à l'aise, mais cela ne nous éloigne plus de notre centre. Nous pouvons même commencer à nous en servir pour nous automaterner et nous ancrer encore plus profondément dans notre vérité.

Cette délicieuse liberté n'a rien à voir avec le fait de se rebeller simplement pour le plaisir de s'opposer. C'est parce que cela fait partie de la liberté d'être un individu à part entière que c'est aussi délectable. Être une personne à part entière veut dire que nous avons le droit de ressentir toutes sortes d'émotions et de sentiments, tous dignes de respect, même si les autres ne sont pas d'accord. Être reconnue comme une personne à part entière était une liberté refusée à la plupart de nos grands-mères et arrière-grands-mères. Revendiquer le droit d'être une personne pouvait être synonyme à l'époque de blessure, de mort ou d'exil. Et pour certaines femmes aujourd'hui, en particulier les femmes de couleur, cela reste une réalité. Nous soumettre représentait effectivement le moyen d'assurer notre sécurité et de nous mettre hors de danger.

Faire la paix avec notre puissance, c'est aussi reconnaître notre propre pouvoir d'oppression, surtout pour celles d'entre nous qui sont des femmes blanches, et de ce fait plus proches des hommes blancs dans la hiérarchie de ceux qui bénéficient du patriarcat.

Culturellement, nous avons besoin de tourner une page. Et sur le plan personnel, nous avons aussi un deuil à accomplir. Ce qui se passe dans le monde extérieur actuel reflète l'urgence intérieure qui nous presse de faire face à notre propre douleur. La blessure maternelle contient une étape évolutive passionnante – qui consiste, si nous écoutons l'appel qui nous invite à entrer en nous-même, à accueillir cette part de tristesse en nous, et nous en libérer.

Cependant, si nous choisissons de continuer à éviter ce chagrin, et tant que nous repousserons ce processus de deuil, nous continuerons à l'extérioriser et à nuire à la Terre. Plus nous serons nombreuses et nombreux à accomplir individuellement ce travail, plus notre culture se transformera.

En tant que femmes, nous sommes culpabilisées par cette fausse supposition au sujet de notre prétendue mission de femmes qui consisterait à faire en sorte que tout le monde se sente bien tout le temps. Nous vivons le fait que les gens ne se sentent pas bien de façon permanente comme un échec personnel. Donnons-nous à nous-mêmes la permission de mettre fin à cette culpabilité ancienne qui n'a pas lieu d'être. Car ce qu'on croyait être notre « travail » n'a en réalité jamais été une obligation véritable.

Nous devons renoncer à « faire plaisir » pour entrer dans notre pleine puissance.

Car nous ne pouvons pas sauver les gens de leurs douleurs ni les protéger de leurs ressentis. Distraire les autres de ce qui leur fait mal ne leur rend pas service. Cela ne fait que prolonger leurs souffrances et retarder leur guérison.

Arrêter de cautionner que le sens de notre valeur tienne au fait de plaire aux autres génère automatiquement de l'inconfort. Nous sommes mal à l'aise, car nous nous libérons d'une vieille habitude qui nous est très familière. Et les autres sont mal à l'aise parce qu'il n'y a plus de tampon entre eux et leurs « affaires ». Ils n'auront pas d'autre choix que de rencontrer leur propre douleur. Notre aptitude à supporter l'inconfort produit par ce changement est cruciale. Rappelons-nous que cet inconfort est temporaire. Ne pas céder aux sentiments de culpabilité qui peuvent survenir et ne pas les laisser guider notre comportement est essentiel. Servons-nous de cette culpabilité comme d'une stimulation nous poussant à nous affirmer plus pleinement.

Avec la régularité, le malaise laissera place à une douceur profonde d'être, à la joie de s'appartenir enfin. En notre qualité de femme rayonnante qui s'autorise à être elle-même, nous offrons une puissante « fréquence de possibilité » aux autres. Nous incarnons l'accomplissement de l'ancien rêve de nos aïeules –, une femme qui existe, une femme à part entière.

La blessure maternelle est une blessure collective que nous partageons toutes en tant que femmes, et c'est une passerelle qui nous permet à toutes de nous connecter les unes aux autres pour guérir, grandir, sortir du patriarcat et entrer dans une nouvelle ère de coopération de puissance féminine.

Comme tous les systèmes ont une fin, le patriarcat est en train de décliner. En guérissant la blessure maternelle, nous instituons une nouvelle lignée maternelle de femmes, au-delà des familles, au-delà du temps, au-delà des cultures, une conscience de groupe plus cohérente et grandissante à l'échelle mondiale qui priorise les femmes. Et nous créons une conscience collective qui remet en question l'autorité masculine et sa fausse prétention à détenir la vérité universelle. Portant notre attention sur les femmes et démantelant activement les systèmes patriarcaux dans le monde et en nous-mêmes, grâce à la guérison de cette blessure maternelle, nous pouvons aujourd'hui ensemble faire naître une nouvelle ère et une nouvelle terre.

Annexes

Remerciements

J'aimerais remercier les femmes courageuses qui m'ont précédée, les autrices dont le travail vient de leur engagement à témoigner de la vérité sur leur vie en tant que femmes : Adrienne Rich, Audre Lorde, Marge Piercy, Andrea Dworkin, Kate Millett, bell hooks, Phyllis Chesler. Je tiens aussi à rendre hommage à Mary Oliver, Maya Angelou, Alice Walker, Virginia Woolf et Gerda Lerner. Leurs mots m'ont inspirée pendant des années dans le déploiement de ma propre motivation, dans mon désir de grandir, d'observer, de me pencher sur ma douleur, d'explorer mes mystères intérieurs et de partager mes découvertes avec d'autres femmes.

Merci à mes agents Terra Chalberg et Meg Thompson d'avoir cru en ce travail et pour votre contribution en faveur de la réalisation de ce livre. Votre sagesse, votre expérience et votre amitié m'ont beaucoup apporté. Merci à mon éditrice Emma Brodie pour ses retours fantastiques, ses conseils, et son expérience éditoriale. Je ne la remercierai jamais assez de ces moments de discussions, de m'avoir encouragée et d'avoir partagé mon enthousiasme et ma vision au sujet de ce livre.

Merci également à Cassie Jones, Kiele Raymond, Maggie Stephenson et Trista Hendren.

Je tiens à remercier Sophia Style, ainsi que Mónica Manso Benedicto et Isabel Villanueva, les premières à m'avoir tendu la main, invitée à donner mes premiers ateliers à Barcelone et présenté à leur réseau dans toute l'Europe, et même au-delà.

Je voudrais remercier mes chers amis, anciens et nouveaux : Toko-pa Turner, Karen Sharpe, Heather Kamins, Abigail Hartman, Elizabeth Bridgewater, Pam Parmakian, la famille Webster, Tayla Findeisen, Jillian Casadei, Rachel Smith Cote, Kathleen Fakete, Jim Bauerlein, mes sœurs B.A.S.I.L. et la famille Pottern.

Merci aux femmes avec qui j'ai collaboré sur d'autres projets, qui m'ont fait part de leur enthousiasme, de leur sagesse et de leur soutien : Lourdes Viado, Karly Randolph Pitman, Lucy Pearce, Layla Saad, Erica Mather, Emmeline Chang, Katarzyna Majak, Anna Chan, Rachel Ricketts et Jeannie Zandi.

À Lise Weil, Kim Chernin, Cynthia Rich, merci pour nos discussions et pour vos témoignages. À Karna Nau, Sandra Derksen, Ali Brown, Eleanor Beaton, merci pour leurs compétences et leurs retours.

Je tiens également à remercier toutes mes clientes, étudiantes et lectrices du monde entier qui ont partagé leurs histoires avec moi à travers mes cours, ateliers et retraites. Merci d'avoir eu le courage d'entreprendre ce travail approfondi et de m'avoir offert vos témoignages sur la façon dont ce travail a transformé votre vie et continue de le faire. C'est une telle joie, un tel honneur et privilège de vous suivre et de vous soutenir sur ce chemin !

J'aimerais remercier J., et sa présence en laquelle j'ai pu guérir, grandir et me transformer, et dont les encouragements, la patience et le soutien affectueux essentiels m'ont permis de faire ce livre.

Et enfin, je voudrais remercier ma thérapeute Nicole Ditz dont la régularité, le soutien inconditionnel et les brillantes compétences au cours des vingt-deux dernières années m'ont aidée à guérir, à pleurer et à m'épanouir au maximum. Depuis mes dix-neuf ans, vous m'avez accompagnée dans cette longue traversée. Je ne trouve pas les mots pour décrire l'ampleur de ma gratitude pour la façon dont vous m'avez aidée, à travers votre amour maternel inconditionnel, à comprendre que je suis digne d'amour, à déployer et patiemment assimiler cette mère aimante en mon for intérieur, cette mère qu'on ne pourra jamais détruire ou m'enlever, et qui sera avec moi pour toujours.

Appendice

Les thèmes explorés dans ce livre abordent des sujets tels que le fonctionnement du cerveau et les traumatismes développementaux complexes. Du fait que je sois coach et non psychothérapeute ou spécialiste en traumatismes, j'ai demandé à ma thérapeute Nicole Ditz de rédiger l'appendice ci-dessous, contenant quelques explications pour celles qui souhaitent aller plus loin. Vous trouverez à la suite de cette annexe une liste de ressources cliniques pour une exploration plus approfondie.

Nicole Ann Ditz – psychothérapeute spécialisée en thérapie intégrative profonde, depuis plus de vingt ans, dans le traitement intensif à long terme des traumatismes complexes du développement chez l'adulte. www.holisticdepththerapy.com

Avertissement : le domaine émergent des traumatismes complexes du développement englobe des domaines largement exhaustifs et multidisciplinaires qui participent à des investigations scientifiques de grande envergure, à des connaissances théoriques et à d'innombrables méthodes de traitement. Celles-ci incluent, sans s'y limiter pour autant, les sciences du cerveau, la neurobiologie interpersonnelle, la psychologie du développement, la recherche et l'étude du principe d'attachement, les sciences cognitives, la psychanalyse relationnelle contemporaine, les modèles de développement caractérologique, ainsi qu'une myriade d'éléments expérimentaux, somatiques, affectifs/émotionnels, fondés sur différents composants et écoles de traitement relationnel. Compte tenu de cette complexité et de l'espace limité alloué dans cette annexe, je n'apporterai ici que des explications sommaires. Dans le cas où vous souhaiteriez explorer encore davantage ce champ complexe, vous pouvez consulter mon site Web et les ressources ci-dessous.

La thérapie que je propose comporte de nombreux exercices, méthodes et théories. Ces pratiques incluent, non exhaustivement, la thérapie comportementale cognitive, la thérapie comportementale dialectique ou l'art d'apprendre à accueillir la détresse, les jeux de rôle de la Gestalt, la thérapie psychodynamique autour des multiples façons d'intérioriser la mauvaise mère, les pratiques jungiennes, le travail sur le rêve, les arts expressifs/la journalisation du processus interne, le dialogue/la critique entre nos différentes parties intérieures, la thérapie centrée sur les solutions aux problèmes de vie qui surgissent, les systèmes familiaux internes, la reconsolidation de la mémoire, le travail de transfert traumatique, le travail de reconstitution et de réparation traumatiques, le travail sur la dissociation structurelle interne, les techniques de régulation émotionnelle des traumatismes, le travail transpersonnel et le travail approfondi sur le couple.

Le traumatisme complexe du développement est souvent le résultat d'une maltraitance répétée physique et émotionnelle, et/ou de négligence, ainsi que de déséquilibres émotionnels menaçants, rejetants, invalidants, intrusifs et chroniques, qui commencent généralement dans la petite enfance et se produisent au cœur du système de soins d'attachement primaire de l'enfant vulnérable.

En raison de leurs propres problèmes psychologiques et traumatismes non réglés, même des parents bien attentionnés peuvent s'avérer être tout simplement incapables de prendre soin de leurs enfants et de les élever de manière saine. Les traumatismes liés au développement peuvent entraîner divers niveaux fluctuants de perturbation et de désorganisation généralisées à multiples facettes, touchant à la fois l'architecture neuronale et structurelle du cerveau ainsi que la partie autonome du système nerveux, dont les systèmes sympathique et parasympathique. Ces systèmes sont à l'origine des réactions de survie, « attaquer/fuir/faire le mort/s'écrouler/se refermer », consécutives à la menace majeure que représente le traumatisme.

Le cerveau traumatisé est marqué par un gros manque d'unification entre la région cérébrale préfrontale supérieure et la partie limbique plus archaïque et émotionnelle, responsable de notre survie. Secondairement, le traumatisme peut amenuiser la richesse synaptique des connexions entre les régions cérébrales horizontales droite et gauche, provoquant une désorganisation inter-hémisphérique. Le sous-cortical droit de l'hémisphère, parmi ses innombrables autres fonctions, est chargé de stocker les souvenirs de traumatismes émotionnels implicites précédant le langage et les somatisations liées à ces traumatismes, alors que l'hémisphère gauche est plus orienté vers la conscience logique, analytique, verbale et la compréhension cognitive abstraite. Étant donné qu'une bonne partie des traumatismes relationnels de l'enfance est stockée dans des réseaux cérébraux neuronaux préverbaux inconscients, une thérapie fondée principalement sur l'analyse cognitive verbale n'agira que de façon limitée en faveur de la guérison. Un thérapeute compétent en traumatologie doit passer beaucoup de temps à se connecter avec le cerveau droit émotionnel primitif de l'adulte à travers des processus fondés sur les liens profonds et le travail expérimental.

Le traumatisme complexe du développement et son impact destructeur sur la structure du cerveau et du système nerveux conduit à des altérations cérébrales dommageables aux niveaux de la conscience, de l'éveil, des émotions, des systèmes cognitifs, perceptuels et relationnels d'attachement, ainsi qu'au niveau des modèles d'identité de soi-même, des autres et du monde. Cela peut conduire à un dérèglement émotionnel permanent, des symptômes dissociatifs, des dégâts dans la formation d'un solide sentiment d'identité de soi, accompagné souvent d'un lourd processus d'identifications fondées sur la honte, un sentiment diffus d'isolement, des incursions spontanées, accablantes et occasionnelles, de terreur, d'horreur ou de désespoir, ainsi que des degrés divers d'anxiété chronique, d'agitation, de dépression et/ou de colère. Les symptômes au niveau relationnel se traduisent, par exemple, par une méfiance envers les autres, de l'anxiété sociale et de l'insécurité au niveau des principaux modèles d'attachement primaires, menant à des comportements tels que de l'anxiété/inquiétude, de l'évitement/du dédain et une désorganisation au sein des rapports. La façon dont l'enfant a été traité dans un environnement familial traumatique peut instaurer en lui une vision négative du monde, déformée et insidieuse. Des projections subconscientes complexes peuvent se concentrer autour d'une sensation floue de menace extérieure, de malaise général et de peur des autres, connus et inconnus, susceptibles de blesser, d'envahir ou de critiquer ce moi fragile. À l'inverse, la personne dont la vision du monde traumatique s'est construite sur une histoire inconsciente de carence émotionnelle dans l'enfance recherchera inconsciemment plutôt une figure idéalisée de sauveur maternel ou paternel dans les relations, les institutions, les groupes sociaux, les organisations religieuses/spirituelles, etc.

Le traumatisme finit par s'ancrer profondément dans la vie de l'enfant (et plus tard dans celle de l'adulte) dans les voies cérébrales neuronales et le système nerveux. Ainsi, les symptômes traumatiques sont revécus à l'âge adulte de manière répétitive, s'incarnant au présent subjectivement *via* des sensations douloureuses, des émotions, une perception déformée de la réalité et des états oscillants entre l'hyperexcitation sympathique et l'hypo-excitation parasympathique, se situant au-delà de la zone de tolérance du cerveau, dans laquelle les émotions et les expériences peuvent être facilement intégrées. Cela donne aux rescapés de traumatismes la sensation pénible d'être sur des montagnes russes, oscillant entre des états sympathiques hautement insécurisants de peur, de panique, de colère et des états parasympathiques d'engourdissement, de dissociation et d'effondrement. La perturbation neuronale liée aux traumatismes peut se déclencher à la suite de très subtiles associations faites dans la vie courante, qui rappellent inconsciemment au cerveau les événements traumatisants de l'enfance, et réveillent d'anciennes voies neuronales surréactives du cerveau. Si une personne, par exemple, manque d'attention à l'égard d'un rescapé de traumatisme dont le parcours a été particulièrement marqué par la négligence émotionnelle, cela peut faire émerger en lui des ressentis disproportionnés de rejet, d'abandon ou de honte. Compte tenu de cette répétition d'expérience régulière du traumatisme *via* le cerveau et le système nerveux dans le présent, je passe beaucoup plus de temps à travailler sur les manifestations actuelles et les séquelles du traumatisme développemental plutôt qu'à fouiller les mémoires du passé. À moins d'entreprendre une guérison intensive, nos traumatismes anciens n'appartiennent pas vraiment au passé, mais continuent plutôt de vivre puissamment à travers nos expériences présentes. Heureusement, grâce à leur neuroplasticité remarquable, nos cerveaux sont capables de changer tout au long de la vie. Les recherches menées au cours de la dernière décennie dans les domaines de l'imagerie cérébrale, de la biologie moléculaire, de la neurobiologie et de l'épigénétique ont révélé que la psychothérapie à long terme peut entraîner des changements et des modifications de la plasticité synaptique, du métabolisme des neurotransmetteurs et même de l'expression des gènes.

Les caractéristiques de la fausse identité et structures de défense : du fait que le cerveau, le sentiment d'identité et la personnalité d'un enfant se forment au sein du creuset d'un système familial traumatisant et menaçant dans lequel l'enfant doit survivre, ces caractéristiques sont typiquement représentatives du traumatisme développemental relationnel complexe. La fausse identité crée une coquille protectrice autour du noyau du vrai soi et se façonne pour s'adapter aux demandes implicites et explicites des adultes chargés de l'enfant. Ces adaptations ont pour but de tenter de préserver le lien d'attachement précaire et fragile envers le principal adulte responsable de l'enfant et de réduire le risque de subir le rejet et de nouveaux abus.

Ces adaptations caractéristiques de ce faux soi revêtent une multitude de formes. Parmi les patients à haut potentiel avec lesquels je travaille, voici les profils types d'adaptation que j'observe le plus souvent : les plaisants/conciliants/trop accommodants ; les forts/héroïques/contrôlants ; les perfectionnistes compulsifs/gagnants/productifs ; les soignants/médiateurs/parentalisés ; ceux qui fonctionnent en étant émotionnellement détachés/très cérébraux ; et les rêveurs/absents du réel/flottants. Ces adaptations, comme d'innombrables autres, sont malheureusement souvent récompensées et renforcées par la société autant durant l'enfance qu'à l'âge adulte. Une grande partie de mon temps en tant que thérapeute en traumatologie est consacrée à démanteler soigneusement et en douceur les excès limitants de ces fausses personnalités défensives, tout en aidant les patients à grandir et à développer un sentiment d'identité authentique, expansif, solide et libre. (Pour une lecture descriptive intéressante sur les traumatismes, les masques psychologiques et les problématiques des faux/vrai soi, je vous invite à consulter la page de mon site Web « Les visages invisibles des traumatismes complexes ».)

Le trou noir : dans la psychanalyse contemporaine et le processus des traumatismes, le trou noir est décrit par des écarts dissociatifs, des brèches, un vide intérieur, des expériences informulées et des structures manquantes dans l'élaboration du sentiment d'une identité solide et cohérente. Ces déficits, ou trous psychologiques, dans la structure de soi sont la conséquence d'une enfance vécue dans le contexte abusif, intrusif d'une famille négligente. La structure authentique et solide de l'être fusionne et se consolide lorsqu'un enfant se développe dans un environnement généralement calme, favorable, sécurisant, protecteur et à l'écoute des émotions.

Lorsque l'environnement est traumatisant, l'enfant ne peut pas se reposer et explorer l'expérience intrapsychique de son être, mais il est plutôt contraint de vivre, en un sens, à l'envers, en développant une hypervigilance pour faire face aux menaces de son environnement familial externe et en essayant d'anticiper, sur la défensive, et de se protéger des agressions psychologiques et même parfois des blessures physiques. Ce qui crée des bouleversements traumatisants dans le processus de sa propre construction. Les trous dans la structure de l'être sont en corrélation avec la désorganisation du cerveau et du système nerveux, le dérèglement et la dissociation structurelle interne. Ce qui, à son tour, donne lieu à des irruptions de ressentis archaïques intenses et étouffants comme la terreur de l'anéantissement, l'horreur ou la honte parfois au moment de percer les structures de défense, submergeant le moi conscient de l'enfant et plus tard celui de l'adulte. Certains patients décrivent subjectivement ces sensations comme s'ils pouvaient « disparaître, se dissoudre, être détruits, devenir fous, imploser ou se briser ». D'autres patients perçoivent ces trous noirs phénoménologiquement comme « vides, sombres, de froids espaces de néant », où ils se sentent complètement seuls et craignent de ne plus exister.

La matrice externe : en tant que thérapeute spécialisée en traumatisme développemental intégratif axé sur le relationnel, je conçois la relation thérapeutique corrective à long terme comme étant métaphoriquement une sorte de nid thérapeutique réparateur ou de matrice externe. La relation/alliance thérapeutique a été empiriquement reconnue, parmi toutes les écoles théoriques de psychologie et de neurobiologie interpersonnelle, comme le facteur central de guérison, quelles que soient les autres pratiques et stratégies thérapeutiques employées. Dans le cadre de cette matrice thérapeutique spécifique, j'apporte à mes patients en flux continu et régulier les ressources psychologiques, émotionnelles, cognitives et relationnelles qui leur ont fait défaut dans leur enfance, lors de cette étape cruciale de construction de leur développement cérébral et personnel. Cet environnement enrichi de croissance relationnelle leur offre des millions de micromoments d'harmonisation empathique, de présence compatissante, de réactions saines, de résonance, de validation et de valorisation, de soutien et de régulation émotionnelle, de recadrage des distorsions perceptives, de traitement des souvenirs traumatisants, de réparation des ruptures thérapeutiques, de psycho-éducation, d'enseignement d'innombrables nouvelles compétences psychologiques ainsi que pléthore d'occasions pour expérimenter de nouvelles façons d'incarner leur être à part entière et authentique.

La matrice thérapeutique permet la progression d'une nouvelle méthode de travail interne au travers d'un lien d'attachement sécurisé et acquis. Certaines écoles universitaires de psychologie attribuent cette relation d'attachement thérapeutique à une sorte de « *reparenting* limité ». Les domaines des sciences du cerveau et de la neurobiologie, en plein essor, ainsi que de nouvelles technologies telle que l'IRM, prouvent de plus en plus que ce type de relation thérapeutique réparatrice à long terme favorise les changements neuroplastiques au sein du développement, de l'unification et de la structure du cerveau.

Construire une authentique estime de soi en thérapie : le sentiment d'identité d'une personne, à travers les premières relations de soins qu'elle reçoit dès sa naissance, est toujours formé et déformé. Lorsque ces relations d'attachement primaires sont chargées d'interactions traumatisantes, l'enfant va manquer de milliards de ressources relationnelles saines, essentielles au développement de sa construction authentique, et le processus de développement d'une solide estime de soi déraille en profondeur. Cependant, grâce à la plasticité cérébrale, les thérapeutes relationnels intégratifs en traumatologie comme moi sont en mesure de fournir, dans le cadre d'une nouvelle relation thérapeutique réparatrice et sur de nombreuses années, suffisamment de ressources ayant été absentes ou déformées à certaines périodes cruciales de la construction intérieure de l'enfant. Ce n'est évidemment pas comparable au fait de recevoir, dans son enfance, cette nourriture et de vivre cette relation d'attachement sécurisante de façon naturelle. Pourtant, je reste toujours étonnée de voir parmi mes patients combien sont capables de grandir. Déréglés émotionnellement de façon chronique, perdus, déconnectés d'eux-mêmes, inconscients de leurs véritables besoins/désirs intérieurs, pris au piège de douleurs et de relations malsaines, portant leur masque de défense au départ, je les vois devenir beaucoup plus affirmés, confiants, conscients d'eux-mêmes, vivants, émotionnellement régulés, sûrs de leur valeur personnelle, capables de nouer des relations saines et épanouissantes et de faire l'expérience d'un soi intérieur aussi solide que réel. C'est le miracle durement acquis de la lente constitution de l'être unique. C'est avancer en faisant sans cesse deux pas en avant, et un pas en arrière.

Nos anciennes manières de fonctionner, nos défenses et nos schémas blessés sont redoutables et tenaces. Pourtant, pour celles et ceux qui persévèrent, qui ont le courage de garder le cap, j'ai été témoin de la croissance de cet être authentique auprès de tant de personnes qui se sentaient pourtant, au départ, brisées, sans valeur et sans espoir. Les gens sont abîmés par des relations traumatisantes dès leur plus jeune âge, mais on peut les aider à changer, à guérir et à développer un nouveau sentiment d'identité au sein de compétences restaurées et de relations émotionnellement sensibles tout au long de la vie. Il est impossible de développer cette part authentique de soi seul.

Mère intérieure, enfant intérieure et pont interne : les parties correspondant à l'enfant intérieure représentent les sous-personnalités de l'adulte sain et non traumatisé. Elles portent en elles l'empreinte du développement de notre construction au travers de nos expériences d'enfant : mémoires explicites et implicites, ressentis, croyances, perception de soi-même et du monde et premières expériences d'attachement du stade primaire. Dans le cas d'un traumatisme du développement, ces expériences formatrices se retrouvent remplies d'émotions profondément lourdes telles que la peur, la honte, la méfiance et la douleur des toutes premières relations et un manque fondamental de sécurité, notamment sur le plan émotionnel. Pour les rescapés de traumatismes, ces parties de l'enfant, ou états cérébraux régressifs, sont souvent, du moins au début, partiellement dissociées du système de l'être pour permettre à l'adulte d'être en marche dans le monde. On pourrait dire métaphoriquement que cette part traumatisée de l'enfant resurgit chez l'adulte au cours d'un dérèglement du système nerveux sympathique, comme lors d'une grande peur et d'une forte colère, ou à travers un état hyperactif du système parasympathique, comme lors d'épisodes de honte et de désespoir.

On pourrait même aller plus loin en émettant l'idée que les états traumatiques de notre enfant intérieure sont représentatifs de l'activité la plus primitive, sous-corticale et inconsciente du tronc cérébral et de la région limbique, associée à des émotions préverbales fortes, des stress de survie, des modes de fonctionnements internes pervertis par des relations d'attachement peu fiables, ainsi que des états traumatiques liés aux réflexes archaïques de survie « attaque/fuite/immobilisation ».

Métaphoriquement, on pourrait associer la « mère intérieure » aux régions cérébrales préfrontales bilatérales, la partie exécutive mature, siège de la raison consciente, de la logique, la résolution de problèmes et les aptitudes interoceptives d'autoréflexion. Cette mère intérieure est en mesure de développer un système d'autoguidance, de nous apprendre à réguler et à apaiser les états de détresse intenses dans le tréfonds de l'enfant intérieure et de les traduire en mots intellectuellement compréhensibles et en actions efficaces. Ces capacités cérébrales exécutives de la mère intérieure s'acquièrent en s'appropriant, sur une durée longue, les fonctions de « maternage » du thérapeute en traumatologie. Les rescapés de traumatismes ont souvent au départ peu d'aptitudes pour comprendre leurs ressentis et s'autoréguler émotionnellement, car les traumatismes archaïques de l'affect sont très puissants et submergent facilement les régions supérieures du cerveau. C'est pourquoi le thérapeute doit dès le départ assister son patient pendant un certain temps en lui apportant des ressources et un soutien émotionnel adaptés à la partie infantile en lui, jusqu'à ce que l'adulte développe intérieurement la capacité de prendre en charge ces acquis pour lui-même.

Au fil du temps, à mesure qu'un lien d'attachement interne sécurisé se forme entre la mère intérieure et le tréfonds intérieur de l'enfant, le cerveau s'intègre de plus en plus verticalement et horizontalement, de haut en bas, ainsi qu'au travers des hémisphères droit et gauche.

Ce qui confère au rescapé en guérison plus de calme, d'harmonie, de compétences, de confiance, de sécurité, d'équilibre émotionnel et de bien-être. Les parties infantiles internes ne disparaissent pas, comme certains le croient, mais grandissent plutôt avec le sentiment d'être sécurisées émotionnellement et prises en charge avec compassion par la présence aimante de cette mère intérieure. Elles s'intègrent lentement à l'intérieur de cet être à multiples facettes qu'est l'individu en question.

Cette cohérence cérébrale interne permet de naviguer habilement au cœur des tâches de la vie d'adulte, tout en étant imprégné de la vitalité, de l'imagination et de la vivacité de cette part de l'enfant guérie et gardée en soi.

Pour en savoir plus, consultez les onglets « Traumatisme et traitement de l'enfant intérieur » et « Les voix de l'enfant intérieur ».

Ressources cliniques sur les traumatismes du développement complexe, la psychothérapie et les neurosciences

ARMSTRONG, Courtney, *Repenser le traitement des traumatismes : attachement, reconsolidation de la mémoire et résilience*, W.W. Norton & Company, New York, 2019.

BADENOCH, Bonnie, *Le Cœur du traumatisme. Guérir le cerveau incarné dans le contexte relationnel*, W.W. Norton & Entreprise, New York, 2017.

COZOLINO, Louis, *La Neuroscience de la psychothérapie : construire et reconstruire le cerveau humain*, W.W. Norton & Company, New York, 2002.

FISHER, Janina, *Guérir les parts fragmentées des rescapés de traumatismes. Surmonter l'autoaliénation interne*, Routledge, New York, 2017.

HELLER, Laurence et LAPIERRE, Aline, *Guérir du traumatisme développemental. Comment un traumatisme précoce affecte l'autorité, l'image de soi et la capacité relationnelle*, Atlantique Nord Livres, Berkeley, 2012.

PEASE BANITT, Susan, *Sagesse, attachement et amour dans la thérapie du traumatisme. Au-delà de la pratique fondée sur des preuves*, Routledge, New York, 2019.

SCHORE, Allan N., *Psychothérapie du cerveau droit*, W.W. Norton & Company, New York, 2019.

SOLOMON, Marion et SIEGEL, Daniel J., *Comment les gens changent. Relations et neuroplasticité en psychothérapie*, W.W. Norton & Company, New York, 2017.

STREEP, Peg, *Daughter Detox. Survivre à une mère sans amour et se réapproprier sa propre vie*, Île d'Espoir Press, 2017.

VAN DER KOLK, Bessel, *Quand le corps garde la mémoire : cerveau, esprit et corps dans la guérison des traumatismes*, Viking, New York, 2014.

Bibliographie

BARGH, John A., *Avant qu'on le sache. Les raisons inconscientes de nos agissements*, Atria Paperback, New York, 2019.

BOWLBY, John, *Une base sécurisante. L'attachement parent-enfant et le développement sain de l'humain*, Basic Books, New York, 1988.

BRACH, Tara, *L'Acceptation radicale. Accueillir notre vie avec le cœur d'un bouddha*, Bantam, New York, 2003.

BRADSHAW, John, *Retour en soi. Récupérer et défendre son enfant intérieur*, Bantam, New York, 1990.

CORI, Jasmin Lee, *La Mère émotionnellement absente. Un guide pour s'autoguérir et retrouver l'amour qui nous a manqué*, Experiment, New York, 2010.

DWORKIN, Andrea, *Pornographie. Les hommes possédant les femmes*, Plume, New York, 1989.

EVANS, Patrician, *La Relation verbalement abusive. Comment la reconnaître et comment y répondre*, Adams Media, Holbrook, 2010.

FRIDAY, Nancy, *Ma mère et moi. Une fille en quête de son identité*, HarperCollins, New York, 2010.

GIBSON, Lindsay C., *Enfants adultes de parents émotionnellement immatures. Comment guérir de parents distants, rejetants ou narcissiques*, New Harbinger, Oakland, 2015.

HARRIS, Massimilla, *Au cœur du féminin. Un voyage archétypal pour renouveler la force, l'amour et la créativité*, Daphné Publications, Asheville, 2014.

LERNER, Gerda, *La Création du patriarcat*, Oxford University Press, New York, 1986.

MARTINEZ, Mario E., *Le Code corps-esprit. Changer ces croyances qui limitent votre santé, votre longévité et votre succès*, Sounds True, Boulder, 2016.

MATÉ, Gabor. *Au royaume des fantômes avides : au plus près des addictions*, Millésime Canada, Toronto, 2018.

MILLET, Kate, *Politique sexuelle*, Columbia University Press, New York, 2016.

MOFITT, Philippe, « Guérir sa blessure maternelle (ou paternelle) », dharmawisdom.org, 2011.

OLIVER, Marie. *Travail de rêve*, Atlantic Monthly Press, Boston, 1986.

PENNY, Laurie, « La plupart des femmes que vous connaissez sont en colère et c'est normal », *Teen Vogue*, 2 août 2017.

PIERCY, Marge, *Cercles sur l'eau. Poèmes choisis de Marge Piercy*, Knopf, New York, 2002.

REUTHER, Linda, « Retour à la maison », *Ses mots. Anthologie poétique sur la Grande Déesse*, édité par Burleigh Mutén, Shambhala, 1999.

RICH, Adrienne, *Sur les mensonges, les secrets et le silence : prose sélectionnée*, 1966-1978, W.W. Norton & Company, New York, 1995.

SHAW, George, Bernard, *Annajanska, l'impératrice bolchevique*, Kessinger, Whitefish, 2004.

SIEFF, Daniela F., « Faire face à Mère la Mort. Entretien avec Marion Woodman », *Spring Journal*, n° 81, 2009.

TOLLE, Eckhart, *Le Pouvoir du moment présent. Un guide pour l'illumination spirituelle*, Namaste Publishing, Vancouver, 2004.

WINNICOT, Donald W., « Distorsion de l'ego en termes de vrai et de faux soi », in *Processus de maturation chez l'enfant. Développement affectif et environnement*, International Universities Press, New York, 1965.

Autorisations

Page 9 : Extrait de *Travail de rêve* © 1986 par Mary Oliver. Utilisé avec l'autorisation de Grove/ Atlantic, Inc. et de l'agence littéraire Charlotte Sheedy. Toute utilisation de ce matériel par un tiers, en dehors de cette publication, est interdite.

Page 44 : Extrait du *Pouvoir du moment présent. Un guide pour l'illumination spirituelle.* © 2004 Eckhart Tolle. Utilisé avec autorisation.

Pages 66 et 369 : Extrait de « Droit du mari et droit du père » et extrait de « Trahir la civilisation. Le féminisme, le racisme et la gynéphobie », tirés de *Sur les mensonges, les secrets et le silence. Sélection de poèmes 1966-1978* par Adrienne Rich. © 1979 par W.W. Norton & Company. Utilisé avec la permission de W.W. Norton & Company.

Pages 76, 162, 233 : Republié avec la permission de New Harbinger, extrait d'*Enfants adultes de parents émotionnellement immatures. Comment guérir de parents distants, rejetants ou narcissiques*, par Lindsay C. Gibson, 2015. Autorisation transmise par le © Clearance Center, Inc.

Pages 158-159 : Le concept des « multiples visages de la bonne mère » a été adapté de *La Mère émotionnellement absente,* seconde édition actualisée et augmentée, par Jasmin Lee Cori (The Experiment, 2017).

Page 198 : Extrait de *Pornographie. Les hommes possédant les femmes* par Andrea Dworkin. © 1989 avec la permission de l'agence littéraire Elaine Markson.

Pages 206-208 : Extrait de *Guérir sa blessure maternelle (ou paternelle),* par Philip Mofitt, https:/dharmawisdom.org/teachings/articles/healing-your-mother-or-father-wound. Utilisé avec autorisation.

Page 220 : États-Unis et Canada, « Droit à l'existence », tiré de *Cercles sur l'eau* de Marge Piercy, © 1982 par Middlemarsh, Inc. Utilisé avec l'autorisation d'Alfred A. Knopf, une marque du groupe Knopf Doubleday, division de Penguin Random House LLC. Tous droits réservés. Monde entier hors États-Unis et Canada : « Droit à l'existence », par Marge Piercy, © 1979, 1982 par Marge Pierey et Midlemarsh, Inc. Tiré de *Cercles sur l'eau*, Alfred A. Knopf, 1982. Paru pour la première fois dans *Sojourner*, août 1979. Utilisé avec l'autorisation de l'agence littéraire The Walace, une division de l'agence Robin Straus, Inc.

Page 248 : Extrait de Daniela F. Sieff, (2009) « Face à Mère la Mort. Un entretien avec Marion Woodman », *Spring Journal*, n° 81, pages 184-207. Utilisé avec autorisation.

Page 281 : Extrait de *Politiques sexuelles* de Kate Millett. © 2016 Columbia University Press. Reproduit avec l'autorisation de l'éditeur.

Page 327 : Extrait de « Retour à la maison » de Linda Reuther, tiré de *Ses mots. Anthologie poétique sur la Grande Déesse*, édité par Burleigh Mutén © 1999 Shambhala.

Table des matières

Cet ouvrage a été composé et mis en page
par Nord Compo à Villeneuve-d'Ascq

Imprimé en France par
CPI Bussière
en juin 2024
N° d'impression : 2078684

Pocket – 92 avenue de France, 75013 PARIS

S33747/03